思想觀念的帶動者

文化現象的觀察者

本土經驗的整理者

生命故事的關懷者

Caring

生命長河，如夢如風
猶如一段逆向的歷程
一個掙扎的故事，
一種反差的存在留下探索的紀錄與軌跡

受傷的醫者

作　者—林克明

目錄
contents

【推薦序】

醫者的包容

王浩威（精神科醫師、心理治療師、作家）

「受傷的醫者」或「受傷的療癒者」，wounded healers，這個觀念一般公認是心理分析大師榮格最早提出來的。

這個名詞有兩層意思：

一是所有具備療癒能力的人，之所以有這力量，是在他人生的過去，都曾經受過一定的身心傷害。這是許多文明共有的觀念。

我的一位研究臺灣東部阿美族巫師（Chigawasai）文化的朋友，就曾表示：能成為阿美族巫師，不是自己要就可以，而是曾經遭受災難或病痛的折磨，後來為（巫師的）神靈所治癒；或是父母就是巫師的人，才可以成為巫師候選人。

同樣的，英文裡有所謂「殺不死我的，更讓我強大」，閩南語同樣也有「打斷手骨反倒更勇」。這一類的俗諺或成語，都是反映出一樣的看法。

另一層意義，則是榮格對心理分析的看法。他和佛洛依德分手的許多原因中，在關於心理分析的原理上有一個重要的分歧點：他認為在分析的過程中，真正的痊癒不會只是個案的潛意識產生變化；真正的療癒只有當分析師的潛意識有所變化時，個案的潛意識也才可能變化。因為這樣的觀點，對榮格而言，在心理治療進行時的意識層面上，分析師是醫者，個案是受傷的人；但在陰影層面（也就是潛意識層面），個案是醫者，而分析師是受傷的人。（見榮格《移情心理學》）

這在當時是極大的爭議，是不被佛洛依德接受的。但到了今天，這看法也漸漸被佛洛伊德學派的追隨者普遍接受了。如今，將「反向移情」（分析師對個案的移情）視為必然存在（而非佛洛伊德或其女安娜・佛洛依德和哈特曼所領導的「自我心理（ego psychology）學派」堅持要立刻「處理」，盡可能不要出現），甚至是臨床上十分方便的治療途徑／工具。

榮格在《心理治療的根本問題》裡，就提到：「佛洛伊德接受我的建議，每一個對他的個案潛意識有治療興趣的醫生，都應該要接受一段訓練性質的被分析經驗……。關於這一點，不必太誇大形容，但每一個深深探入潛意識的成功治療中，有一半要歸功於醫師對自己的檢視；唯有醫師對自己的定位是對的，才可能對病人是對的。這絕對就是希臘神話中的『受傷的醫者』（the wounded physician）。」

在希臘神話裡，凱龍（Chiron）的父親是宙斯同輩對手泰坦族的克羅諾思。母親費莉拉（Nymph，仙女）被變成馬的克羅諾思強暴，生下半人半馬的凱龍，卻因凱龍的怪模樣而遺棄他。凱龍的傷痛是雙重的，一方面是從小受拋棄的傷痛，另一方面他後來又遭到自己所教導過的海克力斯誤傷，身體深處因為無法拿出的箭鏃而長期處於疼痛狀態。然而，被遺棄的他因眾神的撫養，特別是太陽神阿波羅和狩獵女神阿緹密思的教導，因此擅長醫療和戰術，日後許多在希臘神話中嶄露頭角的英雄都是他的門生，也包括了希臘醫藥之神阿斯克勒庇俄斯。至於身體深處的疼痛，更是轉化成他的療癒力量。

這故事意謂著人們可能遭遇讓他們因而受苦的傷痛，包括被最親的人遺棄了的深層苦痛；但在這同時，看不見的眾神反而將為他帶來更多的天賦。閩南話不就是說：「天公疼憨人」？所謂「天公」，不就是凱龍生命中的阿波羅、阿緹密思等諸神？

然而，受傷的人，又如何將創傷轉化成他的天賦呢？榮格關於「轉化」（transformation）的理論，也是討論這方面最多的。有興趣的讀者，不妨讀一讀榮格分析師莫瑞・史丹（Murray Stein）譯成中文的三本書《英雄之旅：個體化原則概論》、《轉化之旅：自性的追尋》、《中年之旅：自性的轉機》（皆心靈工坊出版）。

林克明醫師是我老師級的前輩。他年輕時翻譯了佛洛伊德的《性學三論》和《日常生活的精神分析》等書，影響了日後包括我在內的許多學子，甚至到今天仍是最普遍的譯本。只是，就像許多那一時代的精神科醫師或心理相關專業，他們的養成時代已經進入藥物和行為治療為主的精神醫學時代，林克明醫師的學術成就則是以族群藥物精神醫學（ethnopsychopharmacology）聞名於國際。九〇年代，他終於回到臺灣任職於國家衛生研究院，我才真正有機會親炙於他。儘管相處的機會不是非常頻繁，但每次從他和師母宋文玲博士（臨床心理師）那裡，都可以感受到極其具有包容力量（containment）的前輩風範。

在《受傷的醫者》裡，所有不認識林醫師的讀者，必然都可以感受到林醫師對知識的包容，對人物的包容，以及對生命的包容。在閱讀這本書的過程，我常常思考，究竟是怎樣的一個生命狀態，讓一個具有傳統權威地位的醫者，可以如此敬畏自己的傷痛，甚至真正做到這樣的體悟，也就是正如榮格說的，是病人的力量讓醫者成長。

因為這樣的包容，在他筆下的每一位醫者英雄是如此可以理解的脆弱，他們或可親或可憎的性格反而是我們看見他們內在世界的最清楚角度。這是林克明醫師才有的功力。他在字裡行間所展現的態度，又一次讓我有了如沐春風的感動。我要再一次謝謝他，就像謝謝他們那一輩的努力，不只為我們打開了精神分析之門，也為我們打開了世界。

【推薦序】

是時勢造英雄，還是英雄造時勢？

胡海國（國立臺灣大學醫學院名譽教授、財團法人精神健康基金會董事長）

若說宗教是宣揚愛與慈悲，以解生死迷惑，精神分析或心理治療當是解人之愛恨情仇，以度人生困境，展露人生的平安與舒暢。雖然佛洛依德、榮格、阿德勒、蘇利文、艾瑞克森⋯等，是人人熟悉的名人，像是宗教的不同派別，各依其根器發展利益眾生的教義，這些精神分析或心理治療大師們之各種立論，也均造就了精神分析或心理治療界的不同脈絡，各有其特定的時代性與派別性，都有助精神困擾的求助者。

「受傷的醫者」一書，林克明教授以他的縝密研究手法，收集各位精神分析、心理治療大師的生平資料，其生動之筆觸，娓娓述說各位精神分析、心理治療大師的人生歷練及其轟轟烈烈之心路歷程，令閱讀者為之動容，給閱讀者透視各派系宗師巍巍之論著中，那屬於底層、平實的人生經歷與所蘊含的人生堅韌的意志。

「受傷的醫者」所描述的這些精神分析與心理治療大師，到底是「時勢造就這些人生歷練的英雄，還是英雄造就了精神分析、心理治療的時勢」，可能仍有待讀者去推敲、討論，然而，林克明教授在這本書所傳達的意含，不只是散發那種人生苦難有真情之情操，也傳遞了苦難中有轉折的信念。

「受傷的醫者」不只補足了讀者對精神分析、心理治療學理與其發展過程的有趣資訊，滿足讀者對此領域的好奇心，更提示「精神分析、心理治療」發展歷程中所需的社會、文化素材。

相信本書是國內精神分析、心理治療與精神醫界專業人員的重要參考書，也值得一般讀者閱讀，以增加一般大眾對精神分析與心理治療的認識。林克明教授的文筆流暢，資訊踏實，不只讀得輕鬆順暢，也很快讓讀者感受到「原來如此」的收穫。我樂於為序，以為推薦。

【推薦序】

精神醫學巨匠的人生故事

賴其萬（和信治癌中心醫院醫學教育講座教授兼神經內科主治醫師）

心靈工坊邀我為老友林克明醫師的這本新書《受傷的醫者》做序，我二話不說就答應下來。因為克明兄是我多年深交的好友，而且他所寫的東西我都非常喜歡，尤其這本書所收集的文章我特別情有獨鍾。

克明兄在台大醫學院醫科晚我兩屆（一九七一年畢業），他與內人張燕惠醫師，以及摯友宋維村醫師同班，後來他們三人也都先後進入臺大醫院接受同一科的住院醫師訓練。當時神經科與精神科還是未分家的時代，克明兄始終如一地醉心於精神科，而我卻「定力不堅」，後來走入神經科，而我們這「神經精神科」從我的同學林信男醫師以下，後來又陸續來了胡海國、符傳孝、文榮光、鄭泰安、楊庸一等喜歡文藝的年輕醫師，而這時又正好趕上張清吉先生在林哲雄（林衡哲）醫師的鼓勵下成立「新潮文庫」，一時風雲際會，這群有志於精神醫學的年輕人陸陸續續翻譯出版了幾本與精神醫學有關的名著。後來這夥不知天高地厚的年輕醫師竟然在內科廖運範醫師的領導下共同成立了《當代醫學》雜誌。而我也因此與克明兄結下了不解之緣。

雖然克明兄在臺大做了兩年住院醫師就出國深造，而我後來做完一年台大醫院主治醫師後，也與剛完成住院醫師訓練的內人連袂赴美，但二十三年後回到國內，我們發現在臺灣的幾位朋友的努力耕耘下，《當代醫學》雜誌仍然繼續蓬勃發展。但是在資訊發達、網路通暢的時空背景下，過去我們以紙面提供醫療新知與人文關懷的角色開始面臨瓶頸，同時當年創業的這群人如今也都已屆退休之年，加上各自的學術研究、臨床服務以及多元複雜的角色，要為雜誌趕稿也越來越困難，而開始意態闌珊，漸有熄燈打烊之念。這時與我們一起奮鬥多年的《當代醫學》經理林欽沂先生（林哲雄醫師的胞弟）因為不忍心看著大家養了三十多年的「孩子」日漸衰弱，而寫了一封文情並茂的信邀請當年的「戰友」撰稿，想不到這竟然激發了長期滯留國外的克明兄與傳孝兄的熱情，而開始了「受傷的醫者」與「醫林特稿」兩個精彩的專欄。

克明兄告訴我，他發現好幾位家喻戶曉的精神醫學大師本身事實上都有些鮮為人知的心靈創傷，所以他想利用「受傷的醫者」的專欄好好整理出一系列的專文。就這樣子，他劍及履及，從一開始就未曾拖稿地完成了收集於這本書的十五位精神醫學巨匠多采多姿的人生故事。每個月當我接到克明兄的來稿時，我都迫不及待地一口氣讀完，而後總會由衷地發出讚嘆。克明兄不僅融會貫通經典文獻，並且能夠利用他的生花妙筆，栩栩如生地描繪出這些大師的心路歷程，使我們有機會了解這些一代宗師經歷過多少滄桑血淚，而發展出他們獨特的學說與理論。同時值得一提的是，他每一篇文章都有獨具創意的標題，以及豐富的參考資料，讀後真是受益匪淺。克明兄平時沉默、寡言，但寫出來的作品卻總是充滿智慧，本書說是字字珠璣，也實在不為過。

各界佳評

本書讓中文讀者輕鬆愉悅地解讀，全球百年來博大精深、震撼迷人、心靈療癒大師的真實人生。可說是出身臺灣的作者在美國行醫、教學、研究、寫作與生活近四十年的精彩代表作，堪稱文化心理人類學田野研究的心血結晶。

——文榮光醫師（彰濱秀傳心理健康中心院長）

從大學時翻譯佛洛伊德的《日常生活的精神病理學》開始，克明兄的每一本書都令人驚豔！他是光芒內斂的思想家，凡事都看得清楚想得透澈，話不多，但一開口必然語驚四座，論點令人折服。本書所評論的每一位醫者，克明兄都博覽群書，歸納其內容，以多年精神醫學的訓練和經驗加以評論。真是不可多得的精神醫學和心理治療文獻。

——宋維村醫師（天主教若瑟醫院首席顧問）

《受傷的醫者》讓我們瞭解大師們也是人，一樣經歷生老病死，悲歡離合。他們處理挫折，有時還不及常人。林克明教授用他幾十年在精神科的研究診療經驗，深入剖析。他用流暢的文筆，同理心的思維，把複雜曖昧的前因后果，有條不紊地娓娓道來。貼切的標題，畫龍點睛，瞄上一眼，就會讓人要先睹為快，欲罷不能。

——符傳孝醫師（紐約大學醫學院神經科教授）

【序】

困而學之，學而知之

四十多年前進入臺大醫院神經精神科擔任住院醫師的時候，我對精神醫學這個領域所知其實非常有限。當時的心情，一方面是無盡的憧憬，同時也有更為深沉的惶恐。高中、大學時代之所以經常搜尋、涉獵心理學書籍，與其說是「為學問而學問」，不如說是源於對人生意義的茫然，源於對為人處世、日常生活的種種不安與惶惑。但是當時所能找到的有關心理學、心理治療學乃至精神分析學的著作，不論是原著還是轉述，都常讓人有莫測高深的感覺。大師們的自傳或傳記（如《佛洛伊德傳》、《榮格自傳——回憶．夢．省思》等），又總是讓人只能感覺到他們的才氣縱橫與他們堅忍不拔的驚人毅力。他們怎麼看怎麼像「超人」兼「完人」，把守著通往那神祕心靈世界的祕密鑰匙。為了要擺脫自己心靈的貧乏、走向富裕，我渴望著要去瞭解他們，尋求他們的祕密。

但是那也正是精神醫學轉型的年代。我在一九七四年轉赴西雅圖華盛頓大學繼續進修時，原為精神分析師的舊主任剛下台不久，新的主任注重行為科學及生物精神醫學，反映的正是全美國乃至整個世界的走向。第三版《精神醫學診斷統計手冊》（*The Diagnostic and Statistical Manual of Mental Disorders, Third Edition*〔DSM-III〕）在一九八〇年出爐之後，精神動力學（psychodynamics）的概念遂逐漸為「描述性」（descriptive）學說所取代。因而在我接受住院醫師的訓練過程裡，精神分析學乃至其他種種心理治療學正在逐漸淡出精神醫學界。在這樣的氛圍下，存身於大學臨床學術機構的我，擺盪於精神藥理學、社區精神醫學與文化精神醫學之間，精神分析與心理治療遂成了茶餘飯後助興的話題。當代掌權的「新克雷培林學派」（Neo-Kraepelinian）把「心靈」當成「黑箱」、「黑洞」，相信跳過這個黑箱，我們反而會更有餘裕去探討腦神經科學乃至分子基因學與行為、思考、情緒的關係。訓練結束後，我一直留在大學教學醫院與研究機構，三十年間為發展個人小小的學術事業而奔波，凝視心靈「黑箱」的時間，自然大減，但是對二十世紀初以來我們這個行業裡勇於探索人心的「祖師爺」們的人生際遇與心路歷程，還是一直充滿好奇。

這期間有幸接觸到一些大師們的傳記，內容生動、考證詳實。經由作者們抽絲剝繭的敘述，我才真正體會，大師們的人生其實過得很辛苦。他們的童年常有嚴重的創傷；他們的成長過程充滿挫折；他們「懷才不遇」，事業發展一波三折。在傳統的「偉人」傳記裡，這樣的事跡通常會用來作為反襯、彰顯偉人之所以成為偉人的人格特質：堅毅、進取、自信、百折不撓。但是新一代的傳記，則比較容易不再那麼地「為賢者諱」。在這些作者的筆下，傳主面對人生苦難時的徬徨、沮喪、舉止失措，歷歷在目；傳主面對阻礙與爭議時表現出來的憤怒、激情乃至勾心鬥角的場面，也都無所遁形。這樣的書寫，當然有可能淪於流言蜚語的嫌疑。坊間有些書籍，的確明顯表露門戶之見，對異己者口誅筆伐、不遺餘力。但是真正嚴肅的「史家」在披陳傳主的癖性、弱點、缺失的時候，總是帶著淡淡的「哀矜勿喜」的態度。他們這種具體的「揭露」，其目的是要讓我們較有可能去貼近傳主，讓他們不再只是樣板，而是有血有肉、是非禍福懸於一念之間的人。也唯有經由這種貼近到幾乎可以感覺其呼吸的瞭解，我們才較有可能深刻體會大師們「不經一番寒徹骨，焉得梅花撲鼻香」的歷程。

二〇〇九年我終於下定決心完全離開「學術機構」，重拾當初進入精神醫學領域時的初志，用餘生去尋求直接與人心交會的時光。而貼近人心，於我來說，就是兩條路徑：其一是去做個盡責的臨床精神科醫師，期待「病人」容許我走入他們的內心世界；其二是延續我從小對歷史人事的喜好，以古人為友，用我半生累積的知識與歷練去體會他們的人生抉擇，哀憐他們的無奈與困頓，讚賞他們的生命力、原創力，也由此開展我對寫作的熱情。

也差不多就在這個時候，我在醫學生時代與一群志同道合的學長、同學們共同集資創辦的《當代醫學》月刊，在走過三十餘年輝煌的歷史後，面臨因時代變遷等因素造成的瓶頸。同仁們幾經思考之後，決心將之持續至四十週年時圓滿閉幕。為了共襄盛舉，也為了一償去國多年、未曾為雜誌撰稿的歉疚，我於兩年前開闢了一個專欄，就取名為「受傷的醫者」，每期介紹一位精神醫學界或心理學界的開拓者。當時最先想到的，自然是色彩最鮮豔、故事性最高，也或許就是爭議性最嚴重的幾位，如榮格（Carl G. Jung; 1875-1961）、艾瑞克・艾瑞克森（Erik H. Erikson;

1902-1994）等，原先並沒有一個確切的名單，只是想能寫幾篇就是幾篇。沒想到幾個月下來，每一個「主角」的背景資料牽引出許多我原所不知的、他們的同行者或敵對者（例如佛洛伊德〔Sigmund Freud; 1856-1939〕之於榮格）的「祕密」，於是乎有如原子爐的連鎖反應，名單愈來愈長，取捨居然成了問題。匆匆就是兩個寒暑，這個專欄在見證《當代醫學》四十週年的慶祝盛典、圓滿謝幕後，也就畫下了句點。這期間勤跑圖書館，借閱書籍動輒十數百本，包括塵封多年的古稀珍本。有時為了求證解疑，幸運找到了專家學者或事件見證人的聯絡方式，居然還常得到善意的回應。大師們曲折豐富的人生，讓我有機會再度品嚐「做學問」的樂趣，也磨練說故事的能力，想來心裡就充滿感激。

本書記述的十五位傳主，每個人的成長、「成名」過程都極其艱辛，他們也多長期為種種身心症狀所苦（如果用現代的診斷標準來看，他們就正是名符其實的精神科病人）。就我所知，因篇幅所限，未包含在本書中的許多其他「先行者」，也多有類似的經歷。那麼是不是就可以說，我們出名的先輩，多半曾為明顯的精神疾患所苦呢？這個問題並不是本書所想要或有可能解答的：因為故事性的考量及個人的偏好，我的取樣絕對不會是客觀公正的。但我相信的是，人生苦難、適應困難及由此氾生的情緒、行為問題，必然曾是大師們創見、洞見的一個重要源頭。就此一意義而言，他們原來就都是「受傷的醫者」，他們「救人」先是為了「救己」。就如孔子自述，「我非生而知之者」，他們也不應該是天生的聖哲。因為「困於心，衡於慮，而後作」，所以他們的學問才會是彌足珍貴的「生命之學」。而我們後人，接踵其步，也必得「困而學之」，不只從書本與師長，更重要的是從他人（病人）及自身的煩惱、苦難中學習，才有可能終於「學而知之」。

這些陸續寫成的文章，其初並無預先擬定的章目或順序，大體以我當時對傳主熟悉的程度及手頭是否已有足夠資料為考量。在開始考慮成書時，重新排序成了一個難題。幸好心靈工坊的王桂花總編輯一聽之下，馬上想出了一個清楚的架構：將這本書分為兩部。第一部〈「盛世」維也納〉將重點放在佛洛伊德及他在「精神分析運動」初萌芽時最重要的夥伴兼宿敵——榮格與阿德勒（Alfred Adler; 1870-1937）——身上，試圖描畫他們各自的掙扎躓仆，他們一生的糾纏、恩怨，以及他們驚人的耐力與原創力。這一部也包括幾位持續開展廣義定義下的「精神分析運動」的「第二代」俊傑之士，包括與佛洛伊德多年「情逾父子」的蘭克（Otto Rank; 1884-1939）、企圖結合精神分析與馬克思主義而終至崩潰的賴克（Wilhelm Reich; 1897-1957）、將精神分析學帶入英語世界的瓊思（A. Ernest Jones; 1879-1958）、自認為是佛洛伊德正宗傳人的「客體關係理論」鼻祖克萊恩（Melanie R. Klein; 1882-1960），以及佛洛伊德聲譽的守護者，也與克萊恩同被尊為「兒童精神分析之母」的安娜．佛洛伊德（Anna Freud; 1895-1982）。這一部以意義治療大師法蘭可（Viktor E. Frankl; 1905-1997）壓軸。先後受教於佛洛伊德與阿德勒的法蘭可，後來發現對人性的瞭解不應被侷限於「性」或「權位」，而只能經由「意義」的追尋才能來完成。令人感動的是，經過納粹集中營的劫難，九死一生的法蘭可竟能更加肯定生存的意義。他的身教言教，帶動了戰後迄今「存在／人本主義」（Existential-Humanistic）心理學的發展。

相對於第一部完全以歐洲為主的事實（九位傳主裡有七位來自維也納，其他兩位分別來自瑞士與英國），第二部〈從大洋到大洋〉（從大西洋到太平洋之意）的重心則全在美國，六位傳主之中有四位生於美國，其他兩位的事業則在移民美國之後才得以開展。他們之中，萊克蔓（Frieda Fromm-Reichman; 1889-1957）、蘇利文（Harry Stack Sullivan; 1892-1949）與米德（Margaret Mead; 1901-1978）就正是「人際關係精神分析學」（Interpersonal Psychoanalysis）及「新佛洛伊德學派」（Neo-Freudians）的中堅份子。而這兩個學說的發展，反映的正是精神分析學及相關心理治療學說在從歐陸移植到「新世界」沃土的過程中，學者在新的文化環境下重新省思人心、人性的成果。相較於上一代歐陸的學者，他們關注的重點，不再只是「內心世界」，而毋寧是個人與其環境，尤其是家庭、社會、文化環境之間的關係。建基於美式的樂觀與實用傾向，他們主張人性不是命定的，人的心理健康可以由環境的改造來促成。這樣的主張，一方面鼓動了全球推動社區心理衛生運動的風潮，同時也助長了如佛洛姆（Erich Fromm; 1900-1980；萊克蔓之夫）等學者對當代社會剝奪人性自由的深刻批判。

雖然艾瑞克．艾瑞克森一生自詡為正宗的佛洛伊德傳人，他的許多摯友（例如米德）其實都是「新佛洛伊德學派」的人。他的人生八階段發展理論，強調的正是個人發展的社會背景，他以路德（Martin Luther; 1483-1546）及甘地（Mahatma Gandhi; 1896-1948）為主題的鉅著，討論的也是社會、文化對個人認同的影響。從這個角度來看，我們或可以說艾瑞克森之所以成名，固然反映了他的才華與創見，但同時也因為他的想法呼應了第二次世界大戰後人們的心理需求。

另一位幾乎同姓的米爾頓・艾瑞克森（Milton H. Erickson; 1901-1980）則更是個來自中西部、身上同時流著維京人與印地安人血液的「正宗」美國人。他「殘而不廢」，自信、樂觀、富於幽默。他不相信潛意識是洪水猛獸，而將之視為生機的泉源。也因為他，源遠流長但長期被誤解忽視的催眠療法才得以重見天日。

這一部分以威廉・詹姆斯（William James; 1842-1910）殿後，其實感覺上對他是有點委屈的。詹姆斯是本書所有傳主之中最年長者，年紀比佛洛伊德還大上一輪。當佛洛伊德與榮格及法朗克齊（Sandor Ferenczi; 1873-1933）於一九〇九年首次聯袂訪美時，最嚮往的就正是能與其時已執美國心理學界牛耳的詹姆斯相見，並得到他的加持。詹姆斯雖然對新興的精神分析學不乏好感，他的興趣則始終放在「意識」的層面。他常年苦思人之所以為人的種種嚴肅議題，諸如自我意識的本質、自由意志與命定論（Determinism）並存的弔詭、靈魂與宗教情操的存在與屬性等。雖然伴隨這苦思的是大半生經年累月的極度憂鬱與種種嚴重身心症狀，他還是「甘之若飴」，勇往直前，晚年還與約翰・杜威（John Dewey; 1859-1952）創立「實用主義」（Pragmatism）與「徹底經驗主義」（Radical Empiricism），流風所及，影響了整個二十世紀世界的面貌。

如前所述，這本書從原初的構想到最後的成型，有說不盡的因緣。在許多關鍵點，如果沒有得到那麼多的支持與鼓勵，恐怕自己不管有多少熱情，也難以為繼。付梓前夕，感激之情，恐難盡述。不過首先最需要致謝的，就是《當代醫學》的編輯與同仁們，放心讓我開闢這個專欄。不僅如此，從一開始，我就有了這麼一群熱誠的「忠實讀者」：廖運範醫師（雜誌發行人）及其夫人黃妙珠醫師、賴其萬醫師（社長）、符傳孝醫師、張天鈞醫師（總編輯）及林欽沂總經理。他們都是筆者年少輕狂時代的老友，現在正處其各自事業、人生的巔峰，可謂名符其實的「日理萬機」，卻總是隨時把手邊的事情放下，用心與你對談。文稿一寄出，即時有回應，細讀、評點、加油打氣，email往往返返、字句琢磨。能有這樣的朋友，人生何憾！在此同時，也要感謝《當代醫學》的許翠玲小姐。沒有她的按時提醒、勤於催稿、並到最後一分鐘都不放棄，繼續追稿，這些稿件就沒有可能按月刊出、累積成冊。

感謝好友王浩威醫師這幾年對將這些篇章收集成書之構想的熱心回應與襄助；以及心靈工坊王桂花總編輯的企劃慧眼與積極推動。心靈工坊執行編輯陳乃賢小姐及行銷企劃許文薰小姐在本書編輯與出版過程中，竭盡心力。她們的敬業與熱誠，我銘感於心。

在這麼多朋友及專業人士的關懷挹注之外，我何幸身邊還有一位「終生主編」的妻子宋文玲。身為臨床心理學博士並有多年執業經驗的文玲，對心理治療學的開創者們自然也都一直趣味盎然。雖然她只具名為本書中幾篇的共同作者，每篇文章從構思到完成，其實都得益於我們的反覆討論。她也是本書每篇文稿「最初始」的讀者，改正多如牛毛的錯別字、推敲字句、修刪內容。我的為人雖然沉默寡言，為文卻常不免有過於渲染的毛病。凡事力求精準簡約的她，總是不厭其煩地複查資料來源、刪除與主題沒有直接關係的內容，有時大筆一揮，就刪掉好幾段，刪得我心疼，不免就偷偷又把它們放回去了。幾番來回反覆，終於發現，我寫文章就如我的飲食口

第一輯

「盛世」維也納

歐陸心理治療發展，因大師們而繁花盛開

「雪茄有時就只是雪茄」——佛洛伊德的成癮問題

佛洛伊德（Sigmund Frend; 1856-1939）大部分的照片裡，最引人注目的，也許是他那炯炯逼人的眼神。但是與此同時，也許我們也馬上會注意到的，是他幾乎寸手不離的雪茄。佛洛伊德是非常注重衣著儀表的人，每天清晨第一件大事，就是理髮匠上門，替他打點門面。照片裡的他，總是西裝筆挺；他的頭髮、鬍鬚，梳理得一絲不苟、整整齊齊。因為這樣，我一直以為雪茄也就是他的形象的一部分。也許手裡拿著一支雪茄，可以讓你更容易感覺到他時常陷入沉思的哲人風範。

但是他的傳記作者恩尼斯．瓊思（Ernest Jones; 1879-1958）〔註一〕說他每天平均抽二十支雪茄〔註二〕！這換算成香菸，究竟有多少呢？最近好奇查了一下，發現還真不少。雪茄大小不等，其尼古丁含量略等於十至二十根香菸〔註三〕。這樣說來，佛洛伊德每天尼古丁的攝取量，約等於兩百至四百根（十至二十包）香菸之間。同時，抽一支雪茄，可以花上一小時，那麼二十支不就有可能是二十小時了嗎？從二十四歲到生命的最後一刻，他菸不離手（口）。即使到了六十七歲因此而罹患了口腔癌，此後十五年歷經二十餘次大小手術，到最後連吃飯喝水都有困難，他還是不放棄雪茄。他對尼古丁的依賴之深，可以說令人嘆為觀止。

古柯鹼的誘惑

但是大多數人談到佛洛伊德的成癮傾向時，馬上想到的，並不是尼古丁，而是古柯鹼（cocaine）〔註四〕。古柯鹼是一八五九年德國化學家亞伯特・尼曼（Albert Nieumann; 1834-1861）及佛萊德利奇・維勒（Friedrich Wöhler; 1800-1882）從古柯（coca）葉提煉出來的萃取物。古柯葉在南美用來提神、增加身體耐飢耐寒能力，已有千年以上的歷史。西班牙人在征服印加帝國後，也開始對此物的「神奇功效」時有零星的報導，但因長程運送不易，一直未在歐美引起廣泛的注意。但是這情況在古柯鹼提煉出來後全然改觀。一位法國化學家安傑羅・馬里安尼（Angelo Mariani; 1838-1914）於一八六三年將6％的古柯鹼（賣到美國的則是7.2％）加到酒

註一 請見第一〇八頁〈佛洛依德的魔法師〉。

註二 據佛洛伊德博物館官方網站的答客問欄（http://www.freud.org.uk/about/faq/，2013年9月25日檢索），「佛洛伊德每天抽多少雪茄？」的答案是：根據其經家屬授權之傳記作者瓊思表示，佛洛伊德一生中大部分時候平均每天抽二十支雪茄（也許是比較小的吧，網站站主如此臆測）。他一生中曾多次試圖戒菸，每次都為時甚短。但是在他生命中的最後十年，因為疾病（癌症及心臟病），他的用量有所減少。例如在一九三〇年他曾提到已將雪茄減至每天一支。

註三 http://www.ehow.com/about_5485715_much-nicotine-cigar.html（2013年9月25日檢索）

註四 Howard Markel, *An Anatomy of Addiction: Sigmund Freud, William Halsted and the Miracle Drug, Cocaine*. New York, Pantheon Books, 2011.

裡，取名為「馬里安尼酒」，號稱可以強身補腦、治療百病。在美國的喬治亞州，一位藥師出身，因於內戰時負傷導致嗎啡成癮的南軍上校約翰．彭伯頓（John Pemberton; 1831-1888），為了自療而使用馬里安尼酒，後來又加以改良，在一八八五年以「古柯酒」為名註冊行銷。翌年喬治亞州頒布禁酒令，彭伯頓於是將之改頭換面，灌入氣泡、加上咖啡因及其他「祕方」，取名為「可口可樂」（Coca-Cola），但是其主要成分一直到一九一〇年還是古柯鹼。可口可樂當時號稱可以治癒種種疑難雜症，包括頭疼、胃腸不適、神經衰弱、性無能、嗎啡成癮。後來雖然不再使用這類誇張的廣告，可口可樂百年來還是持續暢銷全球，迄今不衰。

彭伯頓之所以敢宣稱可口可樂可以治療嗎啡成癮，自然是有其「醫學依據」的。而其依據的根源，除了一些較早的零星個案報導之外，當屬佛洛伊德發表於一八八四年的專著《有關古柯葉》（*Über Coca*）。在這篇精心撰寫的論文裡，佛洛伊德除了回顧古柯鹼發現的歷史、藥理性質及動物實驗之外，也詳細描述他本人屢次親身試用古柯鹼的反應，包括心跳加速、注意力增強、心情愉悅以及短暫的失眠；與此同時，他也堅稱古柯鹼沒有成癮的傾向。基於這些個人的以及其他受試者（包括他當時的未婚妻瑪莎）的報告，他相信古柯鹼在治療種種精神及成癮疾患方面極具潛力。因為這篇文章，他得到學術界比較廣泛的注意，又有了派德（Parke-Davis）等大藥廠的資金贊助，得以「遠赴」法蘭克福去看他闊別兩年，朝思暮想的瑪莎。其後數年，雖然古柯鹼長期使用的成癮威力以及種種嚴重的副作用（慢性鼻炎、鼻穿孔、高血壓，甚或中風、精神病等）逐漸廣為人知，佛洛伊德卻繼續堅持其臨床價值，並為文為其辯護。

雖然佛洛伊德同時也注意到古柯鹼的局部麻醉功效（含在嘴裡時，嘴唇及舌頭發麻），因為對外科沒有興趣，也就不在意這個發現的重要性。但是就在他離開維也納去探訪瑪莎的一個月間，他的好友眼科醫師卡爾・科勒（Karl Koller）將之用於白內障等精細的眼科手術上。這個發現隨即受到廣泛的注意，並經「美國外科醫學之父」威廉・豪斯泰德（William Halsted; 1852-1922）〔註五〕推廣使用於許多其他外科手術上，科勒也因此一舉成名。

時年二十八歲的佛洛伊德為什麼忽然對古柯鹼發生興趣？這其中一個具體的原因，應該是來自他對一位素所敬愛的老師的感情。恩斯特・馮・符列煦（Ernst von Fleischl-Marxow; 1846-1891）是當時正開始萌芽的神經生理學的先驅，研創出種種精微的儀器，用來測量、證明神經訊息是經由電波傳導的。他也是第一位發現周邊神經的刺激可以引發不同區域的腦波反應的學者。因為這許多成就，他一直是維也納大學生理學主任恩斯特・威漢・瑞特・馮・布魯克（Ernst Wilhelm Ritter von Brücke; 1819-1892）的愛將，並於一八八〇年升任正教授。難以想像的是，他

註五 豪斯泰德雖然也終生受困於嚴重的嗎啡及古柯鹼成癮（見註四），在學術界依然成就斐然。他於二十世紀初推廣全身麻醉、嚴謹的無菌操作、開創外科住院醫師金字塔型的訓練制度、並開發多種新的手術方法（包括乳癌根除手術）。豪斯泰德與內科學威廉・奧斯勒教授（Sir William Osler; 1849-1919）、婦產科霍華・凱利教授（Howard Kelly; 1858-1943）及病理學威廉・威爾煦教授（William H. Welch; 1850-1934）並列為約翰霍普金斯醫學院的「四大創院教授」（the Big Four）。他們是美國醫學史上醫學教育革新的重要推手。

這些彪炳的功業，都是在身心極度痛苦的折磨下完成的。符列煦在二十五歲做病理解剖時不慎割傷右手大拇指，截肢後持續發炎，後來又長出神經瘤，疼痛異常，百藥罔效，嗎啡的用量愈來愈多，終至成癮，不能自拔。佛洛伊德與亦師亦友的符列煦在同一個實驗室裡相處多年，得知這個祕密，深深為其惋惜。一八八四年他偶然在醫學雜誌裡看到用古柯鹼治癒嗎啡成癮的個案報告，急忙去信向藥廠訂購，自己先試過，證明並無大礙（而且精神百倍）後，就把它用到符列煦身上了。

古柯鹼果然是「神藥」。頭三個星期符列煦神清氣爽，又宣稱他的嗎啡用量遞減，已幾近於零。但是成癮患者（即使是舉世知名的科學家）對藥量的估計與報告，是不能採信的。有一天符列煦忽然就不見了。佛洛伊德、喬瑟夫．布魯爾（Josef Breuer; 1842-1925）〔註六〕及其他生理學實驗室的同仁，在布魯克主任的帶頭下，衝到符列煦的住處，破門而入，發現符列煦神智不清、赤身裸體、滿地打滾。他們急忙把他送到醫院，施打大量嗎啡。後來他們才發現，就在那幾星期裡，符列煦已私自把古柯鹼的日用量增加到一公克。他從此成為嗎啡與古柯鹼雙重成癮的患者，日漸凋零，七年後終於死於四十五歲的盛齡。

雖然有這樣慘痛的經驗，佛洛伊德對古柯鹼還是一直情有獨鍾。他繼續拿自己及有些病人作實驗，相信用對劑量、使用得法的話，古柯鹼會是難得的良藥。從一八八四年到一八九六年，至少十四年間，他自己經常使用古柯鹼，也常在與好友（尤其是威漢．弗利斯〔Wilhelm Fliess; 1858- 1928〕）的通信中討論古柯鹼的功效〔註七〕。他之所以對古柯鹼如此「執迷不悟」，部分應是源於他從小對自己成為「蓋世英雄」的強烈期許〔註八〕。進大學後，他雖然從法學轉入醫學，一心嚮往的卻從來不是做一個「普通」的醫師，而是要成為一個功成名就的發現者、征服者（conquistador）。為此，他從二十歲開始就在生理學大師布魯克的研究室工作，孜孜不倦地探索諸如鰻魚的生殖腺之形態與構造、八目鰻（lamprey）的神經節細胞及螯蝦（crayfish）的神經細胞等題目，發表不少學術論文，並為研究而延至二十五歲（1881）才從醫學院畢業。佛洛伊德在基礎研究的表現上雖然傑出，也頗得對猶太人沒有什麼偏見的布魯克教授賞識，但是大學生理學除主任外只有兩名教員缺，都已佔滿，實驗室裡還有不少比佛洛伊德資深的研究人員（包括布魯爾），佛洛伊德繼續留在系裡的機會微乎其微。在此同時，佛洛伊德又愛上了瑪莎，私自訂婚，開始有成家立業的壓力。因此翌年在布魯克的勸說下，佛洛伊德決定改走臨床。其後兩年，

註六　Louis Breger, *A Dream of Undying Fame: How Freud Betrayed His Mentor and Invented Psychoanalysis*. New York, Basic Books, 2009; 布魯爾其時亦在布魯克實驗室做研究，同時也是符列煦的家庭醫師，與佛洛伊德亦師亦友，後並合著《歇斯底里症研究》（*Studies on Hysteria*）。

註七　Jeffrey M. Masson(ed.), *The Complete Letters of Sigmund Freud to Wilhelm Fliess*, 1887-1904. Cambridge, Mass., Harvard University Press, 1985; Daniel Boyarin, *Freud's Baby, Fliess's Maybe: Homophobia, Anti-Semitism and the Invention of Oedipus*. GLQ: A Journal of Lesbian & Gay Studies, 2: 115-147.

註八　Sigmund Freud, *The Letters of Sigmund Freud to Eduard Silberstein*, 1871-1881, edited by Walter Boehlich, translated by Arnold J. Pomerans. Cambridge, Mass., Belknap Press, Harvard University Press, 1992.

他經由外科、內科、耳鼻喉科，最後轉到神經精神科，師事席爾德・赫曼・梅納特（Theodor Hermann Meynert; 1833-1892）〔註九〕。但是這也是一個人才濟濟、競爭劇烈的科系。佛洛伊德在神經解剖學與神經生理學方面雖然根基扎實，卻不能說有其特色。他如果想要脫穎而出，就必須要異軍突起、另闢蹊徑。這可以說明為什麼佛洛伊德起初會對古柯鹼有這麼大的期望與投資的原因之一。

一八八五年佛洛伊德經布魯克推薦得到獎學金，得以去巴黎跟尚－馬丁・沙考醫師（Jean-Martin Charcot; 1825-1893）〔註十〕學習半年，回維也納後不久即與瑪莎結婚成家，離開大學，在布魯爾的支持下自行開業。他這時雖然因布魯爾及沙考的影響，以及因應病人的需求，而對催眠現象及歇斯底里症狀開始有興趣，他的思考取向，還是生理學的、生物性的。他雖然已經遠離實驗室，卻放不開古柯鹼，因為那可以說是他與那一個世界僅存的聯繫，也是他峰迴路轉、開闢出一個全新的世界之前，唯一僅存能夠成名的寄託。

佛洛伊德的成癮傾向

容易成癮的人，一般被認為同時兼具衝動與固執的兩種特質〔註一一〕。因為衝動、好奇、勇於嘗試，就比較容易去試沒有接觸過的東西，包括藥物。因為固執、自以為是、凡事堅持，也就容易勇往直前、「貫徹始終」，不輕易改變自己的方向與習慣。這兩種傾向，可以說是每個人或多或少天生就具備、需要的。它們如果同時存在又特別強烈，一方面固然可以讓人比較容易誤入歧途，陷於成癮而不能自拔，另一方面卻也使人較有可能開創新局，成就較大的事業[註一二]。這事情的兩面性，佛洛伊德或許可以說就是個明顯的例子。

佛洛伊德「敢」的一面，充分表現在他從小的幻想與英雄崇拜裡[註一三]。他心目中的英雄，如漢尼拔（Hannibal; 247-182BC）、亞歷山大大帝（Alexander the Great; 356-323BC）、克倫威

註九　梅納特生於德國德勒斯登（Dresden），八歲時隨父母移居維也納。一八六一年他自醫學院畢業，追隨名解剖學家卡爾．馮．洛基坦斯基（Carl von Rokitansky; 1804-1878）醫師改革維也納大學的醫學教育，並於一八七五年成為大學的精神科主任，一生致力於研究腦神經結構、腦功能與精神疾患的關係。他桃李滿天下，成名的學生裡除佛洛伊德與布魯爾外，還包括分別以科爾薩科夫氏症候群（Korsakoff's syndrome）及魏尼凱氏腦病變（Wernicke's encephalopathy）馳名的俄國神經精神科醫師科爾薩科夫（Sergei Korsakoff; 1854-1900）與德國神經解剖學家魏尼凱（Carl Wernicke; 1848-1905），以及比佛洛伊德小一歲，同樣出身於維也納的瓦格納－堯雷格（Julius Wagner-Jauregg; 1857-1940）。瓦格納－堯雷格繼梅納特及理查．馮．克拉夫特－埃賓（Richard von Krafft-Ebing; 1840-1902）之後長期擔任維也納大學精神科主任，並於一九二七年以研究瘧原蟲接種來治療神經性梅毒而獲得諾貝爾生理學及醫學獎。

註十　沙考是十九世紀中末期名聲最著、影響力最大的法國神經醫學家。他發現許多神經系統的疾病，被公認為是現代神經醫學之父。他同時對歇斯底里及其他種種「精神官能症」（neurosis）也都有深入的研究，被譽為「精神官能症的拿破崙」。

註一一　David J. Linden, *The Compass of Pleasure: How Our Brains Make Fatty Foods, Orgasm, Exercise, Marijuana, Generosity, Vodka, Learning, and Gambling Feel So Good*. New York, Viking Penguin, 2011.

註一二　見註一一。

註一三　見註八。

爾（Oliver Cromwell; 1599-1658）等，以及新大陸的「征服者們」，都是力挽狂瀾、獨創新局、「氣吞山河」型的人物。佛洛伊德「開疆拓土」的夢想，讓他長期待在實驗室裡，期待經由新發現而一舉成名。離開了實驗室，他踽踽獨行，走向不同方向的探索，他自許為心靈的「征服者」，終於解開了人面獅身獸（sphinx）的千古之謎。

佛洛伊德的固執與堅持（以及不同凡響的依賴性），固然可見於其一生的敬業與勤勞、他凡事追根究柢的精神、永遠像在趕路，不肯稍事停息的旅遊方式，也更明顯地呈現在他的人際關係上。從瑪莎（1881-1886）〔註一四、註一五〕、弗利斯（1887-1904）〔註一六〕到榮格（1906-1913）〔註一七〕，三十多年間，從二十六歲到五十八歲的佛洛伊德似乎總是不時需要一個被他理想化的人，讓他可以盡情訴說他的想法、感覺、期望、憧憬。從他與他們幾無間斷的書信往返中看來，在不同的年代，對象雖然不同，他對他們的感情之濃烈，及他需要被肯定的渴望，卻頗有相似之處。這種趨於極端的關係，自難持久，「捧得越高，摔得越重」，愛與恨的轉換，就常在一線之間。這在其與弗利斯及榮格的關係上，可以說是十分明顯。他與瑪莎之間，或因有婚姻制度及社會傳統的保障，婚後相安無事，但是十年之後，激情不再，佛洛伊德是否與其姨妹明娜有任何短暫的婚外情〔註一八〕，已不是問題的重心。

那麼成癮傾向及與之有關的性格特質由何而來？晚近的學者但凡談到疾病的危險因子，總是從遺傳講起。但是精神遺傳學的研究資料通常顯示，精神疾患及成癮問題的病因，遺傳與環境居半，而環境因素裡最重要者，首推童年期的創傷經歷〔註一九〕。究其實，最早有系統地討論童年創傷對成年人行為之影響的人，正是佛洛伊德。他的洞見，真的全然來自他的臨床觀察嗎？其實細究他的童年，的確是傷痕累累。佛洛伊德的母親亞美莉亞．安特森（Amalia Nathansohn Freud; 1835-1930）是父親雅各．佛洛伊德（Jacob Freud; 1815-1896）的第三任太太，出生時家裡已有兩個成年的異母哥哥伊曼紐（Emanuel; 1833-1914）、菲利普（Phillip; 1836-1911），一個比他還大一歲的侄子及與他同年的姪女。佛洛伊德出生前幾年，雅各的生活有相當大的變化。他的第一任太太於一八五二年過世，隨即續娶利百加（Rebeka）。但是三年後他與亞美莉亞結婚時，利百加已不見蹤影。佛洛伊德出生前兩個月，他的祖父過世。他才六、七個月大時，母親又再懷孕，這個大弟卻在佛洛伊德不到兩歲時忽然病死。此後亞美莉亞幾乎每年懷孕，八年間生了五女一男，能有多少時間照顧佛洛伊德？佛洛伊德從小由一個「醜陋」但慈愛的中年天主教徒保姆照顧，可

註一四　Katja Behling, *Martha Freud: A Biography*, translated by R.D.V. Glasgow. Cambridge, UK, Polity Press, 2005

註一五　Nicolle Kress-Rosen, *Mrs. Freud : A Novel*. New York, Arcade Pub., Distributed by Time Warner, 2005.

註一六　見註七。

註一七　Sigmund Freud and Carl Jung, *The Sigmund Freud Carl Gustav Jung Letters*. Princeton, N.J., Princeton University Press, Abridged edition, 1994.

註一八　Ralph Blumenthal, *Hotel Log Hints at Desire that Freud Didn't Repress*. New York Times and International Herald Tribune, December 24, 2006.

註一九　Dube SR et al., *Childhood Abuse, Neglect, and Household Dysfunction and the Risk of Illicit Drug Use: The Adverse Childhood Experiences Study*. Pediatrics 111: 564-572, 2003

是他兩歲半時這保姆卻因細故（據說是偷竊餐具）忽然被解僱，從此失聯。

差不多就在這個時候，雅各生意失敗出逃，離開捷克的弗萊貝格（Freiberg）後先到德國的萊比錫（Leipzig），然後再轉赴奧地利的維也納，才能把亞美莉亞、三歲大的佛洛伊德及不到一歲的大妹安娜（Anna）接來定居。雅各從此不再工作，收入來源不明。他們在維也納起初經濟窘迫，全家擠在一間單房的公寓裡，幾年後居住條件才稍有改善。但是在這麼多巨大的改變裡，佛洛伊德覺得傷害最大的，則是與童年的玩伴侄子的分離。雅各離開弗萊貝格的同時，他的兩個成人的兒子也帶著妻小，移居英國的曼徹斯特（Manchester），從此分隔兩地〔註二〇〕。

一八六五年佛洛伊德九歲的時候，他的叔叔約瑟夫（Josef Freud; 1826-1897）因販賣偽鈔（俄幣盧比）被捕，家裡搜出他與佛洛伊德在英國的哥哥們的信函，疑似與偽鈔的製造與運送有關，此事最後以證據不足，不了了之，而未波及雅各一家，約瑟夫則被判刑十年。此事經報章雜誌大幅渲染，對年輕的佛洛伊德造成不少的心理傷害。

不論如何，在佛洛伊德的成長期，父親無能、家境清貧、捉襟見肘，成了他終生的夢魘。與此同時，不得意的父母親（尤其是年輕的母親）又把他們對人生的寄望，全都放到他一個人身上，一方面寵愛無度（例如全家擠在一個房間裡，讓佛洛伊德占用唯一的另一個房間讀書、練鋼琴），另一方面望子成龍之情，時時溢於言表。在這樣的環境裡成長，恐怕是很辛苦的一回事吧。

「中年危機」與大師的誕生

佛洛伊德開業之初，最重要的支持者當屬布魯爾醫師。布魯爾比佛洛伊德大十四歲，同屬猶太裔，也曾於布魯克及梅耶納的實驗室工作，在神經生理學界發表過多篇重要論文，雖然未能在大學裡得到教職而出來開業，但也卓然有成，得到許多同行的敬重，也是大學裡許多教授及維也納政經界名人的家庭醫師，人脈廣闊。布魯爾欣賞佛洛伊德的聰明才智，不但經常介紹病人給他，還提供金錢的資助。此外，布魯爾也撥出許多時間經常與佛洛伊德討論學術理論與臨床上實際的問題。此時佛洛伊德剛從巴黎沙考醫師處見證催眠術對歇斯底里症患者的威力。一談之下，他才赫然發現布魯爾早就已是歇斯底里症的專家，催眠術的使用也已行之有年。此後十年，他們的想法逐漸成型，終於共同寫成《歇斯底里研究》（*Studies on Hysteria*）一書。此書的主要角色，其實就是布魯爾的病人安娜・歐（Anna O.，本名Bertha Pappenheim; 1859-1936）。正是她告訴布魯爾，催眠治療的功效，來自它讓病人發現她自己不願意知道、不想知道的東西，傾瀉出來。她將此稱為「談話療癒」（talking cure），又將之比擬為清掃煙囪。這些想法，其實可以說就是此後一世紀蓬勃發展的無數心理治療方法的源頭（註二一）。

註二〇 Marianne Krüll (translated by Arnold J. Pomerans), *Freud and His Father*. New York, W.W. Norton, 1986.

註二一 John Launer, *Anna O and the "Talking Cure"*. Q J Med, 98:465-466, 2005.（http:// qjmed.oxfordjournals.org/content/98/6/465.full. pdf+html; 2013年9月28日檢索.

但是佛洛伊德不以此為滿足，他繼續探索、建構更基本、更具原創性、可以「石破天驚」的理論。一八八六年他相信他找到了解答歇斯底里症之謎的鑰匙，後來被稱為「佛洛伊德的性引誘理論」（Freud's Seduction Theory）。在三次公開演講裡，他主張所有的歇斯底里及強迫症病人童年時都曾遭受性侵害，但是這些痛苦的記憶都被壓抑或潛抑（repressed）了。而這些存在於潛意識裡，與病人的自我認識格格不入的記憶，就正是致病的機轉。他的演講引起軒然大波，學界的人，尤其是他昔日大學裡的同事，包括老長官梅耶納，都對他冷嘲熱諷。平常都會刊載演講摘要的學會通訊，獨獨把他的部分省略掉了。

但是佛洛伊德最不能忍受的，卻是布魯爾的模稜兩可。布魯爾欣賞潛抑的概念，相信潛意識世界的重要性，但是沒有辦法全盤接受病患百分之百都是性侵犯受害者這樣的論點。已經覺得被孤立、排斥的佛洛伊德把怒氣全然發在他的朋友布魯爾身上，從此「義無反顧」，街上遇到也視同陌生人（註二二）。

這一段時間佛洛伊德家裡也發生了一些重大的變化：小女兒安娜出世後，妻子瑪莎罹患產後憂鬱；經常失眠的姨妹明娜住入佛洛伊德家，臥房就在主臥室內側，整晚進進出出，都得經過兩夫婦的床緣；同時也就在這一年，年邁的父親雅各去世了。才剛滿四十歲，正在步入中年的佛洛伊德，可以說在家庭與事業兩方面都陷入危機，也難怪他開始經常擔心自己的心律不整、抱怨精力衰退、懼怕大限不遠。這時他唯一的傾訴對象，就只剩下弗利斯。遠在柏林的耳鼻喉科醫師弗利斯與佛洛伊德至少有兩個共通點：他們都堅信「性」的重要性；他們也都無視於越來越多的警訊，繼續使用古柯鹼。在他們兩人頻繁的通信裡，佛洛伊德盡情討論他許多尚未成熟的想法、論文草稿、病人的困擾、乃至個人的心緒起伏。他高估弗利斯的原創力，著迷於其種種天馬行空式的理論：雙性理論（bisexuality）、鼻腔與生殖器之間在構造與功能兩方面的關聯、女性週期（二十八天）及男性週期（他說是二十三天）與身心健康的關係。很長的一段時間，佛洛伊德忙著使用弗利斯的週期表，計算自己到底能活到多少歲。因為相信鼻腔功能與情緒的關係，佛洛伊德數度請弗利斯為自己開刀。

但是他們的關係終究還是走到了一個臨界點：他請弗利斯從柏林趕來維也納為他一個特別難纏的病人艾瑪．艾克斯坦（Emma Eckstein; 1865-1924）開刀，希望根除她的歇斯底里症狀。弗利斯來去匆匆，術後居然把一長條紗布留在鼻腔裡。數日後艾瑪忽然大量流血〔註二三〕，幾乎不治。紗布被發現抽出後，流血還是時斷時續，繼之以發炎流膿，纏綿病榻經月。佛洛伊德雖然在這件事情上從來沒有責備過弗利斯，甚至還去信安慰（「我不應該請你那麼老遠跑過來，在一個陌生的城市開刀，失誤難免」），但是他自此對「奇蹟式」的治療捷徑逐漸失去胃口，與弗利斯的關係也就漸漸冷淡下來了。

註二二　見註八。

註二三　見註二〇。

十九世紀的最後幾年，對佛洛伊德來說，可能是最難熬的一段時日。他已與維也納的正統醫界疏離，與布魯爾斷交，僅存的朋友弗利斯又讓他失望。他不再輕信「生物學」取向的理論與療法，也許也因此而終於斷除了對古柯鹼的依賴。如今他所剩下的，就是他的病人和他自己。他用他那細緻的觀察力，日日夜夜審視自己、審視病人。他發現每個人的一舉一動、言談笑貌，乃至「日有所思、夜有所夢」，許許多多我們在意識上無法理解的行為、現象，原來放在潛意識的框架裡，就都有跡可循。用同樣的眼光來看，病人的許多光怪陸離的症狀，居然也就有了合理的解釋。這些精微細緻的觀察與論說，不久成為他的成名作《夢的解析》（*The Interpretation of Dreams*）、《日常生活的心理分析》（*The Psychopathology of Everyday Life*）及《笑話與潛意識的關係》（*Jokes and Their Relation to the Unconscious*）之基礎。他也由此逐漸吸引一批又一批優秀的追隨者，成為「精神分析運動」之濫觴。

事後看來，佛洛伊德當年如果繼續留在實驗室、如果沒有受到大學同事的排擠、如果沒有因為堅持己見而與布魯爾分離、如果他繼續「迷戀」弗利斯的鼻腔與週期理論，這些真正重要的發展都不可能發生。四十歲之後的佛洛伊德陷入中年危機，而他的中年危機造就了他後半生的事業。中年危機之用大矣哉！

雪茄的代價

精神醫學界有一句名言「雪茄有時就只是雪茄」，相傳這是有人（居然斗膽）問佛洛伊德，他愛抽雪茄是否有象徵意義時，他給的回答〔註二四〕。依據他的理論，他對雪茄的依賴，當然可以被當成是他童年期口慾未得滿足的表現。但是光就雪茄的尼古丁含量來說，雪茄的確可以就只是雪茄：你一旦上了癮，要再戒掉（至少對某些人來說）還真是比登天還難。但是雪茄與香菸一樣，由菸草製成，一經燃燒，就釋放出種種致癌物質。經過四十年的熏染，佛洛伊德終於罹患口腔癌。儘管手術與假牙的折磨讓他痛苦難當，他從來都不肯輕易使用鴉片類藥物。這是源於他的固執、堅忍，還是他對自己成癮傾向的自覺，我們無由得知。但是也幸虧如此超人的堅持，他才能一直保持頭腦的清醒，直到最後一刻，創作不休，留給我們這麼多的遺產，讓我們在幾乎一個世紀之後，還繼續為其言其行而爭論不休。

註二四　http://quoteinvestigator.com/2011/08/12/just-a-cigar/, 2013年9月28日檢索.

最危險的治療方法——榮格與佛洛伊德的恩怨情仇

一九九三年我在現已倒閉的邊境書店（Borders）新書陳列櫃上第一次看到這本書，它的全名是《危險療程——心理學大師榮格、佛洛伊德，與她的故事》（*A Most Dangerous Method – The Story of Jung, Freud and Sabina Spielrein*）〔註一〕。此書最近再度引人注目，可能是因為據之改編的電影《危險療程》（*A Dangerous Method*）〔註二〕在不久前正式上映，頗獲好評。英文片名與書名一字之差，不知是否基於票房考量，還是顧慮到心理衛生界人士的反應。

雖然自大學以來我就一直對榮格（Carl G.Jung; 1875-1961）以及他與佛洛伊德之間錯綜複雜的關係十分好奇，但在讀這本書之前，所知其實非常有限。以前印象中的榮格，總是隔著一層神祕的面紗，讓人不免有霧裡看花的感覺。透過這本書，我才開始對榮格這個人本身及其思想的來龍去脈，有比較清楚的概念，也比較能夠體會，在神祕面紗下的榮格（以及佛洛伊德或其他的「偉人」），都不免時時身陷於七情六慾，不得不持續地掙扎、追尋、探索。他們原來也是活生生的人，言行常有瑕疵、思想難免矛盾。他們不是天縱英明，不應該是完美的偶像。也正因為如此，他們的洞見，才會與我們有切身的關聯，才更彌足珍貴。

世紀大會面

大多數人談及榮格的生涯與事業時，總難免會把他在一九〇七年與佛洛伊德的初次會面當作一個重要的分水嶺。那年已滿五十歲的佛洛伊德，其學說才終於開始受到「學術界」的注意，同時也引來日漸增多的攻擊。榮格雖然三十出頭，因追隨那個時代精神醫學泰斗尤金・布雷勒（Eugen Bleuler; 1857-1939）多年，已是瑞士蘇黎世大學伯格霍茲里（Burghölzli）精神專科醫院的第二把手。他的確才華橫溢，其時已因「字詞聯想」（word association）的研究而享譽歐美。這個研究的目的，原初是為了要幫布雷勒收集「正常人」的資料，用以對照、了解精神科病人的思考過程。他意外地發現，「正常人」並不清楚自己因何從一個想法跳到另一個想法。同時，「皮膚電流反應」（Galvanic Skin Response）以及用精確的碼錶測量出來的「反應時間」，則顯示聯想的快慢與字詞所引發的情緒極有關聯。他由此而認定，心靈包含了比意識還多的領域，人的行為常被意識之外的力量所左右。

這種力量由何而來？布雷勒建議他閱讀佛洛伊德的著作。布雷勒其時在精神病理學方面的成就已與埃彌爾・克雷培林（Emil Kraepelin; 1856-1926）齊名。他首創的「精神分裂症」

註一　John Kerr, *A Most Dangerous Method - The Story of Jung, Freud and Sabina Spielrein*. Sinclair-Stevenson, 1993.

註二　David Cronenberg (Director), *A Dangerous Method*. Recorded Picture Company, UK, 2011.

（schizophrenia）一詞後來甚至取代了後者的「早發性痴呆症」（dementia praecox），延用至今。有趣的是，他比佛洛伊德（以及克雷培林）只小一歲，早年（1884）也遊學巴黎，同樣受教於神經醫學大師沙考，親眼見證催眠術對精神科病人的效力。其後他雖然一直留在精神專科療養院系統裡，卻持續對催眠現象及暗示作用保持高度的興趣。佛洛伊德在一八九五年出版的第一本書《論歇斯底里》，就得到他很高的評價。一九〇〇年出爐的《夢的解析》〔註三〕，更讓他相信，佛洛伊德這位從未進入正統精神醫學殿堂的神經科學家兼心理治療師，的確極有創意，能言人之所未言。他開始在蘇黎世大學組織佛洛伊德學說研討會，並與佛氏正式接觸。佛洛伊德興奮莫名，隨即建議他可以用通信的方式為布雷勒做精神分析。佛洛伊德的意圖，是要經過蘇黎世大學傳播他的新見解。布雷勒則希望由親身的體驗，來檢視佛洛伊德理論的科學性與實用性。此後五年，兩人書信不斷。布雷勒把個人的身世與家庭資料，以及他的許多夢境，毫無保留地寄給佛洛伊德。但是他對佛洛伊德的分析卻常不能理解，也常抱怨佛氏苛求他人全盤接受他的整個理論體系。當佛洛伊德搬出他新發展的阻抗（resistance）理論來解釋布雷勒的不理解時，他就更歉難同意了。作為一個傑出的科學家與醫學家，他非常情願、但也只願接受理論裡可以驗證或可以運用的部分。一九一二年他們終於分道揚鑣，當然有許多其他的因素，但是兩人立場如此不同，其結局應該是早就註定了吧！

正是在這蘇黎世與維也納「眉目傳情」的十年裡，榮格從早期對佛洛伊德理論抱持懷疑與批評的態度，蛻變成為精神分析運動的中堅與健將。一九〇〇年當布雷勒把《夢的解析》一書介紹給他時，他還抱怨此書深澀難解。一九〇四年他在姑且一試的情況下，將佛洛伊德的「談話治療」應用於一個十分難纏的病人（也就是薩賓娜．史碧爾埃；詳後）身上，居然有效。但是一直到兩三年後，他對佛洛伊德的態度還一直是有所保留的。在他一九〇六年出版的《早發性痴呆症心理學》（*The Psychology of Dementia Praecox*）的序言裡，他在表達對佛氏理論的推崇的同時，還是不忘堅持理論不能當教條，特別標明他對「幼兒性慾」之類概念的不贊同。

繼布雷勒之後，榮格也在一九〇六年開始與佛洛伊德通信。翌年他奉乃師之命，去維也納「探底」。未料兩人一見投緣，從下午一點一路談到次日清晨兩點，十三個小時裡廢寢忘食，幾無間斷。多年後，榮格追憶這個「世紀大會面」時說：「佛洛伊德是在我生命裡第一個真正重要的人。他與眾不同、充滿智慧、頗富機靈。但是他也讓我迷惑、捉摸不定。」榮格表達了他對佛氏性慾理論的疑慮，但是他「辯不過他」。榮格也坦承他從小對靈魂與通靈現象的興趣，佛洛伊德的臨別贈言卻是「請千萬不要放棄性慾理論，不要把青春拋擲在那些虛無飄渺的東西上」。榮格與佛洛伊德的恩怨情仇，於焉開展。在其後五年裡，兩人交換了七百多封熱情洋溢、挖心掏肺、也時或不免勾心鬥角的書信。

註三　佛洛伊德著，賴其萬、符傳孝譯，《夢的解析》，臺北：志文出版社，二〇〇二年再版。

誰先昏倒

佛洛伊德當時正在尋找一個兒子。同時，不管是否自知，榮格也一直在尋覓父親。兩人由是一拍即合，其後關係有時「如膠似漆」。對佛洛伊德而言，榮格的確是「天上掉下來的禮物」。他精力充沛、聰穎過人，年紀輕輕就已享譽國際。更重要的是，他不是猶太人，他的加入，可以幫助精神分析術建立其普世性，使之不再被人認為「只是」猶太人的心理學。

榮格的父親是個不怎麼成功的鄉村牧師，他的母親則是在巴塞爾（Basel）城裡長大的名門閨秀，從小嬌生慣養，不習慣鄉間生活。榮格的童年想必是非常地孤獨寂寞。他是獨子，上面的三個哥哥都活不過嬰兒期。他的母親常因不知名的疾病住院，一住就是幾個月，把他丟在娘家，由單身的姨媽照顧。在家的時候，他的媽媽也還是非常冷漠疏遠，經常足不出戶，一個人待在臥房裡。雖然他的外祖父是位知名的牧師，他的母親與其他家人卻多有通靈的能力，常聚集討論神鬼附身等超自然現象。榮格對他們這種與亡魂溝通的秉賦又愛又怕，終其一生，一直在信與疑之間掙扎。

榮格童年時主要的安定力量來自父親，但是到了青春期，當他開始探索人生的意義與宇宙的奧祕之時，身為牧師的父親卻不能給他滿意的答案。「他叫我不要想，相信就好。」失望之餘，他拒絕繼續上教堂。二十歲的時候，父親病危，他卻沉浸於觀察、記錄附身於表姐妹們的「亡魂」的言行（後來成為他醫學博士論文的資料來源），對父親不聞不問。

在佛洛伊德身上，榮格似乎終於找到了他心目中理想的父親。在他寫給佛洛伊德的書信裡，榮格千方百計討好他，有時肉麻得讓人臉紅。他坦承自己對佛洛伊德有同性戀的愛慕傾向。他有時發揮佛氏的理論過了頭，有時也忍不住重提他對靈魂與玄學的興趣，但是一經指正，馬上就做一百八十度的轉變。他似乎對佛洛伊德知無不言，其實在許多方面，當他覺得自己的行為或想法會遭受佛洛伊德的批評時，就不免刻意隱瞞，甚或堅決否認。

我們現在回溯這一段陳年往事，或許會直覺地以為榮格這樣的曲意奉承，是為了權位，其實並不盡然。榮格雖然年輕，他當時的學術地位已相當穩固。如果只是為了升遷，他完全沒有必要得到佛洛伊德的支持。我們甚至可以說，正是他與佛洛伊德的牽扯，毀了他在傳統學術界的生涯。他的確是因為佛洛伊德的支持，才順利成為新成立的國際精神分析學會的會長（佛洛伊德原本提議要他做終生會長，後來因為太多人反對才萬般不情願地把「終生」這兩個字拿掉），可是佛洛伊德恐怕也別無選擇。比起佛洛伊德的維也納圈子，那時候的蘇黎世是更開放、更具國際性的。即使在一九一一年阿爾弗雷德．阿德勒帶著維也納幾乎一半的成員出走之前，蘇黎世的會眾，論質論量，都已比維也納為優。就客觀的情勢來講，其實是佛洛伊德更需要榮格，而不是榮格在利用佛洛伊德。

所以不管之前佛洛伊德幾乎清一色的猶太裔追隨者多嫉妒，榮格一開始便順理成章地成為佛洛伊德的當然繼承人（heir apparent），他最優秀、寄望最深的兒子。但是就如佛洛伊德聞名的「伊底帕斯情結」（Oedipus complex）這個概念所呈現的，成器的兒子往往是父親最大的威脅，所以也就難怪佛洛伊德寫給榮格的信裡，也不免充滿心機，有時甚至不惜歪曲事實了。他們之間的緊張關係，在佛洛伊德兩次昏倒中，非常具體地、戲劇化地表現出來〔註四〕。

佛洛伊德第一次當著榮格的面昏倒，是在兩人應邀結伴同行去美國麻州的克拉克大學（Clark University），會集在不來梅（Bremen）等船的時候。其時考古學家在北歐許多沼澤裡發現保存完好的史前人遺體，面貌栩栩如生。榮格覺得他們可能是歐洲人的祖先，對他們非常有興趣，一路上不時提起。有一天晚飯後，他又開始談這些「沼澤人」，佛洛伊德忽然說：「你對他們這麼關注，是因為你潛意識裡有殺死我的慾望。」說完隨即昏倒（這只是你們亞利安人的事，可與我們猶太人無關，佛洛伊德在昏倒前，或許是這麼想的）。

兩個人的美洲之行都很成功。佛洛伊德在克拉克大學接受榮譽博士學位，美國當代心理學元老，包括威廉．詹姆士（William James; 1842-1910），都趕來參與。他用德語講的五場演說，隨即被翻譯為英文，刊載於美國心理學雜誌，流傳至今。榮格也由此行而獲福旦大學（Fordham University）邀請，次年再回美國作為時六週的講學。但是兩人的裂痕，在他們回歐洲的路上，卻已逐漸浮現。他們在船上不停地互相分析彼此的夢境。根據榮格後來的回憶，有一次到了非常重要的關鍵，佛洛伊德卻忽然停頓了下來，隔了一會兒才說，這個我不能告訴你，我需要維護我的權威。就像許多怨偶，他們的爭執從此時隱時現，又拖了三年多的時間，其間還穿插了許多似有意似無意的誤會，終於在一九一二年底引發了佛洛伊德的第二次當眾昏倒。這之後不久，戰火就急速表面化了。幾番言詞犀利的書信往返及無數次的反覆思量之後，佛洛伊德終於痛下決心，壯士斷腕，宣佈與榮格「絕交」。

佛洛伊德的第二次昏倒，也與考古學以及父子關係有關。當時兩人及其他精神分析運動核心成員齊集在慕尼黑開會討論學會期刊編輯事宜，氣氛頗為緊張。午宴後有人把話題扯到古埃及的法老王阿曼諾費斯四世（Amenophis IV），主張他之所以改變傳統，首創一神信仰，源自他對其父親的複雜情結（father complex）。榮格強烈抗議，認為阿曼諾費斯四世的原創力與他的父親無關，他的一神信仰不是反抗父親的結果，阿曼諾費斯四世其實是很尊重他的父親的，可是為了「真理」，不得不銷毀父祖輩所崇拜的神祇塑像。榮格又說，所有其他的法老，固然沒有破壞其父親所崇拜的神像，但是「天無二日」，他們也就毫無例外地都以自己的名字及雕像取代其父輩留下的任何痕跡。榮格這一番話剛說完，佛洛伊德就從椅子上滑了下去，不省人事。榮格急忙將他抱起，放在躺椅上。過了好一陣子，佛洛伊德才回過神來，說「如果死亡這樣甜蜜的話，那也蠻不錯」。

榮格其實才是個很會昏倒的人。他在十二歲時因細故被一個同學揍了一頓之後就常常昏倒，被懷疑有癲癇症。有趣的是，在這「父子反目」的過程中，昏倒的卻不是他。或許他那時候，忙於反抗，並不清楚自己一旦被心目中理想的父親棄絕之後，面對的會是如何絕望的深淵。

註四　Ernest Becker, *The Denial of Death*. Simon and Schuster, reprinted, 1997.

禍水的名字就是女人嗎？

如前所述，一九〇四年薩賓娜住進伯格霍茲里醫院，成為榮格第一個嘗試使用精神分析療法的實驗品。其時剛滿十八歲的薩賓娜是個來自俄國黑海岸邊的猶太女孩，嬌小美豔、聰慧敏感。在榮格的關注下，她多年不癒的歇斯底里症很快就好起來了，但是她同時也就愛上了他。那時新婚不久的榮格還是一個拘謹守禮、愛惜顏面的人。雖然被這個充滿異國情調的迷人女孩深深吸引，榮格對她的痴情無從回應。但是在他的鼓勵下，她隔年就進入蘇黎世大學醫學院習醫。

幾年後，薩賓娜再度成為榮格的病人，也很快地就又愛上了他。她幻想他們會有一個結合猶太人與亞利安人的小孩，長大之後會成為救世英雄。榮格在接受與逃避之間來回擺盪，時而狂喜、時而愧疚，自承沒有醫德。但是「他的潛意識就握在她手裡」，他們的關係，也就繼續如萬花筒似地離離合合，流轉不息。她寫信向佛洛伊德投訴，他則抵死不認，堅持她處心積慮，硬是要引誘他，這一切都是她一廂情願的幻想。佛洛依德在一旁靜觀好戲，也樂得有這個把柄在手，必要時可以用來要脅榮格。直到一九一三年他已與榮格「絕交」，而薩賓娜也已結婚即將生育之時，佛洛伊德才鬆口對她說，「不管怎麼樣，我們都還是猶太人，他們永遠也不會了解我們、尊重我們」。

榮格在這兩次「治療」之間作風的轉變，固然可以有許多解讀，但是其中一個重要的關鍵，應該是來自他另外一位同事兼病人的影響。小榮格兩歲的奧圖・格羅斯（Otto Gross; 1877-

1920）是除了榮格以外，唯一被佛洛伊德認為是天才的精神分析師。格羅斯熱情洋溢、聰慧過人、人見人愛。他也是個放浪形骸，積年沉迷於嗎啡與古柯鹼不能自拔的人。他成天成夜流連於咖啡廳與酒廊，在那些地方結識、「治療」許多「前衛」文人、藝術家，也在那裡勾引一個又一個名女人，其中包括後來嫁給名作家D・H・勞倫斯（D. H. Laurence; 1885-1930），也就是《查泰萊夫人》（*Lady Chatterley's Lover*）一書女主角原型的芭倫妮絲・弗莉達・馮・李奇特芬（Baroness Frieda von Richthofen; 1879-1956）。諷刺的是，奧圖的父親，漢斯・格羅斯（Hans Gross; 1847-1915），正是現代「犯罪學」之父，享譽國際。眼看著他的獨子即將掉落於萬丈深淵，漢斯同時寫信向布雷勒及佛洛伊德求援，兩人不約而同地推薦榮格。耐不住他們的央求，榮格勉強同意讓格羅斯入院，成為他的主治醫師。此後半年，榮格只得日日與這個他素所厭惡的人為伍。他分析格羅斯，急於向兩個老師表現他的治療能力。沒想到事隔不久，他就反而變成被格羅斯分析的人。他們同樣佩服尼采與佛洛伊德，相信精神分析學將會改變世界。但是他也從格羅斯身上看到自己的另外一面。格羅斯的性觀念讓他震驚，也讓他著迷。格羅斯認為，不論從演化論還是精神分析學的眼光來看，人的天性本來就是需要有更多的性自由的。不論男女，都需要不同的性伴侶，禮教帶來的壓抑不合人性，是疾病之源。

兩個天才在一起相處半年，誰影響誰，誰贏誰輸，又有誰能說得定？但是這一次榮格的確是一敗塗地。他的慘敗，不單是因為格羅斯於半年後翻牆「越獄」出逃，一點都不給他面子。更為嚴重的是，格羅斯人是走了，卻留下人性裡有「多重配偶」（polygamous）傾向的這個觀念，繼續

在焚化爐裡還魂，再被活活燒死。洪水從北海直沖到阿爾卑斯山，淹沒整個歐洲（但是瑞士除外，因為阿爾卑斯山被沖得更高了）；無數屍體、垃圾飄浮其間，洪水全部變成了血水（第一次世界大戰不久爆發，果然如他幻覺裡之所見，傷亡無數）。他夢見自己謀殺德國人最崇拜的神話英雄，罪該萬死，醒來在床頭發現一把上膛的手槍。

此後數年，幻象、惡夢層出不窮。作為病人的他，驚嚇莫名；作為醫師的他，知道自己正在掉入瘋狂的深淵；作為科學家的他，忙著記錄每一個幻覺與夢境的細節。這些紀錄後來被編纂成數本深奧離奇的書籍（例如《向亡者的七次布道》〔*Seven Sermons to the Dead*〕），限量流通。但是其中看來似乎最難解，也可能最能反映他當時心境的材料，則保存於一本親手書寫，名為 **Liber Novus**（新書）的冊子裡，因為以紅色皮革裝訂，被通稱為《紅書》（*The Red Book*）。此書一直為他的後人祕藏，不輕易示人。一直到二〇〇九年，因為部分資料已經外洩，才萬不得已將之付梓〔註五〕。四百多頁報紙般大小、十多磅重的書，洋洋灑灑，堆滿了密密麻麻、工筆謄寫的字句，再加上百多幅色彩鮮豔、象徵意義濃厚的圖畫，無論內容如何，任何人只要稍微瀏覽，大概都會忍不住感佩作者躍動不盡的生命力、原創力。

而這也許正是榮格之所以終能從「瘋狂」走出來的一個重要原因。書寫與繪畫，幫助他維繫

註五 Carl Gustav Jung, *The Red Book. Liber Novus*. Edited by Sonu Shamdasani, translated by Mark Kyburz, John Peck and Shamdasani, Philemon Series & W.W. Norton & Co, 2009.

自己的內心與外在的世界。它們也許就是他的平衡點、救生圈。這些資料，幫助他審視、重組經驗與記憶。他在其中搜索秩序、清理頭緒、尋求意義。他漸漸相信，為了要達到人生更高一層的境界，為了要瞭解「真正」的自己，他才會不得不親身去體驗這刻骨銘心的痛楚、歷練。他的幻覺與惡夢，變成了他的「主動想像」（active imagination）。他勇於面對那無邊無際的恐懼，「自願」（當然經過激烈的掙扎）躍入那完全黑暗的深淵，進入亡靈的世界，從而得到「再生」的機會。我們無從推測這其間有多少是實際的過程，多少是事後的解釋。但是這樣的疑問，或許是沒有什麼意義的。重要的是，這樣的詮釋，的確蠻羅曼蒂克，也很能振奮人心。

榮格後來追憶那艱苦的幾年時說，那時他失去了幾乎所有他以前認為最重要的東西；沒有教職、沒有地位、沒有可以推心置腹的師友，唯一剩下的是他的家庭和他的病人。但是僅就這兩方面來講，榮格已是一個極端有福氣的人。他的妻子艾瑪・羅斯巴・榮格（Emma Rauschenbach Jung; 1882-1955），一生支持他，始終不渝。他們的五個小孩，一個個健康活潑、聰慧可人。艾瑪來自富裕人家，他們沒有任何金錢的壓力，讓他不只衣食無慮，還可以一方面享用華麗的豪宅，又同時在二十哩外的湖畔建造一個「沒水沒電」，一切需要自己動手的「原始」石屋，作為他退隱冥思之所（註六）。

即使在剛被佛洛伊德掃地出門、天天與幻覺惡夢纏鬥的那幾年，榮格依然是那個時代最聞名國際的心理治療專家。不管是否發瘋，他對病人，尤其女病人，依然充滿魅力。這些病人裡，有不少是名門閨秀、社會名媛，其中包括芬妮・鮑迪屈・凱茲（Fanny Bowdich Katz; 1874-

1967），美國神經醫學之父詹姆斯・傑克森・普特南（James Jackson Putnam; 1846-1918）的表妹，及艾迪絲・洛克菲勒・麥克柯密克（Edith Rockefeller McCormick; 1872-1932），石油大亨洛克菲勒（John Davison Rockefeller; 1839-1937）最鍾愛的女兒，也是因發明收割機而「富可敵國」的席勒斯・麥克柯密克（Cyrus McCormick; 1809-1884）的媳婦。她們為了接受榮格的治療，一個個移居到蘇黎世，一住就是十年八載。艾迪絲的丈夫哈洛・福勒・麥克柯密克（Harold Fowler McCormick; 1872-1941），家族產業的繼承人（也是席勒斯子女中唯一沒有真正發瘋的人），奉岳父之命去蘇黎世勸艾迪絲回美，卻隨即成為榮格的病人，還不時寫信向他岳父解釋為何他們夫婦，以及三個子女，都需要繼續留在瑞士接受治療。不愧是精明的大企業家，他對心理治療的解釋精簡扼要，但是還是說服不了比他更精明的岳父。這些病人自然一個個知恩圖報，捐款源源不絕（艾迪絲後來又向銀行借貸鉅款，最後還得由心不甘情不願的老爸還債）。他們也到處為榮格大力宣傳，替他介紹許多英美諸國的政要賢達〔註七〕。

榮格的「女人緣」助長他的事業，同時也繼續給他帶來麻煩。薩賓娜離開蘇黎世後才不久，他就又與另一位「前病人」兼同事東妮・吳爾芙（Toni Wolff; 1888-1953）開始了親密的關係。東妮也是富家女，未識榮格之前長期嚴重憂鬱，經常徘徊於自殺的邊緣。看了榮格醫師之後，她

註六　Claire Dunne, Carl Jung, *Wounded Healer of the Soul: An Illustrated Biography*. New York: Parabola Books, 2000.

註七　Richard Noll, *The Aryan Christ: The Secret Life of Carl Jung*. New York: Random House, 1997.

很快就「痊癒」了，卻成了他「寸步不離」的助理。在很多關鍵的時刻，當榮格激動盛怒、「胡言亂語」、瀕臨全盤崩潰的時候，東妮似乎是唯一可以「控制」他、說服他不要再往下沉淪的人。這三角關係對當事人，尤其是對艾瑪與東妮，應該一直是難以想像、難以承受的重擔。東妮要的是雙宿雙飛，艾瑪萬分忿怒、萬分委屈，但是在幾年後卻轉而認定她需要東妮來共同穩住榮格，三人的關係由是半公開化。一九五三年東妮意外過世，榮格拒絕參加葬禮，艾瑪成了他的代表。他們這些撲朔迷離的人生抉擇，背後想必有非常多不足為外人道的椎心之痛吧！奇怪的是，這個路人皆知的安排，卻被他多半是女性的病人與學生們所接納。她們甚至還繼續堅持，榮格其實是女性主義的中堅。在他晚年的回憶錄裡，榮格把他從一九一三年一路延續到一九一九年的「再生」過程描寫成自己內心為了追尋靈性而不得不去經歷的，英雄式的艱險旅程（註八），這當然是可以相信的。但是英雄的背後，隱藏了多少人的眼淚、哀傷與無奈，又有誰能夠說得清楚？

心靈與量子物理學的對話

終其一生，榮格對佛洛伊德最不滿的是後者完全遵循十九世紀科學界盛行的，單純的因果決定論，只從個人的角度去探討「潛意識」的來龍去脈，完全忽視存在於每個人心裡對靈性的渴望與追求。榮格認為意識（consciousness）只是個體存在非常小的一部分，藏身其後的，除了佛洛伊德所說的「個人潛意識」之外，還有那更重要的、無垠無涯的「集體潛意識」。那才是我們存在的根基，也是存在意義的來源。而這集體潛意識，又與宇宙的韻律互通聲息。因而，也只有經由個體的意識與這集體潛意識的互動，我們才能在這個世界裡找到立足點，才能發揮我們的靈性，心安理得地存活。

前面這一大段描述，相對於榮格博大精深又隨著時間不停地演進蛻變的理論體系來說，想必十分偏頗、粗糙，也可能已經包含了許多誤解。他的文章，常會把讀者弄得暈頭轉向。他的想法，貼近玄學，很容易讓人聯想到中國文化傳統裡的「道」與「天人合一」、佛教的無明與涅槃、印度教的梵我（Atman）、中西方的煉丹、煉金術、乃至早期基督教傳統裡的靈知派（Gnosticism）教義。而這也許就正是為什麼榮格晚年對這些屬靈的傳統那麼地偏愛，屢屢為文介紹給西方讀者的原因吧。

但是如果說他的學說讓人感覺「玄虛」，這並不就表示它是空有其表的「虛」。其實任何人只要仔細檢視我們一般習以為常的科學理論（例如萬有引力），就會發現它們也是非常「玄虛」的。究其根本，我們並不知道這世界何以會依照這些「科學」的規則去運行。我們基本上生活在牛頓建造的世界，從小被如此教育（洗腦），也常可以發現這些理論在日常生活上的實用性（蘋果真的會打到我們的頭上），所以也就習以為常，認為這些理論都已是一清二楚的真理了。

反過來講，二十世紀發展出來的相對論與量子力學，大概是只有數學天才才有可能瞭解的，

註八　榮格，《榮格自傳—回憶．夢．省思》，臺北：張老師文化，一九九七。

而且直到原子彈爆炸之前，一般人的確也無從感受其威力。更讓人迷惑的是，這些理論不可或缺的基礎，卻正是所謂的「海森堡不確定原理」（Heisenberg Uncertainty Principle）。根據這個原理，在任何實驗裡，觀測的人會直接影響實驗的結果，而且這影響及其不確定性並不源自於以機率為基礎的誤差。這麼一來，果真如榮格（以及前此許多思想家、宗教家）所說，人心的確與宇宙緊緊相連，沒有人心的運作，也就沒有這個世界了！

榮格的心理學與現代物理學的類同，只是巧合嗎？還是曾經互相影響？在一九〇九年至一九一二年之間，榮格與愛因斯坦（1879-1955）常共進晚餐，話題想必十分廣泛。他們一致同意，我們所理解的單線進行式時間觀念（由過去到現在再到未來），客觀上並不存在，而是人的心靈所創造出來的。一九四五年諾貝爾物理學獎得主沃爾夫岡・包立（Wolfgang Pauli; 1900-1958）與榮格的關係更為具體。包立是個早慧的天才，十八歲就已是相對論的權威，量子力學也因他才得以快速發展。沒想到在三十二歲正值事業巔峰時，他卻因為一連串的打擊（父母婚變、母親自殺、他自己與一個酒廊歌手倉促的婚姻旋即破裂）而嚴重憂鬱、酗酒無度，不得不向榮格求助。他們的醫病關係逐漸演變為終生的友誼，書信不斷，從煉金術、超自然心理現象到「心」與「物」的如何連結，無所不談（註九）。榮格在量子物理學裡尋覓心靈的根基，包立則在榮格的「原型」（archetypes）裡看到科學創見的泉源。儘管世人對他們努力「整合」的成果仍繼續有不同的評價，心靈與物理世界不斷在對話這樣的想法，卻已是許多現代物理學家的共識。「所有規範自然世界的力量也都是建構心靈的基礎」，首倡「不確定原理」的海森堡（Werner

Heisenberg; 1901-1976，1932年諾貝爾物理學獎得主）也是這麼說的。

先知變成了充滿智慧的老人

榮格關於靈性成長、探索真正自我的學說，對二十世紀以來歷經浩劫，失去傳統信仰的人們，的確是有非常大的吸引力的（註十）。在這動盪不安、充滿疑慮的年代，他給人指出一條似乎可行的路。以他過來人的身分，也以他個人的魅力，他讓人相信，「不是一番寒澈骨，焉得梅花撲鼻香」，只要敢於面對自己的「陰影」（shadow），面對自己的黑暗面，堅持不懈，就可以回歸真實的自我，就可以找到自己的靈魂。他的著作，影響了許多致力於神話研究的傑出學者，喬瑟夫·坎伯（Joseph Campbell; 1904-1987）正是其中翹楚。這些學者又影響了更多現代的思想家、宗教家，乃至一般民眾。到了一九六〇年代，風起雲湧的新世紀運動（New Age Movement）、超我心理學（transpersonal psychology），乃至林林總總的潛能開發、自我體現（self actualization）訓練機構，更是深受榮格的影響。此外，匿名戒酒會（Alcoholics Anonymous, AA），幾十年來治療酒癮不可或缺的自助互助團體，也可溯源自榮格的思想。由於

註九　David Lindorff, *Pauli and Jung: the Meeting of Two Great Minds*. Quest Books, 2004.

註十　楊格著，黃奇銘譯，《尋求靈魂的現代人》，臺北：志文出版社，一九八九年再版。

匿名戒酒會的成功，治療其他種種成癮問題的自助團體，從麻藥（Narcotics Anonymous, NA）、賭博（Gamblers Anonymous, GA）到上網成癮（Internet and Tech Anonymous, ITAA）紛紛成立，對社會的貢獻，如海水般不可斗量。

榮格心理學在日本的發展尤其可觀。第一位把榮格心理學帶到日本的河合隼雄（Hayao Kawai; 1928-2007），是一位幹練、風趣、充滿生機與魅力的人。他數十年默默耕耘，將榮格心理學與佛學做了用心良苦的整合，終於使之能被日本人接受。他也在日本大力推動「沙遊療法」（sand play therapy；也叫作「箱庭療法」）。這些思想及方法的合流，不僅使榮格更容易為有東方文化背景的病人及治療師所接受，也吸引了許多美歐的學者與治療師，將佛學回頭應用到在西方文化背景下長大的病人身上[註一一]。

一九五五年艾瑪過世後，榮格人生的最後六年，大部分在湖邊石屋渡過。其時石屋已加蓋成二層樓房，不如以前的簡陋。許多千里迢迢、慕名而來的人，只要能看他一眼，聽他講幾句話，就津津樂道、受用終生。因為榮格，蘇黎世湖一時變成了熱門的旅遊點。許多人租了遊艇，泛舟到石屋附近，天氣好的時候，有時居然還可以看到在砍柴或在雕刻石像的榮格，親切地向他們揮手。我們無從知道榮格最後那幾年有多寂寞，但是我們或許寧可相信，他有時候也會滿意地想，經過那麼多的風風雨雨，他終於找到了生命的歸宿，他終於變成了一個充滿智慧的老人。

註十一　河合隼雄，《佛教與心理治療藝術》，臺北：心靈工坊，二〇〇四。

「兄友弟恭」愁殺人——個體心理學鼻祖阿德勒

大多數人談到現代心理治療學，首先會想到的三位「大師」，應該就是佛洛伊德、榮格與阿德勒（Alfred Adler; 1870-1937）。他們生長在同一時代，他們的學術、事業發展盤根錯節、糾纏不清，至今仍是歷史學者廢寢忘食、努力釐清的熱門研究題材。榮格與佛洛伊德的恩怨情仇，已於前文略有著墨。本文的重點，則將放在阿德勒這個人、他的貢獻及影響、他與佛洛伊德之間的瑜亮情結。在這三位時常被相提並論的開山祖師裡，阿德勒的學說與人生初看似乎遠不如其他兩位的光眩奪目，但是他留給我們的「遺產」，百年來其實早已不知不覺地滲透進心理學界的各層面〔註一〕。對一般的臨床工作者而言，他持久不衰的影響力，其實是不容忽視的。

註一　阿德勒著，黃光國譯，《自卑與超越》，臺北：志文出版社，一九八九。

「既生瑜，何生亮！」

阿德勒可以說是從一出生就註定了需要與一個比他年長、也似乎總是比他更引人注目、討人喜歡的兄長競爭的命運。阿德勒在一八七〇年生於一個殷實的猶太商人家族，是家中的老二，上有一位大他兩歲，聰慧可愛、善解人意、處處引人注目的哥哥，碰巧與佛洛伊德同名，也叫做西格蒙德（Sigmund）。西格蒙德學業、事業一帆風順，後來成為極其成功的實業家。他也似乎一直是個慷慨、體貼的兄長，從小到大，十分照顧弟妹。

但是在這樣一個人見人愛的兄長的陰影下長大，想必是一件十分不容易的事。阿德勒從小體弱多病，兩歲時因為脊椎骨結核行動不便；看著他健康的哥哥又跑又跳、自由自在，嫉妒可知。三歲時，親眼目睹他剛出生的弟弟病死，更加深他對生命脆弱的恐懼。在他或許不見得正確的童年記憶裡，這之後他又經歷過兩次差點喪命的嚴重車禍。到了五歲時他因肺炎住院，藥石罔效，早已被放棄了，卻因為一位年輕醫師的堅持與細心照顧，而奇蹟般活了下來。在阿德勒的記憶裡，他從那一刻起，就打定主意，一生要以行醫為志業，救助自己，也救助他人。

這些童年的記憶是不是都是事實呢？阿德勒相信並不見得如此。他曾經清楚記得，六歲的時候，他因為每天上下學都得走過一大片墳地，深陷於極端的恐懼裡，直到有一天，他下定決心，一個人到墳墓堆裡爬上爬下，直到精疲力竭為止，從此他對墳墓的恐懼消逝得無影無蹤。多年後他偶然與一個小學同學提起這件事，同學說學校旁邊哪裡可能有墳墓？經朋友這麼一說，他又回去從舊居到學校來回搜尋，無論如何也找不到半個墳墓。雖然他由此瞭解這童年的「記憶」並不是事實，但是這「記憶」本身的威力之大，卻還是無容置疑。因為自此之後他就再也不怕墳墓了！

「濟世救人」

阿德勒不是傳統定義上的「好學生」。他不喜歡競爭與壓力，又因為早一年上學，難免吃力，也平增他原來就有的自卑感。但是為了要進醫學院，他也只有咬緊牙根，迎頭趕上。在就讀維也納大學醫學院期間，他對教授們「為診斷而診斷」，有時甚至巴不得病人早點過世，以便由病理解剖「找到答案」的風氣甚為不滿。當學界的注意力還完全放在剛發現的種種細菌如何致病的時候，阿德勒有興趣的已經是，「到底是什麼樣的環境因素讓病人接觸到細菌、讓他們抗拒不了病原的侵襲，或是減少（及加強）其抗力」。他發現其實貧窮及惡劣的工作環境，才是個體與群體健康最大的敵人。他由此開始注意馬克思等人的著作，並到處參加社會運動的集會。

醫學院畢業後、服完一年義務兵役、又在大學醫院實習兩年（主要是內科與眼科，但也有一些神經精神科的訓練）後，阿德勒選擇在維也納的一個低收入區開業。他的病人三教九流，甚至包括許多馬戲團、雜耍團的演員。他因此在短短幾年內對社會百態、人生疾苦有長足的瞭解，也常常運用這些第一手資料為報章雜誌撰寫短評及專題報導，深入淺出，頗得醫學同僚及一般大眾的注意。

青年阿德勒不是切·格瓦拉（Che Guevara; 1928-1967）或孫逸仙（1866-1925），他不是革命家或政治家，他給自己的使命是要以醫師的身分來影響病人，從醫學的層面去教育社會。他從許多不同的角度，反覆說明，人不只是一個生物體，疾病不能僅以生物或生命科學的角度來看待，而更需要對社會、經濟、環境，乃至個人的童年成長史，有深入的瞭解。從這個意義上來說，阿德勒可以說是時至今日仍然常被忽視的社會醫學、預防醫學、環境衛生等學科的先驅。他在一八九八年出版的《裁縫業的健康手冊》（*Health Manual for the Tailoring Trade*）〔註二〕深入探討裁縫匠之所以易患肺病、胃腸疾患、眼疾、關節炎等等問題的種種原因（諸如營養不良、工作場地擁擠、通風問題、工時過長、坐姿不佳、光線不足等），乃至對於這些問題之所以一直未獲注意及改善的主要因素的分析（例如組織工會之困難），都有精闢的分析。這本書至今仍為社會學者所注目與討論。

異國戀情：一生的愛情長跑

雖然阿德勒一生努力遠離政治，他卻因早期對社會運動的參與而結識他終生的摯愛，也可能是他人生裡兩個最令他頭痛的人之一，他的妻子萊莎·提摩菲弗納·艾波斯坦（Raissa Timofeivna Epstein; 1872-1962）。萊莎來自一個富裕的俄國猶太家庭，卻為了教育而遠離故鄉與家人，獨自跑到瑞士蘇黎世唸大學。不久她因參與婦女解放運動而來到維也納，在那裡遇到阿德勒。阿德勒對她一見鍾情，緊追不捨，兩度遠赴莫斯科，終於說服了她與她的家人，讓他們在一八九七年結婚。

但是他們的婚姻生活卻似乎是充滿波折的。萊莎是一位自立自主、個性極強、充滿理想、勇往直前的女人。在維也納，她積極主導婦女解放運動，並與社會主義及共產主義的領導人多有來往。因為她的關係，阿德勒與後來蘇聯的「紅軍之父」——托洛斯基（Leon Trosky; 1879-1940）過從甚密，在托洛斯基流亡維也納的七年之間（1907-1914），兩家常常共度愉快的週末。阿道夫・阿布萊莫維奇・越飛（Adolph Abramovich Joffe; 1883-1927）（註三），另一位共產蘇聯的主要奠基人，也一度因藥癮問題成為阿德勒的病人，並跟隨他學習精神分析學。

儘管有這麼多的接觸與機會，阿德勒卻始終堅持不參與政治，也因此常導致萊莎對他的不滿。除此之外，萊莎對維也納及婚姻生活的適應，似乎也頗有一些問題。她是個非常漂亮的女

註二　Hilary Silver, *Reflections on Alfred Adler: A Social Exclusion Perspective*. http://www.brown.edu/Departments/Sociology/documents/adler4.pdf, 2013年6月16日檢索。

註三　越飛出生於俄國克里米亞一富裕猶太家庭，是俄國著名革命家，與托洛斯基過從甚密，多年共同編輯《真理報》（Pravda）。十月革命後，從事外交工作，為外交部副部長，領導參與對德國的停火談判。一九二三年任蘇聯特使與國民黨領袖孫中山會談，發表「孫文越飛聯合宣言」，促成國民黨與蘇聯及共產黨的合作關係。一九二七年，托洛斯基被蘇聯共產黨開除後，越飛在莫斯科的醫院內自殺。

人，可是不重服飾、粗枝大葉、快人快語，經常在不知不覺中得罪人；她又常對阿德勒維也納式的委婉圓滑不滿，認為他說話含糊不清，故意誤導她。一九一四年萊莎帶著四個子女「離家出走」，回到莫斯科的娘家。不幸的是，不久後奧匈帝國的皇太子被槍殺，第一次世界大戰爆發，帝俄與奧地利成為交戰國。阿德勒急電要求他們回歸，卻又不敢明言理由，頓時被萊莎回絕。等到真正開戰時，道路已然阻絕。好不容易等到萊莎居然得到沙皇特許，帶著子女回維也納與阿德勒團聚時，已是五個多月後的事了！

阿德勒的子女當中，二女兒亞利山卓・阿德勒（Alexandra Adler; 1901-2001）及獨子柯特・阿德勒（Kurt Adler; 1905-1997）都是精神科醫師，也繼續發揚光大其父之學說。亞利山卓尤其傑出，在創傷後症候群（posttraumatic stress disorder）之初期研究上有重大貢獻。大女兒瓦蘭婷・阿德勒（Valentine Adler; 1898-1942）則師踵其母，二十一歲就加入共產黨，並與名匈牙利共產黨人裘拉・薩斯（Gyula Sas，亦名裘利歐・阿古拉〔Giulio Aguila〕，1893-1943）結婚，一九三三年由德國「投奔」蘇聯與其夫會合，一九三七年夫妻雙雙被指控為托洛斯基派而流放於西伯利亞之古拉格（Gulag）勞改營，死於刑役期間。

儘管阿德勒與萊莎的人生旅程上有那麼多挫折，兩人性向上的差異也不斷造成磨擦，但是他們似乎一直都能夠互相敬重、互相扶持。較之榮格的緋聞不斷，及佛洛伊德與其妻瑪莎之間婚姻關係的僵化與疏離，他們的婚姻可以說是相當成功的。

十年盛會，十年風雨

阿德勒與佛洛伊德結交於一九〇二年，而他們的決裂則為幾近十年之後的一九一一年。這期間他們如何變成「親密戰友」，又如何演變為「不共戴天」的仇敵？這個精神醫學史裡的「無頭公案」，兩位大師的徒子徒孫們解讀各異，天差地別。從佛洛伊德派的觀點來說，佛洛伊德對阿德勒的栽培不遺餘力、仁至義盡，最後卻還是被背叛了！阿德勒派的人則堅持阿德勒從來都不是佛洛伊德的學生。阿德勒協同建立維也納精神分析學會，鞠躬盡瘁、不遺餘力，最後卻被一腳踢開，不得不自立門戶。在這類簡單化了的、黑白分明的論述裡，歷史漸進的演化過程，多被隱蔽掩飾。其實事後看來，他們的人生目標與學術取向從一開頭就天差地別，他們之所以終究分道揚鑣，也可以說是從一開頭就已經註定了的吧！

隨著《夢的解析》的出版，佛洛伊德逐漸走出他的「輝煌的自我隔離」（splendid isolation）。他的這本書得到許多人的注意，也引來更多更劇烈的批評攻訐。阿德勒深受此書感動，隨即撰寫書評，盡力為之揄揚辯護。一九〇二年另一位維也納醫師威廉·史德可（Wilhelm Stekel; 1868-1940）〔註四〕在接受佛洛伊德治療數次之後，成為其忠實信徒，並倡議組織定期學

註四 史德可醫師是佛洛伊德最早的學生及同事之一，也是維也納精神分析學會的創會會員。他對夢的象徵意象十分專精，對《夢的解析》一書頗有貢獻，在性功能障礙的問題也頗有著墨。他在一九一二年與佛洛伊德決裂後自行開業，另立門戶。一九四〇年他在倫敦服藥自殺。

術討論會，每星期三在佛洛伊德家聚會。此即為後來頗享盛名的「週三心理學會」（Wednesday Psychological Society），其創會成員共五人，都是開業醫師，除佛洛伊德、史德可與阿德勒外，還包括佛氏的兩位醫學院同學，麥克斯・柯安（Max Kahane; 1866-1923）及魯道夫・瑞特勒（Rudolf Reitler; 1865-1917）。因阿德勒與其他成員不熟，佛氏還特地寫了一封客氣的邀請函給阿德勒。此信阿德勒終生都帶在身邊，每當有人問及他們兩人的師承關係時，就拿出來作為他們從來就只是主客關係的證明。

這個鬆散的團體當初之所以能繼續存在並持續發展，除了佛洛伊德個人的魅力外，主要是因為成員都對探索「潛意識」這個尚屬神祕的新大陸有極大的熱情與憧憬。他們可以說是一個探險團，並不是個探險隊。他們起初並無特定的方向，只是每個人各自外出探索，尋思所見，然後回來分享心得，互相印證。能有機會把自己的經驗與想法講出來，並在討論之間得到進一步的整理與釐清，的確是很難得的，因此這個討論會在開頭的幾年似乎對每個成員都頗有助益。但是這一類的組織，經過一段時間的發展，因為各成員的背景、取向、觀點之不同，總難免要面對瓶頸；「週三心理學會」的問題正是如此。一九〇二年他們開始聚會的時候，除了對潛意識與幼兒經驗的重視之外，許多精神分析學的基本概念皆尚未成型。其後數年，佛洛伊德逐漸演繹出他的「心－性發展」（psychosexual development）理論，尤其看重「幼兒性慾」（infantile sexuality）及「伊底帕斯情結」等概念。阿德勒則認為，幼兒面對的最大的挑戰，並非慾望的滿足，而是自我的展現：自我在與環境（物質的及社會的）的互動與協調中如何在不同的發展階段開展最合適的生活方式。較諸所有其他動物，人類的嬰幼兒期更長、更脆弱、更依賴他人（如父母兄長等），也就更易感覺自身的不足，產生阿德勒所謂的「自卑情節」（inferiority complex）。嬰幼兒在那漫長的成長過程裡，因能適時發展出掌控環境的能力，而得以逃避或減輕那不足與無助的感覺，阿德勒稱此為「補償作用」。「補償作用」的恰到好處，是心理健康的要素，過與不足皆為致病之因。

相較於佛洛伊德線性式的因果決定性（deterministic）理論（人自幼受到種種慾力的驅使及環境要求的限制，成為「快樂原則」與「現實原則」之間的夾心餅乾），阿德勒強調的「自我本能」則突顯個人的能動性（agency）：自我永遠在做選擇、做決定，也就必須對自己的選擇、決定負責。這個「自我」及其自主自動的能力也許可以被當作假象來看待，但是假象與否，這樣的「信念」（而我們天生就是會有這樣的信念）卻無疑是我們採取行動的原動力。換言之，人的行為多是有目的的，而人對未來的想像不但決定他目前的行動，也決定他對「現在」的自己（我是誰）的認知，乃至他對自己過去的評價。

這些或許言之成理的想法，對急於鋪陳、宣揚「心－性」理論的佛洛伊德及其支持者來說，當然是節外生枝，是窩裡反。自我自主的重要性，不是常識嗎？為自己的決定負責，是不是有點道德說教的意味？阿德勒雖然嘴巴上贊成潛意識的重要性，但是他的論述不是與潛意識越走越遠了嗎？看在佛洛伊德及其徒眾的眼裡，阿德勒的確越來越像是個危險人物。

另一股暗流，可能對這個紛爭的影響更大。在十九世紀的後半期，隨著整個歐洲急速的工業化與都會化，大量農村人口湧入都市，成為城市裡的新興中產階級。在佛洛伊德時代的維也納，半數以上的居民都是「外地人」（來自奧匈帝國各地）或其子女，其中有許多是猶太裔。他們努力讀書、工作，很快地在工商、學術各界有優秀的表現。因應這個趨勢，皇家政府陸續頒布法令，放寬對猶太人的限制與歧視。但是到了二十世紀初，「在地人」與右派團體反彈，排猶的聲浪又再浮現，一時沸沸騰騰。此時佛洛伊德及其追隨者，因為都是猶太人，而深受排擠；精神分析學也常被視為猶太人的心理學，連帶遭殃。「週三心理學會」成立的頭幾年，佛洛伊德已逐漸對其學說之被侷限於維也納猶太圈內日益不耐。他越來越相信，為了打破這個侷限，他需要找到一個非猶太的繼承人（不只是代言人）。一九〇六年，他似乎終於找到了這樣的一個人。這一年榮格開始與他通信，也開始試用其治療方法。時年僅三十一歲的榮格當時已是精神醫學學術重鎮伯格霍茲里醫院（蘇黎世大學教學醫院）的第二把交椅。翌年榮格在醫院院長布雷勒的鼓勵下到維也納拜訪佛洛伊德，暢談十三小時，繼之以不斷的書信往返。不久，榮格即被佛洛伊德認定為其「皇太子及欽定接班人」，兩人情同父子。與此同時，許多對精神分析學有興趣的精神科醫師也紛紛從其他國家來伯格霍茲里醫院接受訓練，蘇黎世的聲勢竟然一夜之間就凌駕於維也納之上。這看在自始即與佛洛伊德一起打拚的維也納同僚（包括阿德勒）眼裡，當然非常不是滋味。

一山不容二虎

一九〇九年世界精神分析學學會於紐倫堡成立，佛洛伊德倡議由榮格任「終生會長」。維也納的會員憤憤不平，祕密集會討論杯葛。事為佛洛伊德知悉，竟強行衝入，怒斥他們不知輕重。此事最後以折衷的方式落幕，榮格獲選為任期兩年的首任會長。但是此後繼續紛爭不斷，最後終因佛氏堅持學會會員論文需經會長審查才能發表，而演變成一發不可收拾。

但是在這期間，佛氏為平息維也納會員的不滿，又提名阿德勒為維也納精神分析學會會長。阿德勒欣然就任，倒也幹得轟轟烈烈。他努力與市政府周旋，終於為學會爭取到可以免稅的正式學術團體資格。在他任內一年多裡，會員人數從二十一人增加到四十三人，學會的活動隨之倍增，討論的內容也更多元、更活潑。

但是那也是暗潮洶湧的一年。不論是否出於佛洛伊德的授意，部分學會成員，如保羅・費登（Paul Federn; 1871-1950），開始公開質疑阿德勒對「幼兒性慾」及其他佛洛伊德理論的態度。應會眾的要求，阿德勒在一九一一年一、二月間做了兩次正式的演講，試圖釐清他的想法與佛洛伊德的理論之間的關係，儘量「求同存異」。但是佛洛伊德是時應已決心要驅除阿德勒，指控他刻意壓制「性」的重要性，是沒有勇氣「堅持真理」，轉而用比較膚淺的概念來矇騙大眾，對精神分析運動有害無益。經過幾場大辯論後，阿德勒辭掉會長一職，雖然繼續出席週三討論會，但不再發言。然而到了暑假過後，當阿德勒發現他的名字也從他一直在編輯的學會期刊上消失時，他的忍耐終於到了盡頭，脫會另起爐灶，開始他自己的「週四討論會」。許多會員不滿佛氏的絕情，繼續同時參與兩邊聚會。這「腳跨兩條船」的做法受到佛洛伊德的制止，導致八個會員的脫會，精神分析運動的第一次大分裂由焉完成。

晚近一位研究精神分析歷史的學者約瑟夫・舒瓦茲（Joseph Schwartz）在他的專著《卡珊卓的女兒》（*Cassandra's Daughter*）〔註五〕裡評述這個重大事件時說，即使沒有其他的緣由，光是比較阿德勒與佛洛伊德兩人的背景性向，就已經可以確定他們終將分道揚鑣。佛洛伊德身為長子，從小是母親的最愛，相信自己出類超群，長大後要做一番驚天動地的事業。他談吐舉止文雅，衣著高尚整齊（一大部分需要歸功於夫人瑪莎的「傳統美德」）、頭髮梳得一絲不苟。他「往來無白丁」，病人、朋友多是名人、鉅富、貴族、高官顯要。從醫學院畢業後，他在實驗室裡掙扎多年，與重大科學突破擦身而過，逼不得已才開業，但是他對病人的主要興趣始終還是研究而非治療。他追求完美的性子也表現在他的寫作上。他勤於筆耕，每篇文章總是改了又改，結構嚴謹，文句流暢優雅。他的公私信函的產量更是驚人，字字句句精雕細琢。對於他意欲說服的對象，攻勢凌厲，經年累月，成千上百。他駕馭文字的能力，不但讓他在早年贏得了瑪莎的芳心，也是他一生中經常用以贏得同僚、學生支持的利器。

阿德勒則在許多方面都與佛洛伊德完全相反。他是家中的老二，處處比不上大他兩歲的大哥西格蒙德，從小就時時體會競爭的無所不在。他隨和好客、不重衣著、不擺架子，很容易就與各色人等打成一片。他關心的是如何幫助、教育病人，而非學術地位及其理論體系的完整性。他喜歡演講及與他人面對面的溝通，但終其一生不曾花太多心思於「著書立說」。

所以，從另一個角度看來，這麼不同的兩個人，居然還能夠並肩作戰那麼多年，而且在開頭的時候還頗能相得益彰，實在可以說也已經很難為他們了！

各領風騷

阿德勒在一九一一年自立門戶後，直至一九三七年因心臟病突發猝死之間二十餘年內逐漸發展的「個體心理學」(註六)，已有專書及論文傳世，無需在此贅述。但是也許值得一提的是：雖然分裂的過程對兩個人都極具殺傷力，他們不但沒有被其打倒，還終能各自找到新的方向，創造出更輝煌的事業。更難能可貴的是，雖然兩人，乃至兩派人馬，自交惡後就一直自認為是「你走你的陽關道，我過我的獨木橋」，但是他們之間，或自知或不自覺地，還是不停地繼續互相交流、互相影響。

在佛洛伊德的理論體系裡，「伊底帕斯情結」佔據著一個相當重要的位置。伊底帕斯與其父

註五　Joseph Schwartz, *Cassandra's Daughter: A History of Psychoanalysis*. New York, Viking, 1999.

註六　同註一。

之間「你死我活」的衝突，是否有其普世性，正是佛洛伊德與其徒弟們之間常不免爭辯的重大議題。不幸的是，這種方式的衝突，在佛洛伊德漫長的學術生涯裡，的確是不斷地重演。與伊底帕斯故事的結局不同的是，佛洛伊德這個「父親」，不但沒有被殺死，還可說是個「常勝將軍」（雖然有時可以說是「慘勝」）。奧圖．蘭克〔註七〕、威廉．賴克〔註八〕客死異鄉，山德．法郎克齊（Sandor Ferenczi; 1873-1933）〔註九〕被邊緣化，英年早逝；在阿德勒及榮格「叛離」後成為佛洛伊德陣營中堅份子的維克特．陶斯克（Viktor Tausk; 1879-1919）〔註十〕，因被冷落而同時舉槍並上吊自殺；「週三心理學會」五位創會會員裡的另外兩位，史德可及柯安，繼阿德勒之後相繼退會，後亦自殺。即便是恃才傲物、不可一世的榮格，也在被「除籍」後好幾年處於半瘋狂狀態、徘徊於自殺邊緣。比較起來，阿德勒受到的影響，還算是比較輕微的。二次世界大戰之後，他很快就又回復到他原來就習慣的工作、生活方式，看病人、四處演講、開設新的兒童輔導中心。越來越多的國際訪客慕名而至，他來者不拒，一概歡迎。一九二〇年代之後，他在美國及英國巡迴演講的機會越來越多。到了一九三〇年代，維也納局勢日漸不穩，阿德勒接受長島醫學院的教職，也終於說服萊莎，移民美國，讓他們全家得以逃離納粹的魔掌。

阿德勒離開佛洛伊德的圈子後，外界還是常會拿他來與佛氏做比較，所以他對佛氏理論後續發展的關切，自不在話下。相對的，佛洛伊德雖然表面上似乎刻意忽略阿德勒的學說，他後來的一些重要的想法裡，其實是可以看到許多阿德勒的影響。比如他後來提出的「死亡驅力」（death drive）理論，討論的就是人性裡的侵略性、競爭性的成分，其論述與阿德勒的「自卑與超越」

自有相當的重疊。佛洛伊德晚期，面對人如何駕馭「原慾」的問題，也不得不再回頭檢視「自我」的重要性。這個方向，由其女安娜·佛洛伊德〔註一一〕及其同僚再進一步發揚光大，成為「自我心理學」（ego psychology）發展之濫觴。此外，「人際關係」學派如哈里·斯塔克·蘇利文〔註一二〕、弗莉達·佛洛姆—萊克蔓〔註一三〕，「新佛洛伊德學派」如卡倫·霍妮（Karen Horney; 1885-1952）、艾瑞克·佛洛姆（Erich Fromm; 1900-1980）等人，逐漸把治療的重點從過去轉移到「當下」，看重社會與文化對個人行為的影響，這其間也都有阿德勒學說的蛛絲馬跡。阿德勒對整個精神分析運動的貢獻，其實遠比表面上所看到的更為廣泛而深遠。

而阿德勒與佛洛伊德也似乎一直都把對方放在心上，不曾或忘。阿德勒在其餘生裡，身上總是隨時帶著佛洛伊德最初寫給他的邀請函，來證明他從來都不曾是佛氏的學生。那真是多麼寶貴

註七　請參考本書第七九頁，〈生太飄零死亦難——蘭克的傳奇人生〉。

註八　請參考本書第九四頁，〈從性格分析到呼風喚雨——賴克的輝煌與悲劇〉。

註九　法郎克齊是猶太裔匈牙利人，極早就加入佛洛伊德的精神分析行列，貢獻匪淺。他是瓊思及梅蘭妮·克萊恩（Melanie Klein）等人之啟蒙師。晚年因對醫療的時限及治療師的主動性想法與佛洛伊德不符而遭排斥。

註十　維克特·陶斯克是最早應用精神分析術研究精神病患者心理的神經精神科醫師之一。

註一一　請參考本書第一四六頁，〈當佛洛伊德遇上蒂凡妮——安娜·佛洛伊德與兒童精神分析學源起〉。

註一二　請參考本書第一九五頁，〈美國精神醫學史上的奇葩——蘇利文的大起大落〉。

註一三　請參考本書第一八六頁，〈重訪玫瑰園——從《未曾許諾的玫瑰園》探討賴克蔓的一生〉。

的一封信哪！而當佛洛伊德聽到阿德勒在蘇格蘭的亞伯丁（Aberdeen）過世時，他衝口而出的第一個反應是：「一個猶太男孩能死在那麼遠的小地方，也實在很了不起了！」他這麼說時，有多少是嫉妒，有多少是讚許，也只有當事人才能知道了！

生太飄零死亦難——蘭克的傳奇人生

第一次讀到奧圖・蘭克（Otto Rank; 1884-1939）「出生之創傷」的理論，大概已經不只四十年了。在我模糊的印象裡，蘭克本來是佛洛伊德的愛將，後來因為主張所有的心理問題都源自患者出生時所受到的創傷，而被掃地出門。或許在我當時讀到的書或文章裡，蘭克是被當笑話講的。「伊底帕斯情結」已經夠玄的了，我們如何可能把人生的種種問題都歸罪到出生的那一刻呢？

而也差不多就在那個時候，許多隨著嬉皮（Hippie）與「新世紀」（New Age）運動而出現，隱隱約約以蘭克「出生創傷」為基礎的「新」治療方法，例如「初始療法」（primal therapy）、「初始整合」（primal integration）、「調息再生療法」（Rebirthing-rebreathing）、產前及臨產胎兒心理學（prenatal and perinatal psychology），無不想方設法，鼓勵甚或脅迫患者「追憶」他（她）在出生那一刻、乃至產前、產後刻骨銘心的感受，特別是被迫離開子宮之後想當然爾的、因被拋棄驅逐而引發的孤寂無依及無邊的憤怒。這些治療者用種種如催眠、冥思、暗示及團體壓力等方法，讓這些「初始」（primal）印象及感覺浮現出來。但是這些「初始」的「記憶」或烙印，如長年被關在瓶子裡的精靈，一旦釋放出來，就如脫韁野馬、勢不可當。「初始」創傷的傷疤一旦被揭開來，那無邊無際的痛楚就赤裸裸呈現出來、無所遁形。這個情境，「初始」療法創始人亞瑟・賈諾夫（Arthur Janov; 1924-）稱之為「初始呼嚎」（primal scream）。理論上，這鋪天蓋地的傷痛之情在治療師的支持、引導下，就有可能逐漸為患者所理解、接受、掌控，從而減輕其「毒性」（註一）。

就像許多從事「前世今生療法」的治療師，「初始療法」與「周產期心理學」的專家們（其中不少是心理學博士或醫師）堅持其理論的正確性，因為在他們的「循循善誘」之下，許多病人真的「發現」了他們的記憶。這些被重新發現的記憶，或許回溯到生命的頭一年、頭幾個星期，也或許真的回到產前在子宮裡的時日、及生產前後那無可言喻的艱辛與失落。由於我一直與這類想法無緣，多年來也就繼續不假思索地認定蘭克為自己誤入歧途、同時也引導人誤入歧途的異類。然而，這麼一位深受佛洛伊德提拔的、精神分析學發展初期顧盼自雄的青年才俊，為什麼會淪落至此？他的同儕瓊思醫師（註二）有一個似乎單純合理的解釋：蘭克發瘋了！更有甚者，他還說蘭克其實一生都不斷地在與精神問題掙扎，屢有自殺的傾向，最後死於自殺。然而果真如此，為什麼佛洛伊德的追隨者裡，有那麼多人「發瘋」或自殺呢？

死亡的恐懼

多年後，因為恩師彌爾頓・米樂（Milton H. Miller; 1927-2005）的推薦，我第一次閱讀恩斯特・貝克爾（Ernest Becker; 1924-1974）的傳世之作《拒斥死亡》（*The Denial of Death*）〔註三〕，發現他的許多論述與我逐漸成形的想法不謀而合，因而深受感動。貝克爾十分推崇蘭克，認為蘭克對「死的恐懼」與「生之恐懼」的體認，是劃時代的貢獻。因為欣賞貝克爾，我才開始對蘭克有比較多的敬重。

貝克爾對死亡恐懼的論述，部分植根於演化論。他認為人與其他動物最大的不同在於我們時時刻刻感覺自己的存在。我們來自非洲的原祖（「真智人」〔Homo sapiens sapiens〕）既沒有尖牙利爪，也沒有韌皮厚甲。他們的體能及生產能力不見得比得上其他「類人」（hominids），甚或尼安德塔人（Homo sapiens Neanderthal）〔註四〕。他們之所以終究勝出，乃是因為他們高

註一　John F. Crosby and Marjorie E. Crosby, "Primal Birth Trauma: Rank, Janov and Leboyer," *Birth and the Family Journal*, 3（4）: 171-177. New York: Dell Publishing Company, 1970.

註二　瓊思是早期在英語世界裡推廣精神分析學的關鍵人物，長年在英、美、加拿大、歐陸之間穿針引線。正是他促成了佛洛伊德及榮格在一九一〇年的首次訪美。一九一四年佛洛伊德與榮格決裂後，他首倡組成「七人祕密小組」（其他成員為維也納的蘭克、漢斯・薩克斯〔Hanns Sachs; 1881-1947〕與佛洛伊德、布達佩斯的桑德・法蘭克奇〔Sandor Ferenczi; 1873-1933〕、柏林的卡爾・亞伯拉罕〔Karl Abraham; 1877-1925〕與麥克斯・埃亭格〔Max Etinger; 1881- 1943〕）。他早期曾追求佛洛伊德的愛女安娜，但被其父婉拒。後來他被佛氏正式授權撰寫《佛洛伊德傳》，洋洋灑灑三巨冊，參雜在許多內幕祕辛（多由安娜・佛洛伊德提供）裡的，也有不少道聽塗說，添油加醋，甚或是惡意中傷。

註三　Earnest Becker, *The Denial of Death*. New York: Simon & Schuster, 1973.

註四　尼安德塔人與真智人同屬「智人」，較後者早出現，兩者並存好幾萬年。尼安德塔人的體格比真智人強壯，腦容積也更大，應該也有語言能力。

度發達的自我意識讓他們得以回溯過往，也想像未來。對過往的「陳述性記憶」（declarative memory）〔註五〕讓他們能夠有系統性地探究過去的經驗，「吸取教訓」。對未來的想像，則讓他們得以事先籌劃，「未雨綢繆」，「謀定而後動」。

但是得失相隨，我們的優點，也正就是我們最大的負擔來源。伴隨著清晰特定記憶的，常是對逝去的人事的無盡感傷。而未來的想像，無可避免地引發對未知的不安、焦慮。但是「真智人」最嚴重的挑戰，是隨著我們對自我存在意識而來的對「總有一天會不再存在」的體認，及隨之而來的漫無邊際的恐懼。

那麼我們又如何去逃避這根深蒂固、「無所遁逃於天地之間」的恐懼呢？這就牽涉到所謂的「潛抑」（repression）與「昇華」（sublimation）了。貝克爾在他那身後得到普立茲獎（Pulitzer Prize）的傳世之作裡，反覆陳述的是，在滿足基本的需求（免除飢餓與寒冷等等）之後，每個「真智人」一生大部分的精力，就是用在想方設法，去逃避、拒絕「死亡」。這些「方法」可以是宗教（religion）或靈性（spirituality）的（例如祖先崇拜、一神信仰，或種種與宇宙合一的情境）、「激情」的（從性關係到為理想奮鬥等等）、「人際」的（親子、夫婦、朋友）、「社會」的（歸屬於某團體、貢獻於「大我」、「立德、立功、立言」）〔註六〕及藝術的（廣義來講，就是「不為五斗米折腰」的任何創造性活動）。所有這些「高尚」活動的本質，都可以說是我們以「精神」戰勝「肉體」的嘗試，讓人忘懷「自我」，也由此擺脫死亡的威脅。弔詭的是，經過這一轉折，肉體的消逝（「死亡」）竟然可以變成不重要，或甚至是刻意去追求的目標了

（例如戰士的「視死如歸」）。

以上種種貫穿起來，其實就是任何文化及文明的基礎。它們都是精神層面的活動，也都離不開象徵（symbols）、價值觀與信念（belief）。而信念是「非此即彼」，需要不斷地主動選擇的。我們仰賴信念，才比較不會陷身於隨死亡的陰影而來的「恐懼與戰慄」〔註七〕而動彈不得、走投無路。但是隨著信仰而來的，卻又難免不是我對你錯，甚至「你死我活」的。這也就是為什麼貝克爾會把所有這些文化的產物都概括為「人世最大的謊言」的原因。我們無可避免地需要這些謊言，卻又不得不時時刻刻努力不要太被這些謊言定型、支使。這種負擔，許多人難以承載。貝克爾認為這才是心理問題的真正源頭。相較之下，佛洛伊德所著重的，慾望無法滿足所帶來的挫折與衝突，及由此而生的伊底帕斯情結，就比較不那麼重要了。

註五　又稱外顯記憶（explicit memory），明確回憶過往事件或事實的能力。與此相對的是程序（procedural）或內顯（implicit）記憶，無需經由意識來獲取。

註六　「大上有立德，其次有立功，其次有立言，雖久不廢，此之謂不朽。」《左傳・襄公二十四年》

註七　《非此即彼》及《恐懼與戰慄》是存在主義神學家齊克果（Søren Kierkegaard; 1813-1855）的兩本成名之作（*Either/Or*, Volume I, Edited by Victor Eremita, February 20, 1843, translated by David F. Swenson and Lillian Marvin Swenson, Princeton University Press, 1971; *Fear and Trembling*, Copyright 1843 Soren Kierkegaard- Kierkegaard's Writings; 6 - copyright, 1983 -Howard V. Hong）。

生之創傷

那麼「生之創傷」又是怎麼一回事呢？原來蘭克並沒有主張病人需要重新經歷出生的過程來矯正撫平當時的傷痕。他的這個說法是隱喻性（metaphorical）的，旨在彰顯「分離焦慮」（separation anxiety）自出生到死亡始終扮演的是如何重要的角色。人的一生，無可避免地需要不斷地面對別離；別離總是痛苦的，但是沒有別離，也不可能有成長。離開母體，嬰兒才開始呼吸。認識了乳房的客觀存在，幼兒才開始對自我有逐漸清晰的概念。及至成長，跨出的每一步，都是從別離開始（而死亡就正是最終、最大的別離）。捨去的不僅是親人、友朋、童年種種美好的記憶。更嚴重的是，成長意味著對原先的「我」（至少是其中的一部分）的割捨。捨棄自我，是何等困難的事！但是「舊的不去，新的不來」。蘭克認為有心理問題的人常是因為被過去糾纏，不能割捨，因而也就無法活在「當下」。

「吾所以有大患者，為吾有身」（註八）。「存在」的代價，不只是「死的恐懼」，也包括「生之恐懼」。「生之恐懼」害怕的是別離與自立（individuation）。「死的恐懼」害怕的則是自我因與「無限」融合而消逝無形。這兩方面的調適，是每個人存在的基石。但是這些恐懼也常讓我們進退失據、動彈不得。貝克爾認為這個對比，正就是蘭克學說的重點。貝克爾進一步說：「人所要的是不可能的東西，他不要孤單，卻同時又要自外於世。」

伊底帕斯真的是個謀殺犯嗎？

蘭克終生的難題，就恰恰是融合與別離的問題。他與佛洛伊德決裂的過程，漫長艱辛。一九二四年，蘭克沒有與任何人商量，忽然就出版了《生之創傷》（*The Trauma of Birth*）一書。他興高采烈地把這本新作呈獻給佛洛伊德，滿心期待得到讚賞。他說他的想法其實只是佛洛伊德理論的擴展與延伸。他把研究的重點從「伊底帕斯」情結（著重在父子衝突及其調適）往前推，主張嬰兒在出生後的頭幾年面對的是更艱難的挑戰：在逐漸體認自己與母體（或其他的主要照顧者）分別存在的過程，如何克制「分離」所帶來的恐懼、不安。而在這逐漸「自立」的過程中，「個體」依然渴望著再與母體融合，但是這融合已是「傷心往事」，我們也就如「失樂園」的亞當與夏娃，各自（時或也能共同）去面對「存在」的這個挑戰〔註九〕。渴望回到「天堂」，卻又無端地害怕好不容易型塑出來的「自我」，又要被消融在那「無限」的「混沌」。

對蘭克這「出其不意」的舉動，佛洛伊德及其他「祕密小組」〔註十〕的成員在震驚之餘，繼

註八　出自於老子《道德經》。

註九　這個「前伊底帕斯」（Pre-Oedipal）的概念，後來成為「客體關係理論」（Object Relation Theory）及「自體心理學」（Self Psychology）的基石。

註十　同註二。

之以憤怒。這麼重大的「修正」，一定已經在蘭克心中醞釀很久了吧！為什麼他默默地「閉門造車」，「偷偷地」自作主張著書立說？但是相對於其他小組成員，一向喜怒不形於色的佛洛伊德起先只是抱怨蘭克的論述雜亂無章，許久以後才開始公開批評蘭克捨棄「鐵證如山」的伊底帕斯情結，是刻意忽視父親的重要性，意圖以「臆測」來取代佛洛伊德辛辛苦苦建立起來的理論體系。對佛洛伊德來說，這明顯就是蘭克意圖「弒父」的表現。佛洛伊德提醒蘭克，雖然他們共事已將近二十年，蘭克從來沒有被他分析過，也許這正是他們意見分歧的根源。果然蘭克一經分析，很快就「改過自新」，送出長信向所有「祕密小組」成員道歉。但是分析一停，他就又「舊病復發」了。這分道揚鑣的歷程為什麼會這麼艱辛呢？這只有從蘭克身家背景來考慮，才有可能理解。

從羅森斐德到蘭克

蘭克於一八八四年出生在維也納一個逐漸沒落的猶太家庭，本姓羅森斐德（Rosenfeld）。父親雖是個珠寶商人，卻因終年酗酒，使家庭日漸窮困。因為經濟困難，家裡只能讓他的哥哥進大學修習法律。蘭克不得不進入職業學校，成為鎖匠。天才早慧而又內向害羞的蘭克在他的整個青少年期，寂寞可知，曾經一度極端憂鬱，買了一把手槍準備自殺，沒想到「置之死地而後生」，在最後一刻回心轉意，重新感覺生命的喜悅〔註一二〕。

支撐他度過這「愁紅慘綠」的青春期的，是他對哲學、藝術廣泛的興趣。他日以繼夜，博覽群書，尤其著迷於齊克果、叔本華（Arthur Schopenhauer; 1788-1860）與尼采（Friedrich Wilhelm Nietzsche; 1844-1900）的著作。也就在這四處尋找精神寄託的時候，他偶然讀到佛洛伊德的《夢的解析》，大受感動，隨即完成《藝術家》（*The Artist*）一文，以佛洛伊德的理論來解釋藝術家的創造性。他惴惴不安地將書稿交給他的家庭醫師阿德勒（註一二），沒想到大獲讚賞。阿德勒隨即將稿本轉交佛洛伊德，在他們每週三晚上的討論會裡傳閱。其時佛洛伊德正在開始揣想如何將他的理論運用到文史、藝術、哲學方面，對年僅二十一歲的蘭克印象深刻，邀請他成為討論會的一員，並正式聘請他擔任討論會的祕書兼圖書管理員。有了佛氏的鼓勵與經濟贊助，蘭克才得以讀完高中並進入維也納大學修習心理學，於一九一二年獲得博士學位。此後一直到兩人決裂為止，蘭克除了在第一次大戰期間被調派到波蘭服役之外，一直是佛洛伊德最得力的助手，搜集資料、校定文稿、共同寫作（《夢的解析》再版時有兩章正是由蘭克主筆）、組織學會、編輯期刊等

註一一　Jesse Taft, *Otto Rank: A Biographical Study Based on Notebooks, Letters, Collected Writings, Therapeutic Achievements and Personal Associations*. New York, The Julian Press Inc., 1958.

註一二　阿德勒是佛洛伊德早期最重要的支持者。他雖有眼科的訓練，卻一直自願在維也納貧民區做開業的家庭醫師，關懷公共衛生與社區營造。他於一九一一年脫離佛洛伊德，帶走近乎一半「週三討論會」的成員，創立「個體心理學會」（Society for Individual Psychology）。他是與佛洛伊德及榮格齊名的早期心理治療學大師，對後世影響深遠。

等，不一而足。佛洛伊德多數文書信件，包括與「祕密小組」的溝通，都以蘭克為管道。蘭克博學多聞，天文地理無所不通，雖然年紀輕輕，卻一直是佛洛伊德徒眾裡被公認為最精通哲學、藝術、神話、民俗的人。一九二〇年佛洛伊德開始轉介病人給他，蘭克很快地累積了很多的臨床經驗，如虎添翼，更有自信，逐漸發展出自己的想法。

蘭克之所以選擇在一九二四年未經洽商，逕自出版《生之創傷》，以及「祕密小組」成員之所以對此反應十分激烈，應與前此一年六十七歲的佛洛伊德罹患下顎癌，以及隨之而來的領導危機有關。一九二三年佛洛伊德在下顎內側發現一處白斑，化驗的結果，被判定為惡性。第一個知道這個消息的正是蘭克。經過短暫的躊躇後，耳鼻喉科醫師終於決定告知佛洛伊德，並建議開刀切除。此一消息不脛而走，不久在所謂的「祕密小組」裡已是公開的「祕密」。佛洛伊德在首次開刀時幾乎喪命，自認不久人世。「祕密小組」成員個個摩拳擦掌，籌劃「後佛洛伊德時代」的因應之道。他們都不樂見最年輕又非醫學出身、卻也最接近權力中心的蘭克「掌權」，其中尤以在英國的瓊思及在柏林的亞伯拉罕為甚。

我們無法確知蘭克為什麼選擇在這「關鍵時刻」做這麼大的動作。但是沒有疑問的是，從一九〇五年到一九二四年，整整二十年，蘭克與佛洛伊德兩人的確「情同父子」。如果我們相信佛洛伊德的理論，或者可以說，「父親」的衰弱與病危本身，對他鍾愛的「兒子」來說，就已是無可名狀的威脅。「父親」原來也是個凡人，他原來隨時可以消逝、把你遺棄、不再能保護你。那麼避免被遺棄的一個方法，不就是自己先逃跑嗎？要心安理得、無所愧疚地離開你的恩人，最直接了當的，不就是讓他把你趕走嗎？是不是因為這個緣故，蘭克才那麼積極地安排他一九二四年前往美國講學的行程，匆促成行，並在行前努力促成《生之創傷》一書的出版？這樣說並不表示蘭克的理論不重要，或他們爭的只是枝微末節。人的行為總是多層次的，創造性的活動並不會因其潛意識的動機而折損光環。

「李爾王」（King Lear）的反擊

憑著他的意志力與毅力，再加上幾分運氣，佛洛伊德居然死裡逃生，又繼續生龍活虎地度過了豐富的最後十五年。逃過這一劫的他，發現他二十年來忠心耿耿、隨伺在側，一起經歷過那麼多大風大浪（尤其是阿德勒與榮格的「叛離」）的愛將，竟已經不再是他的「親密戰友」。蘭克那一整年大部分時間在大西洋兩岸來回遊晃，一去就是幾個月，書信罕至。他披著佛洛伊德的光環，四處應邀演講，儼然以佛洛伊德嫡傳弟子自居，卻又往往不忘在傳統佛洛伊德學說之外（或可以說是之上）加上他的「生之創傷」的理論。通風報信的書函紛飛而至，決裂終究無可挽回，蘭克隨即被各處精神分析團體除名，所有以前經他分析的分析師都被要求從頭再接受「正統」分析師的分析。蘭克不僅只是不受歡迎的人（persona non grata），更是忘恩負義的叛徒。他不是被視為毒蛇猛獸，就是被當成已經從人間蒸發了。最讓蘭克傷心的是，連與他想法最類似、最知己的法蘭克奇〔註一三〕，在紐約曼哈頓的賓州車站（Penn Station）與他擦身而過時，竟也視而不見，如同路人。

雪上加霜的是，在這個過程中，他的家庭也跟著遭殃了。他聰慧美麗的太太畢塔．蘭克－明茲（Beata Rank-Minzer; 1886-1967），在一九二三年剛被認可為「俗人分析師」（lay analyst），成為維也納精神分析學會的一員，竟然也「理所當然」地站在佛洛伊德那一邊〔註一四〕。身處「內外夾擊」之下的蘭克，一時間惶惶然如喪家之犬，在巴黎、紐約、費城等地不停地往返奔波才勉得溫飽。

「正統」精神分析學家對蘭克的「封殺」，還真是徹底。一直到現在，已經將近一個世紀了，幾乎所有佛洛伊德學派分析師出版的書籍，都完全忽略蘭克一九二四年以後所有的著作。多年以後，梅蘭妮．克萊恩等人發展「客體關係」理論，詳述「前伊底帕斯」期的種種母子關係時，也完全不曾提到蘭克的貢獻。

蘭克的「浴火重生」，何其淒美！

蘭克被放逐了，被「父親」、「兄弟」、妻女拋棄了。他傷痕累累、哀痛至極，很長一段時間不知何去何從。但是他終究沒有持續沉淪。他幾乎失去一切，卻由此得到新的生機。這不就是他「生之創傷」的理論最清楚的體現嗎？

因為無需再替佛洛伊德做祕書、做編輯、負責聯絡工作，他終於有時間做自己想做的事。他的言論不再有所顧忌，他的思想不再受到桎梏，他的創造力由是得以盡情奔放，生命力由此得以盡情揮灑。他的傳世之作，包括《真實與現實》（*Truth and Reality*）、《意志治療法》（*Will Therapy*）、《多重自我》（*Double*）、《心理學與靈魂》（*Psychology and the Soul*）、《超越心理學》（*Beyond Psychology*）及《藝術與藝術家》（*Art and Artist*），都完成於一九二六至一九三二那短短的五、六年間。他對前伊底帕斯期母子關係的著墨，成為「客體關係」與自體心理學的先聲。他以病人為中心、鼓勵病人自立自主、注重「此時此地」（「當下」）、面對存在的兩難處境的想法，以及相信個人自覺自癒的能力、能受益於「短期治療」的主張，啟發了卡爾．羅哲斯（Carl Rogers; 1902-1987）、羅洛．梅（Rollo May; 1909-1994）、保羅．古德曼（Paul Goodman; 1911-1972）及歐文．亞隆（Irvin D. Yalom; 1931-）等人，促成個案心理治療法（Client-Centered Therapy）、人本治療法（Humanistic Therapy）、存在治療法（Existential Therapy）及完形治療法（Gestalt therapy）等當代重要心理治療方法之發展。羅哲斯可以說是

註一三　兩人在一九二三年合著《精神分析的發展史》（*Development of Psychoanalysis*）一書，主張治療師應該注重當下，主動投入治療關係，凡事以病人為主軸，必要時不吝表達感情，療程也應縮短。

註一四　畢塔．蘭克－明茲後來定居波士頓，成為波士頓精神分析學會的重要成員。時至今日，波士頓每年都還舉辦紀念她的演講，可知其影響之深遠。

二十世紀美國最具影響力的心理學家。他於一九三六年邀請蘭克在紐約做一系列的演講，深受其影響，聲稱他「隨即被蘭克的想法感染，成為無可救藥的蘭克迷」。這些影響既深且遠，成為其個案心理治療法的基礎。古德曼與弗瑞茲・皮爾斯（Fritz Perls; 1893-1970）在《完形治療法》（*Gestalt Therapy Verbatim*）一書裡說蘭克對藝術與創造力的想法讓人「瞠目結舌，不知如何去讚美」。羅洛・梅一向認為蘭克是存在治療法最重要的先驅之一，晚年為文稱蘭克為佛洛伊德圈子裡最被忽略的天才。

離開佛洛伊德及精神分析圈子也讓蘭克能夠再回到他從小就為之神往的議題：藝術家為何創作、如何創作、藝術又如何令人感動。藝術家透過創作，暫時擺脫自我與過去的拘束，感覺與「無限」融合。而我們在欣賞藝術品的時候，從共鳴中「渾然忘我」，感覺與創作者融合，也由之感覺與「無限」的融合，減少了那難以忍受的、與生俱來的疏離之感。蘭克對藝術的想法，影響許多二十世紀的藝術家，其中最著者當屬阿娜伊斯・寧（Annais Nin; 1903-1977）及亨利・米勒（Henry Miller; 1891-1980）（註一五）。兩人在巴黎初識蘭克時，都尚未成名。阿娜伊斯・寧在其著名的日記裡聲稱蘭克讓她「重生」，幾乎就是她的再造父母。經由她的引介，米勒也成了蘭克的病人。米勒的成名作《北回歸線》（*Tropic of Cancer*），就是因為蘭克的資助，才得以出版。

離開佛洛伊德，蘭克發現了「新大陸」，愛上了美國的一切。馬克・吐溫（Mark Twain; 1835-1910）替代了佛洛伊德，成為他新的精神導師，《頑童歷險記》（*Adventures of*

Huckleberry Finn）就是他的新聖經。隨著馬克·吐溫的腳步，他跨過遼闊的田野山林，終於來到了一望無際的太平洋海岸。在他生命中的最後一個夏天，他在風光明媚的舊金山與戀人成婚，興高采烈地規劃他們的加州夢。誰知道造化弄人，蘭克衝破重重難關，才正在開展的新生活，持續不到三個月，就戛然而止了。與瓊思在《佛洛伊德傳》裡所說的完全不同的是，蘭克的過世，並不出於他自己的規劃（死因是腎臟炎加上磺氨素〔sulpha-drug〕過敏）。前此五星期，佛洛伊德才在倫敦因癌症末期的折磨而選擇有尊嚴地自動離開這個世界。蘭克臨終前這麼說：「老天爺開的是什麼玩笑啊！我居然要在『先師』離開人世才一個多月，就要去黃泉與他會面了。」

註一五　阿娜伊斯·寧與亨利·米勒是二十世紀中期十分知名的文學家。他們勤於寫作，勇於創新，經常標新立異，終生不斷挑戰傳統，作品裡常有露骨的性愛描述。他們之間錯綜複雜的情感糾葛，包括阿娜伊斯·寧對米勒之妻瓊·米勒（June Miller; 1901-1979）的戀慕之情，被阿娜伊斯·寧淋漓盡致地記載於她十一鉅冊的日記裡，成為電影《第三情》（Henry & June; 1990）的藍本。

從性格分析到呼風喚雨——賴克的輝煌與悲劇

一九七四年剛到西雅圖時，人地生疏，常感寂寞。偶然在大學附近找到一家舊書店，如獲至寶。此店藏書頗豐，有時一個下午流連其中，彷彿又回到大學時代的牯嶺街。

有一天，在一堆與心理學有關的書籍裡發現一本薄薄的書，封面封底都是一位中年微胖、滿頭白髮的男人，雙手抱著一個不滿一歲的嬰兒，互相凝視微笑。書名《夢書》（*A Book of Dreams*）〔註一〕，作者是彼得・賴克（Peter Reich; 1944-）。書的內頁說彼得是著名精神分析師威廉・賴克（Wilhelm Reich; 1897-1957）的小兒子。一九五七年，賴克醫師在聯邦監獄過世時，彼得才十三歲。賴克為何入獄？原來他多年與食品藥物管理局紛爭不休，最後政府終於用越州販賣商品的罪名把他打入大牢。

從圖書館查到的資料得知這賴克醫師的確是一位如假包換的精神分析師，一九二〇年代還曾是佛洛伊德的愛將。精神分析師怎麼會跟食品藥物管理局扯上關係呢？這就需要從賴克的個人與時代背景來探討了。

當佛洛伊德遇上馬克斯

時間回到一九一八年，第一次世界大戰才結束不久，二十一歲的奧地利人賴克從義大利前線歸來，隨即考入維也納大學醫學院。之後不久，他在某一個場合聽到佛洛伊德關於「性學」的演講，振奮不已。翌年他造訪大師，隨即加入精神分析學會。賴克一九二二年醫學院畢業，一九二四年即被任命為維也納精神分析聯合診所（Psychoanalytic Polyclinic）教學主任。直到一九三〇年被迫離開維也納遷往柏林之前，他一直深受大師垂青，被稱為是佛洛伊德的寵兒（Freud's pet）〔註二〕。

賴克之所以不得不離開維也納，乃因在這期間他同時也是奧地利社會黨的核心成員。他企圖結合佛洛伊德與馬克斯主義。馬克斯認為封建與資本主義之所以盛行，源於勞動人民甘心被奴役、被剝削。但是普羅大眾何以如此馴順呢？他們如何才能被喚醒、被解放呢？賴克相信，民眾之所以不敢反抗權威、不敢自求多福，乃因他們自幼承受萬鈞壓頂的性壓抑，在父權的震嚇下仰人鼻息、苟延殘喘。既然如此，解放民眾之道，自然首在於引導他們來從性壓抑中解放出來。因此他在社會黨內成立了性教育部，努力在大眾之中宣導性心理健康、避孕、合理墮胎、女性自

註一　Peter Reich, *A Book of Dreams*. Harper & Row, 1973.

註二　Myron R Sharaf, *Fury on Earth: A Biography of Wilhelm Reich*. St Martin's Press/Marek, 1983.

主等等先進的觀念。他們的活動風起雲湧，驚動了治安機構與社會賢達。「性解放」在大學校園裡說說也就罷了，現在居然要把如此離經叛道的言論攤開在大庭廣眾，不是擺明要將人引入岐途嗎？尤有甚者，既然「預防勝於治療」，賴克主要的宣導對象，自然是青少年，於是拐誘未成年人的謠言便廣泛流傳了起來。社會黨認為他橫生枝節、消耗同志鬥爭的能量，將之開除黨籍。精神分析學家則覺得他好高騖遠，恐將動搖這還處稚齡的學門的根基。承受不了這兩方面同時的夾擊，賴克終究不得不帶著他的理想，遠走高飛。

賴克醫師的「四面楚歌」

一九三〇年代的柏林，是個瞬息千變，非常動盪不安的地方。全球經濟大蕭條引發惡性通貨膨脹及高度的失業率，無業「遊民」紛紛成為兩極化的納粹黨與共產黨的打手，街頭械鬥是家常便飯。賴克倒是找到了一群志同道合的精神分析師（包括日後成名的艾瑞克．佛洛姆，以及其他組成戰後法蘭克福學派的左派「後現代」學者們），也隨即加入德國共產黨。在那三年裡，他著作頗豐，包括幾本日後影響深遠的書：《性格分析》、《唯物辯證與精神分析》及《法西斯主義的大眾心理學》。但是由於他繼續鼓吹性解放，又為文批評希特勒及史達林的集權獨裁，不久就被德國共產黨開除，同時也受到納粹黨的惡毒攻擊與威脅。他倉惶出走，從奧地利、丹麥到瑞典，處處被人認為是敗壞道德的惡魔，途中又遭國際精神分析學會除名，最後才終於在挪威找到了暫時的棲身之所。

如何幫「全身盔甲」的病人解除武裝？

賴克在挪威的五年多裡，主要精力用在兩個同樣具高度爭議性的課題上，其一是開創一套身心一體的治療法，他稱之為「生機療法」（vegetotherapy）。其二是在實驗室裡尋找生機的源頭。這裡先略述生機療法。

在《性格分析》那本巨著裡，賴克已經生動詳盡地分析心理衝突（當然依他的想法，禍首就是性壓抑）如何導致病人身體的障礙。在書中他著墨極深的是心理的壓抑與緊張對全身肌肉的影響。他形容這樣的病人全身被包裹在「盔甲」裡。面對這樣的病人，什麼是最好的治療方法呢？當然「心病還需心藥醫」，但是心理治療常是緩不濟急。他逐漸開始嘗試用摸觸、指壓來幫病人卸下盔甲，發現還真常有奇效。

時至今日，按摩療法已廣泛流行、心身的交互影響也早已被認為理所當然。因此我們也許不容易想像，這種作法在當時是如何地「離經叛道」。經過多年的演化，與病人絕不可以有任何肢體接觸已是精神分析界的共識。這個規則延續至今，依然被視為是心理治療的基本條件。賴克卻反其道而行，要病人先解除他（她）有形的盔甲，亦即幾乎赤裸，以便進一步試圖去除也許比較象徵性的盔甲。這實在是很勇敢，也不免是頗有風險的一回事。更何況賴克早已因積極推動性教育而名聲在外。謠傳自然就愈傳愈多，也愈來愈離譜了。

如何啟動生命的能源？

儘管謠言滿天飛，賴克醫師生意卻愈來愈興隆。他用他可觀的收入，及來自各方的捐獻，在挪威奧斯陸大學裡蓋了一個頗具規模、設備一流的實驗室，在顯微鏡下、培養皿裡、小白鼠身上，他到處尋找「生機」的源頭。他把動植物的組織與礦物、砂石混在一起，用電焊將之加熱到攝氏五百度以上，找到一些狀似水泡的微小物體，在黑暗中發出鮮豔藍光。在培養皿裡，它們居然還會增長繁殖！他將之用來澆植花木，每一株都欣欣向榮。用之於飼養小白鼠，個個壯碩肥大、不生腫瘤。這難道不就是他一直苦苦追尋的生機之源嗎？

世界各地的許多醫學家、生物學家聞風而至。有的來學「生機療法」，有的加入實驗室研究的陣容。他們給這個藍色發光微生物體取名為「生質」（Bions）。他們在專業期刊及報章雜誌鼓吹這個令人雀躍不已的新發現。賴克日益高漲的名氣驚動了學界大老，數度激烈爭辯勸阻無效之後，大老們聯名向政府陳情，要求不再續發賴克的簽證。這對以學術自由為傲的挪威來說，是何等的諷刺！國際知名學者，紛紛跳出來聲援。他們有的出於感佩賴克前此在社會學方面的創見（如人類學家布隆尼斯洛．卡士伯．馬林洛斯基〔Bronislaw Kasper Malinowski; 1884-1942〕），有的雖然對賴克的實驗室研究標準十分存疑，卻誓死反對用政治的手段來解決學術的爭論。再者，他此時若被驅逐出境，大概難逃納粹的魔掌。

在這關鍵時刻，幸而美國的一位賴克迷替他在紐約找到教職。他前腳剛離開，挪威隨即就被德國突襲佔領了。事後看來，他也許真的必須感謝那些不擇手段要把他趕走的「正統」科學家。

賴克的精力實在驚人。他一搬進新居，馬上將樓上幾間臥房改成診療室，而樓下及地下室則成為他的辦公室、會議室、實驗室。他在這裡同樣生意興隆、供不應求。靛藍色的微小物體繼續發光，草木欣欣向榮。抵美之後，賴克在感情生活方面也頗有改變。他終於與時已分居多年，也是精神分析師的安妮・品克（Annie Pink；兩人育有二女，她亦於稍早移居美國）離異，也與他留在挪威的舞蹈家女友決裂。時年二十九歲的伊莉絲・歐蘭朵妖（Ilse Ollendorf; 1909-2008）硬自闖進他的生活裡，他們不久結婚，生下了彼得。

「原慾」變成了「原潮」

在《性學三論》〔註三〕裡，佛洛伊德詳述他的「原慾」（libido）理論。原初他以為這是一種類似電流的能量，在孩童不同的發展階段，表現在不同器官，由口腔、肛門、性蕾，最後達到所

註三　佛洛伊德著，林克明譯，《性學三論／愛情心理學》，臺北：志文出版社，一九七一。

謂最成熟的性器期。順著這樣的思路往前推想，賴克自問，在這最成熟的階段，最突出、最明顯的現象是什麼？對他來講，答案就在眼前。那不就是性高潮（orgasm）嗎？在那短暫的時刻裡，我們的確可以見到那麼多能量的聚集與釋放。這個過程的順暢與否，應是與心身健康息息相關的。但是不管是「原慾」還是「原潮」，這能量的性質是什麼？佛洛伊德開始的時候以為「原慾」是生理現象，可以用生化、物理方法測量、瞭解。但是後來「原慾」似乎漸漸變成無形的、抽象的、象徵性的概念。賴克拒絕接受這樣的轉變，相信這會使威力無邊、「如人飲水，冷暖自知」的現象變得虛無飄渺，自外於科學，而與靈異信仰相混淆。

為了與佛洛伊德的「原慾」劃清界限，也為了彰顯他對性高潮的重視，他創造了「原潮」（orgone）這個新名詞。苦思良久，他終於恍然大悟，這「原潮」原來就是他先前發現的「生質」（Bions）的根源。那麼這「原潮」又是哪裡來的呢？於是就有得忙了。要追尋生命的根源，要探討宇宙能量的奧祕！眾信徒們分頭四處勸化集資，不久就積足了款項，不但在緬因州購買了一個佔地一百六十畝的農場，還建造好幾個有模有樣的實驗室、一間圖書館、幾棟住家，又蓋了一個天文觀察台。他將這個改頭換面的農莊取名為「原潮園區」。

天文觀察台？沒有錯，賴克需要一個設備一流的天文星象觀察台，因為他相信不只心身一體，個人與自然界的能量也是交流不息的。用最好的望遠鏡、氣象儀，仔細觀察、累積資料，他終於看出「原潮」的來龍去脈。能量充塞於大氣中，有時積聚、有時消散。掌握這聚散的規則，應該就可以收納它，用來增強我們的「原潮」能量，促進健康。賴克與其團隊，經過數年的埋頭苦幹，終於找到了積蓄「原潮」的方法。用這個前所未有的方法，他們建造了「原潮聚合器」（Orgone Accumulator），狀如淋浴室，患者赤裸置身其間，或站或坐，吸取凝聚其間的「大地精華」，由此免疫力遽增，病徵逐漸消弭，屢驗屢效。於是他們開始量產，竟然供不應求。為了個別需要，他們又設計了迷你型的「原潮聚合毯」，使用更為簡便。這些產品之所以暢銷，使用者的親身見證、口耳相傳，固然是主要因素，但是「原潮園區研究所」也出版了許多論文、書刊，詳細描述他們的研究成果，由微生物、細胞組織、小白鼠到人體實驗，一應俱全，更是讓許多人讀得目瞪口呆、心服口服。

賴克何其不幸，料想不到竟成為經營成功的犧牲品。一九四七年，米德蕾・艾笛・布雷蒂（Mildred Edie Brady; 1906-1965）〔註四〕，一位以推動消費者權益知名的作家，為文批評「原潮聚合器」，極盡冷嘲熱諷之能事。她指出這種日漸暢銷，號稱能治百病（包括癌症）的新儀器，並未經其他實驗室的認證，也不曾得到食品藥物管理局（ＦＤＡ，也兼管醫療器材）的許可。她質疑精神醫學界何以對此視若無睹、保持沉默。賴克起初並不以為意，認為她只是又一個假藉名義攻擊他的史達林走狗。未料不久，ＦＤＡ就應聯邦交易委員會之請，而深入調查。前此，在

註四　Mildred Edie Brady. (March 1948). The Strange Case of Wilhelm Reich. *Bulletin of the Menninger Clinic*, Vol 12. No. Reprinted from The Republic, May 26, 1947.

初入境時，他也曾為美國聯邦調查局（FBI）拘留數日，盤察他與共產黨的關係。與FBI不同，FDA這次可是玩真的。他們派員跟蹤、不請自來，在「原潮園區」找到了二百五十個「原潮聚合器」，列為罪證。他們也四處訪談使用「聚合器」的女士，希望抓到證據來證明她們就是使用這個儀器來誘惑人、提供性服務。

賴克誓死反抗。他購集大小槍枝，驅趕周遭任何可疑人物。此後纏訟數年，賴克始終不肯請律師，相信「真理自明」，堅持法官需要詳讀他所有的著作，才有資格判定他的對錯。他說：「我有權探討自然現象，不應因此而被用槍抵著脖子。（即使我的理論真的是錯了，）我也有權不因研究作錯而被吊死。」

一九五六年，他的學生麥克・希爾特（Michael Silvert; 1906-1958）私自將「聚合器」由緬因州運到紐約，觸犯聯邦州際交易法規，而再被起訴。其時賴克帶著十幾歲的彼得遠赴亞利桑那州，對這新一波的控訴並不知情。他的失聯，被法庭認定為故意藐視。他因此被判刑兩年。賴克層層上訴，也一一被駁回。同時，FDA也獲得許可，沒收、銷毀「聚合器」以及所有涉及「聚合器」的書籍。他們在緬因州的成效有限，卻在紐約大有斬獲，一口氣沒收了四噸重的書籍文獻，不分青紅皂白，全部在曼哈頓最熱鬧的街頭燒個精光。

賴克為什麼去亞利桑那州？原來在他生命的最後幾年，他開始思索如何更大規模地積聚自然界的能量，來改善人群的健康。他設計、製造了一種狀似高射炮的、龐大的機器，對空發射，居然發現他可以用這機器移動烏雲，讓它們到該下雨的地方下雨，由是稱之為「擊雲造雨機」

（cloudbuster）。他們先在緬因州試用這怪物，解救了當地草莓果農的乾旱危機，得到了一筆不小的收入。一九五六年美國整個西南部旱災嚴重，賴克帶著數部最新款的「擊雲造雨機」，浩浩蕩蕩而來，希望能為當地的人帶來「及時雨」，也希望他們的研究經費能由此得到挹注。

也許比較不為人知的是，這些機器是多功能的。運用得法時，它們不僅能造雨，還能偵測、追蹤、驅逐從外星來的飛碟（flying saucers; UFO）。賴克相信，他之所以官司纏身，受這麼多人的「追殺」，乃是因為史達林集團得到外星人的幫助，已滲透了許多美國政府機構，諸如FDA、FBI等。還好也有許多高階層的人，諸如美國總統與空軍總司令，在暗中幫助他們。

在那幾年裡，賴克的許多學生、病人，因怕被牽連而日漸疏遠。賴克與他的小兒子彼得日益親近。十一、二歲的彼得是個乖兒子，相信、依戀、崇拜他的父親。彼得認真學習，造雨機運作十分嫻熟，常能比別人更有效地發現、打擊飛碟，初被父親封為「宇宙工程軍團」的軍曹，不久又升為少尉。在這期間，賴克常跟彼得說，因為蘇聯共產黨的陰謀與FDA、FBI的迫害，任何事都可能發生，他可能入獄、也可能不久人世。

一九五七年三月，賴克在簽過遺囑後不久，終於入監，刑期兩年。彼得探監數次，賴克總是叮嚀他要勇敢，需要的話，盡情地哭，但不要忘了保持溫柔的心、柔軟的「丹田」。十月底他寫給彼得的信，還充滿希望，相信再過幾個星期就可以提早假釋出獄。不料再過沒幾天，就傳出了他半夜在監房心臟病突發過世的消息。

之後的許多年，彼得把所有與他父親有關的事，都忘得一乾二淨。他是個好學生，他唸中學、進大學，四處旅遊。他待人很好，有許多朋友。但是他幾乎從來不談過去。他與別人之間，似乎總是存在著那麼一點距離。他失去了童年的記憶，卻無法擺脫時常出現的夢魘。

賴克醫師是不是精神科的病人？

賴克在入獄期間，接受過兩次精神鑑定。第一位精神科醫師說他有自大妄想與被害妄想。第二位則認為他基本上人格正常，但是因為壓力太大才暫時出現精神病症狀。其實自一九三〇年代賴克與佛洛伊德領導下的精神分析學派分道揚鑣之後，關於賴克曾經因嚴重精神疾病住院的傳聞就一直在精神醫學界廣泛流傳著。但是即使是用心最深的學者，也無法從塵封的檔案裡找到任何住院的蛛絲馬跡。

但是住院或接受任何治療是一回事，行為是否異常或具破壞性則又是一個頗不相同的問題。賴克晚期，的確有一般人明顯會認為是異常的想法，例如相信外星人在用飛碟偵測地球。但是這世界上積極尋求與外星人建立關係的恐怕不止數百萬人，其中多數除此之外，未必有其他的異常或功能障礙。賴克對空軍及總統府在暗中保護他的信念，當然也可以被解讀為自大妄想。因此他常被認為是妄想型精神分裂症或妄想症的患者。

令人不解的是，似乎沒有人認真討論過賴克罹患躁鬱症的可能性。賴克一生精力旺盛、極度自信、常奇發異想。他有時也暴躁易怒、緋聞不斷。凡此種種，都可以是躁鬱症的表現。也許就像其他許多天才，他一生大半時間處在輕躁症狀態，使他極有精力與創意，但不太影響生活各方面的功能。

賴克的奇言特行，也應與他童年的經驗有關。他生長在俄奧交界的一個小鎮，父親是個極其嚴苛的大農場主人，雖然生為猶太人，卻嚴禁子女與猶太教有任何接觸。十歲那年，他發現母親與家庭教師有染。據他多年後寫的自傳所述，那時他每晚躲在母親臥房附近，偷聽偷看他們的所做所為，心裡七葷八素，憤怒、同情、羨慕、嫉妒。事發後教師離職遠去，母親數度自殺，終於因吞劇毒農藥，折騰了好幾天後才過世。兇暴嚴厲的父親，之後天天在冰冷的湖裡「釣魚」，不久感染肺炎，撒手人間。一次大戰之後，俄奧邊界重劃，他與其弟失去了所有的土地，變成一文不名。父母親的情緒、行為問題，他們的自殺，應都有其遺傳層面。童年如此深重的創傷，對賴克成年後的人格發展，必然也有其負面（與正面）的影響。

威廉・賴克的浴火重生

在西雅圖的五年，我從來不曾聽人提起賴克。心理治療課程裡沒有他，心身醫學沒有他，精神醫學史裡似乎也沒有他。其後多年，偶爾與同事提起這個人名，得到的回應也總是茫然的微笑。因此我一直以為，賴克的事跡比腦前葉切除術（lobotomy）還讓精神醫學界尷尬、更需要被抹殺。因此，生前常被視為燎原烈火的賴克[註五]，早已事如春夢了無痕。沒有想到，二十年後我卻在一個偶然的場合發現他原來從來不曾消失。那時我在在俄勒崗州梣樹園（Ashland）剛開完會，到市區閒逛。梣樹園以每年公演莎士比亞名劇聞名，街頭巷尾到處都是按摩院、靈修場及非傳統療法診所（星象、通靈、塔羅牌算命等等，不一而足）。在一間書店裡，我沒想到竟然發現不少討論賴克及其「生機療法」的書籍。一問之下，才知道在此城附近的半山腰上，就有一個「自然能量工坊」（Natural Energy Work），幾十年來一直在發揚光大賴克的「生機療法」及其他理念。他們出版許多有關賴克的書籍、供應建造「原潮聚合器」的材料，以及其他許多可以用來聚集、收納能量的產品（例如水晶）。這是碩果僅存的賴克學派機構嗎？原來也不是。宣揚類似理念、研發製造類似產品的公司行號，還真是琳琅滿目，所在多有。當然其中最正統的，仍屬位於緬因州「原潮園區」的「威廉．賴克基金會」（Wilhelm Reich Infant Trust）。他們編輯、出版賴克的著作，每年舉辦賴克療法大會、訓練班、研究營。更有趣的是，「原潮園區」還成了政府立案保護的「歷史古蹟」與旅遊重鎮，訪客川流不息，瞻仰賴克墓碑、銅像與殘存的「擊雲造雨機」，在網路上發表一知半解的言論。

賴克對文藝界的影響更是歷久不衰。名作家如諾曼．梅勒（Norman Mailer; 1923-2007）及沙林傑（Jerome Salinger; 1919-2010；麥田捕手作者）都盛讚「生機療法」的功效。賴克關於性壓抑與社會主義之間的關係，繼續被米歇爾．傅柯（Michel Foucault; 1926-1984）等當代思想家發揚光大。幾年前在舊金山知名書店「城市之光」的地下層，居然發現一整片牆密密麻麻地排滿了有關賴克的書。看來他的想法，的確還在持續引人注目，持續影響人們的思想。

彼得．賴克的夢魘

彼得終究還是走出了他的夢魘。他一次次跌倒、骨折，一次次在麻醉前後重拾他小時候的許多記憶。他終於不再需要做父親的軍曹、少尉，不需要與父親一起承擔拯救宇宙的使命、不再把聯邦政府當成深仇大敵、不必害怕被飛碟攻擊。

因為認識彼得，同情他這不尋常的身世，英國當代最知名的女歌星，凱特．布希（Kate Bush），編寫並親自演唱一首十分動聽的歌，歌名就叫作《擊雲造雨》（*Cloudbusting*）。她又找了名影星唐納．蘇德蘭（Donald Sutherland）來飾演賴克，製作成搭配這首歌曲的短片〔註六〕。這首歌曲與短片至今仍然在網路上隨時可點，隨時可聽，隨時可觀賞。以這種方式，賴克父子也就繼續常存於雲端，常存於人們的腦海裡。

註五　同註二。

註六　http://www.youtube.com/watch?v=IRHA9W-zExQ. 2011年12月28日檢索。

佛洛伊德的魔法師——將精神分析學帶入英語世界的瓊思

瓊思醫師（Ernest Jones; 1879-1958）是英語世界裡最早投入精神分析運動的一位，在精神分析學發展史上，無疑占著一個十分舉足輕重的地位。一九一〇年代初期，在佛洛伊德的愛將阿德勒與榮格相繼叛離之後，他成了佛洛伊德最倚重的主要支持者之一。做為英國精神分析學會的創會會長，他前後也擔任了二十年的國際精神分析學會會長（1922-1925; 1934-1951）。佛洛伊德一家人之所以能在最後關頭逃離納粹的魔掌，大半需要歸功於他。他晚年撰寫長達一千五百多頁的佛洛伊德傳，至今仍然是精神分析史的經典之作。

梅林的後裔

追本溯源，瓊思是一位道道地地的威爾斯人（Welsh）。威爾斯雖然自十三世紀起即為英國合併，成為「聯合王國」（United Kingdom; UK）的一部分，卻一直能夠保留其文化、傳統。即使到了瓊思出生的十九世紀末期，威爾斯語依然是當地通行的語言。威爾斯人與蘇格蘭人、愛爾蘭人原來同是不列顛群島的「土著」，都是凱爾特族（Celts）〔註一〕的後裔，在五世紀盎格魯－撒克遜（Anglo-Saxon）人入侵後，因地處邊遠，未被同化。凱爾特人一般被認為特別「樂天知命」；喜愛神話、音樂；富於想像、能言善道，也有點狡詐（這應該是統治者對弱勢族群常有的偏見吧）。著名的亞瑟王與圓桌武士的神話背景，就是威爾斯人對入侵外族的反抗。而在這些傳奇裡，始終隱身於亞瑟王背後，幫助他成就種種豐功偉績的，正是那位足智多謀、法力無邊的威爾斯魔法師梅林（Merlin）。如果我們把佛洛伊德比擬為亞瑟王的話，那麼瓊思就可以說是他的梅林。這應該也就是為什麼一位為瓊思立傳的作者，將其書取名為《佛洛伊德的魔法師》〔註二〕的一個原因吧！

但是瓊思出生時，整個威爾斯恰好正處於劇烈變動之中。英國的工業革命帶來對煤炭愈來愈大量的需求，而威爾斯正是盛產煤礦的地方。開礦的同時，為了就地取材，許多工廠也就紛紛搬遷過來。原來偏僻寧靜的鄉間，因而逐漸轉型為工業重鎮，工商百業也跟著興旺。隨著這個潮

註一　凱爾特人自西元前三千年起即在歐洲大陸及不列顛群島定居。他們使用銅鐵器，相信巫術及萬物有靈說（Animism），用高達兩公尺的巨石建造戶外殿堂，於春分清晨用活人獻祭太陽。許多這些巨石至今仍然遺存，最著名的是位於英國西南的巨石陣（Stonehenge）。他們約在兩千年前被羅馬人征服，又在西元五世紀左右起被一波波的日耳曼族人（包括盎格魯－撒克遜人）侵襲同化，至今除威爾斯、蘇格蘭、愛爾蘭之外，在歐陸只剩下零星少數地區（如法國西北角的布列塔尼[Brittany]）仍然使用類似語言。

註二　Brenda Maddox, *Freud's Wizard: Ernest Jones and the Transformation of Psychoanalysis*. Cambridge, MA, Da Capo Press, 2006.

流，瓊思父母兩家的世代經濟社會地位從農耕、鐵匠、造船師傅到白領階級，逐代提升。瓊思的父親勤奮自學，從礦場工頭被提升為會計師，後來又晉升為公司主管。進入了中產階級，瓊思一家人與英語世界的接觸日廣，認同也逐漸有所改變。瓊思的母親來自鄉間，會講一口流利的威爾斯語，本來想把瓊思取名為Myrddin（威爾斯語的梅林；Merlin），但是他父親認定英語是下一代發展必備的語言，給了他兩個英文名字（Alfred Ernest），長大後他把前面的一個省掉，遂以恩尼斯特・瓊思傳世。同樣反映這個認同的改變的是，瓊思父母親雖然原屬以威爾斯語佈道的浸信會，他的父親卻堅持全家在家裡的禱告必須用英語。到了瓊思九歲的時候，英國國教聖公會（Church of England）在鎮裡蓋了教堂，父親馬上轉了過去，母親則堅持留在家裡唸她的威爾斯文聖經。瓊思游離於兩者之間，最後終於成了無神論者。瓊思的威爾斯語雖不流利，他的英語卻帶著威爾斯腔，後來在唸大學時成了同學取笑的對象，幾經努力，才終於改正過來。但是他的姓（Jones = John's son）是威爾斯最常見而在其他英屬地區非常罕見的姓（他的小學同班裡就有四個瓊思，他因此被叫做瓊思第四），所以儘管他的英語已變得字正腔圓，他的威爾斯身分還是一目瞭然。

從許多方面來說，瓊思可以說是一個十分成功的邊緣人（marginal man）。他成長的地方，一邊是「原始」純樸的鄉村，另一邊是工廠林立的新興城鎮；他的母親是講威爾斯語的浸信會信徒，他的父親則一生致力把自己改造成如假包換的英國紳士；他既是威爾斯人，又是英國人；他可以在不同的認同、群體之間隨機應變、來去自如。多年後，當他在精神分析學界的影響力如日中天的時候，許多反對他的人往往忽略了他這從小習於同時兼具多重身分、認同的背景，輕易地就把他歸類成是一個狡詐、不可信任的投機分子。

瓊思從小聰慧好學，在學校表現優越，總是名列前茅，唯一常被批評的是他太多話。但是不久他這個「缺點」也變成了他的優勢：他加入了辯論隊，所向無敵，贏得許多金牌銀牌。十四歲時他榮獲威爾斯首府卡地夫（Cardiff）最負盛名的一所公立學校的全額獎學金，經濟獨立，同時也因為住校的需要而離家。他在這思想開放的學校裡博覽群書，尤其迷上了赫胥黎（T. H. Huxley; 1825-1895）〔註三〕的著作，從此成了達爾文的終生信徒。

十六歲時瓊思放棄劍橋大學的獎學金，選擇留在卡地夫一所新成立的大學唸醫學，兩年後轉往倫敦大學修習臨床課程。那世紀交替的時代，也正是現代醫學急速發展的關鍵時刻：疫苗接種日漸普及；傷寒霍亂等流行病的病因及預防方法，也已逐步釐清；約瑟夫．李斯特（Joseph Lister; 1827-1912）發明的無菌手術逐漸被推廣，活人無數；神經醫學大師如沙考等人對腦神經系統細緻的探討以及對歇斯底里的研究，讓人以為心智情感的奧祕已是科學所能探究的議題。瓊思日以繼夜、廢寢忘食地勤奮學習，的確樂在其中，如魚之得水。他的刻苦耐勞與聰明才智，

註三　赫胥黎是與達爾文同一時代的名英國生物學家，支持進化論最力。

得到他許多知名師長的讚賞。二十出頭的瓊思自信滿滿，相信他的前途必然無障無礙、一帆風順。

年少輕狂

一九〇二年瓊思醫學院畢業時，他相信他只需要到地區醫院工作一、兩年，累積足夠臨床經驗，就可以回到他的母校倫敦大學醫院任教，不久就會是功成名就的正牌教授了。他完全沒有想到的是，此後十年，等待著他的竟是一波又一波的飛來橫禍。這十年裡，在英國、在北美，他好幾次因為「行為不檢」而被控告、被解職，有一次還差點被病人槍殺。瓊思真的就是這麼倒霉的一個人嗎？細究起來，這些事件之所以會發生，其實是有因可循的。他的自大、傲慢、好出風頭，使他常常成為同事的眼中釘。一旦有事，平常覺得被他壓制、忽略、奚落的年輕醫師、護士，甚至護士長，自然也就冷眼旁觀，甚或落井下石。他對想要討好的人——尤其是漂亮女孩——的殷勤體貼，常讓人誤會，甚或讓人因此而瘋狂地愛上他。等到他開始接觸到佛洛伊德的學說，而經常忍不住去探問病人的私生活時，這個問題就更嚴重了。

一九〇三年瓊思在一家小醫院因為幾次值班時不在崗位上（他說是因為女朋友臨時生病）而被解職時，或許還不清楚事情的嚴重性。他沒想到這件事從此成了他的紀錄上抹不去的污點，此後申請醫院工作四處碰壁。即使他隨即以優越的成績通過醫學博士及皇家醫學學院資格的考試，也還是找不到全職的工作，只好在許多家醫院來回奔跑、四處打工。回到母校倫敦大學的夢想，自然早就泡湯了。

兩年後，瓊思的父親出資讓他與大他七歲的好友，神經外科醫師威福瑞德．特洛特（Wilfred Trotter; 1872-1939）〔註四〕，一起開業，瓊思的生活才比較安定下來。次年，他卻又捲入另一場風波。這次是他在一所學校兼差檢查弱智兒童的語言能力時，被四個兒童指控他有猥褻的行為，後來因為證據不足（法庭不採信弱智兒童的指控），逃過一劫。也差不多就在這時期，瓊思因特洛特的引介，開始閱讀佛洛伊德的作品，愈讀愈著迷。與此同時，大衛．艾德（David Eder; 1865-1936）醫師〔註五〕風聞瓊思很會考試，慕名而來，請他幫忙補習。經由艾德，瓊思認識了一位荷蘭猶太富商之女蘿琦．露易絲．桃樂西雅．肯恩（"Loe" Louise Dorothea Kann; 1882-1944），兩人墜入愛河，旋即同居。大概是因為蘿琦的贊助，瓊思在一九〇七年九月得以去阿姆斯特丹開

註四 特洛特後來成為瓊思的妹婿。他是英國名神經外科醫師，也是貢獻卓著的社會心理學家。他後來被任命為英王的榮譽外科醫師，也是英國皇家科學院院士，著有《人在戰爭與和平時的盲從本性》（*Instincts of the Herd in Peace and War*）一書。

註五 艾德是猶太裔英國人，原為開業醫師，在第一次世界大戰時當軍醫，治療無數因受砲擊而罹患創傷及心理問題的士兵，由是開始對精神分析學發生興趣，廣泛閱讀並翻譯榮格及佛洛伊德的著作，後來成為佛洛伊德派的精神分析師。他也是猶太復國運動（Zionism）的積極參與者。

會，從而結識榮格及奧圖．格羅斯，再到慕尼黑跟隨克雷培林〔註六〕見習一個月，之後又專程到蘇黎世（Zurich）再訪榮格，並與同為訪客的布列爾（A.A. Brill; 1874-1948）〔註七〕結識。

一九〇八年三月，瓊思再度出事。這時他已因四處宣揚精神分析術的功效而小有名氣。他兼職的一家神經科專科醫院正好住進了一個十歲的女孩，一隻手無故痲痹。他的主管說，既然你那麼相信佛洛伊德的理論，你何不去看看你能不能問出病因。瓊思果然發現小女孩發病之前，學校裡有一個年紀比她大的男生意圖非禮，女孩用一隻手把他推開。這之後她的那一隻手就痲痹了。他沒有想到，這女孩一回病房就宣稱「瓊思醫師跟她講髒話」，一經調查，醫院院長發現以前已經有人對他有過類似的抱怨，隨及將之解職。這個事件廣為人知，瓊思名譽掃地，在倫敦已無容身之地。幸好就在這個關鍵時刻，多倫多大學的奧斯勒醫師〔註八〕及查爾斯．克拉克醫師（Charles Clarke; 1857-1924）〔註九〕聯袂到倫敦尋才。他們對瓊思的履歷十分中意，相談甚歡。雖然多倫多大學的神經精神醫學部兩年後才會開張，他們馬上邀請他先到克拉克醫師的療養院工作。

多倫多的哈姆雷特

雖然不曾有過結婚儀式，瓊思與蘿琦那時候已經出雙入對、形同夫婦了（瓊思在介紹蘿琦時，也常直稱她為瓊思夫人）。不幸蘿琦從未去過新大陸，對加拿大有無名的恐懼。或許部分因為這個因素，他們的多倫多之行一延再延，直到半年後的十月才成行。這期間瓊思先到薩爾斯堡（Salzburg）參加第一屆國際精神分析學會大會，首次面見佛洛伊德，聆聽他長達三小時的演講，「如沐春風」。會後他又與布列爾聯袂到維也納造訪佛洛伊德，參加那出名的星期三晚上討論會。接下來這兩位北美洲精神分析學未來的領導人又一起去布達佩斯拜訪法郎克齊醫師。從那

註六　克雷培林為十九世紀末最負盛名的精神醫學家。他用長期客觀觀察的方法研究嚴重精神疾病患者的臨床症狀及病程，首先提出精神分裂症（時稱早發性癡呆）與躁鬱症的概念，被譽為現代精神醫學之父。

註七　布列爾出生於奧地利，十五歲隻身往美，一面打工一面上學，二十八歲（一九〇四年）於哥倫比亞大學醫學院畢業後，跟隨阿道夫．麥爾（Adolf Meyer; 1866-1950）學習精神醫學。一九〇七年赴瑞士蘇黎世大學伯格霍茲里精神專科醫院從榮格及布雷勒習得精神分析術（當時的榮格仍然是佛洛伊德的欽定接班人），並開始翻譯佛洛依德、榮格及布雷勒的主要著作，包括佛洛伊德的名著《夢的解析》（佛洛伊德著，賴其萬、符傳孝譯：夢的解析，志文出版社，二〇〇二年再版）及《日常生活的心理分析》（佛洛伊德著，林克明譯：日常生活的心理分析，志文出版社，一九七〇）。一九一一年他主導創立紐約精神分析學會及美國精神分析學會，與國際精神分析學會保持一定距離，並極力反對佛洛伊德訓練及容納不具醫師身分（包括心理學家乃至「俗人」分析師，例如安娜．佛洛伊德與艾瑞克森）的治療師為精神分析學會會員的主張。他對美國精神分析學界乃至整個精神醫學界的影響力，在一九二九年至一九三六年間達到巔峰。

註八　奧斯勒醫師是加拿大人，先後在麥基爾大學（McGill University）及賓州大學等名校任教，也是約翰霍普金斯大學（Johns Hopkins University）醫學院的創始人之一。他力倡臨床教學，致力於醫學教育改革，著作等身，被公認為是現代醫學與醫學教育之父。

註九　克拉克醫師是加拿大精神科醫師，家人世代經營療養院。他一生致力於推動精神醫學醫療與教育的改革，並努力推動社區心理衛生。他是多倫多大學精神科專科醫院的創院院長。目前在多倫多以藥酒癮研究而享盛名的克拉克研究院，就是以他為名。

裡瓊思獨自回到慕尼黑，去拜見不久前在阿姆斯特丹開會時結識的格羅斯和克雷培林，白天在克雷培林的醫院實習，晚上到格羅斯流連終夜的咖啡屋，接受他的分析，也透過他在那裡認識許多文藝界名人，包括小說家勞倫斯（D.H. Lawrence; 1885-1930）及其夫人。瓊思那時漸漸發現格羅斯身陷嚴重的藥癮問題（海洛因及古柯鹼），生活糜爛、關係複雜、婚姻瀕臨破裂。五月初格羅斯被迫到蘇黎世住院，接受榮格治療，反而對榮格產生無可挽回的影響。直到六月底格羅斯翻牆逃出療養院，回到慕尼黑，這期間一個多月，格羅斯託瓊思治療其妻弗莉達（Frieda）。瓊思照顧過了頭，後來在他的自傳裡，對他這一段美好時光多有影射。

從慕尼黑回倫敦的路上，瓊思繞道蘇黎世再訪榮格。之後不久，他又動身去巴黎，師從沙考的得意門生皮耶．馬利（Pierre Marie; 1853-1940）〔註十〕，在那裡學習了六個星期。至此瓊思可以說在神經醫學、精神醫學及精神分析學等各方面，該學的都學到、該認識的人都認識了。他也終於說服了蘿琦，出發「西征」去了。他們一家六口除了兩人之外，還加上瓊思的兩個妹妹以及蘿琦的兩個女傭。瓊思在臨行前寫給佛洛伊德的信上，戲稱他自己這一趟行程是「妻妾成群」。瓊思及家人在多倫多的適應並不怎麼好，瓊思後來形容那個地方是文化及學術的「沙漠」，雖然是言過其實，不過他們應該是相當寂寞的。但是寂寞也有寂寞的好處。瓊思認真工作，心無旁騖，論文（多半還是神經科的題目）一篇一篇出爐。同時他也隨時抓住機會，到處宣揚精神分析理論。加拿大之外，他一有機會就往波士頓跑。他的精力與熱情，改變了北美許多學界名人對精神分析術的疑懼。瓊思最引以為傲的是，時年六十二歲的美洲神經醫學界泰斗普特南本來對佛洛伊德學說還模稜兩可，居然被二十九歲的瓊思說動了，由此轉而成為精神分析學堅定的支持者。

一九〇九年秋的另一件大事是佛洛伊德與榮格的北美洲之行。此行兩人在麻州克拉克大學的演講極為成功，奠定了精神分析學在北美發展的基礎。學術大老終於親眼目睹佛洛伊德本尊，發現他律己甚嚴，並不是洪水猛獸，都鬆了一口氣。瓊思在與佛洛伊德會後長談，依依話別之後，對精神分析學的信念益深。佛洛伊德也終於對美洲的重要性有具體的瞭解，益發看重瓊思。兩人自是書信往返，如膠似漆。受到佛洛伊德的鼓勵，瓊思深入探討莎士比亞名劇《哈姆雷特》的心理意涵。在這劇本裡，哈姆雷特的叔叔殺死了他的國王父親，又佔有了他的母親。身為王子，哈姆雷特理當為父復仇。但是哈姆雷特始終猶疑不決，到底緣由何在，一直是個千古懸案。但是如果從伊底帕斯情結的角度來看，疑團似乎就迎刃而解了。如果我們認為哈姆雷特在潛意識裡本來就已有強烈的戀母弒父的衝動，那麼他的叔叔就有如他的替身，替他完成了他想做又不敢做的事情。如此想來，也就難怪他的復仇之舉，會是那麼地難上加難了！因為殺了叔父，等於是又一次的弒父，也等於是殺了自己。瓊思一生裡大多數著作，常被批評為缺少創意、流於通俗，但是至少他的這一篇哈姆雷特，應該可以說是道道地地的經典之作。

註十　馬利是沙考事業繼承人，以研究腦下垂體及腦內分泌系統出名，也是腓骨肌萎縮症（Charcot-Marie-Tooth disease）的命名人之一。

瓊思對女人的魅力，跟著他飄洋過海，似乎有增無減，四年內謠言與抱怨的密函，四處傳播。這些信的內容充滿了寫信的人對他的愛慕渴求，但是並沒有真正指控他勾引或非禮。但是蹊蹺的是一九一一年他在芝加哥開會時有一位婦女從加拿大追蹤而至，在大庭廣眾之前企圖槍擊他。這威脅嚴重到他不得不請全天候的貼身保鏢。他又主動提供美金五百圓（相當於他一年的薪資）給對方，而更加讓人起疑。

不幸的是，他的魅力對他的「妻子」蘿琦似乎愈來愈不管用了。蘿琦的嗎啡成癮問題日趨嚴重，心情也愈來愈低沉。她在自殺與離異之間來回擺盪，把他搞得七葷八素。一九一一年秋，瓊思去德國威瑪（Weimar）參加國際精神分析學會第三屆大會時，向佛洛伊德盡情抱怨，沒有想到佛洛伊德居然主動提議，讓蘿琦接受他本人的治療。瓊思以為要勸說蘿琦答應，得要大費一番工夫，沒想到蘿琦馬上就同意了！恰好此時瓊思在多倫多大學也已晉升副教授，足以載譽而歸，回英國重起爐灶，他們就此告別「新大陸」。

賠了夫人又折兵

瓊思的確是「載譽歸國」。他人還在路上，倫敦已經有兩個病人在等他來做長期精神分析。那一年秋天，他的《精神分析學論文集》（*Papers on Psycho-Analysis*）問世。作為英文精神分析學的第一本專書，這本書十分暢銷，其後多次再版，瓊思的名聲也就跟著繼續水漲船高。他回歐的時機也真是恰到好處。就在那一年，阿德勒與史德可醫師相繼出走，連維也納精神分析學會的會刊《*Zentrablatt*》也一起被綁架掉了！同時榮格在蘇黎世蠢蠢欲動，榮格所控制的國際精神分析學會及其會刊《*Jahrbuch*》也隨時可能淪陷。瓊思倡議組織祕密小組，護衛佛洛伊德。小組成員包括他自己和柏林的卡爾・亞伯拉罕醫師（Karl Abraham; 1877-1925）〔註一一〕、布達佩斯的法郎克齊醫師及維也納的蘭克心理師與漢斯・薩克斯（Hans Sachs; 1881-1947）〔註一二〕。他們保證絕不乖離佛洛伊德的理論，彼此互相審查論文，他們之間的信件同時分寄所有成員。他們還定期祕密集會，檢討其他精神分析學會成員的「忠貞度」。為了暗中標識他們的特別身分，佛洛伊德特地給他們每個人一個鑲刻希臘字母的戒指，隨身攜帶。多年後這個祕密小組的存在被發現，事關學術及思想自由，引起許多爭議與非難〔註一三〕。

註一一　亞伯拉罕是猶太裔德人。他在蘇黎世柏格霍茲里醫院實習時得識榮格，而開始接觸精神分析學。一九〇七年他赴維也納從學於佛洛伊德，一九一〇年回柏林開創柏林精神分析學會，自一九一四至一九一八年間擔任國際精神分析學會會長。許多德國及英國第一代的精神分析師都是他的學生。

註一二　薩克斯原為律師，在涉獵精神分析學文獻多年後，於一九一〇加入維也納的星期三定期聚會，一九一二年成為《*Imago*》雜誌總編。一九二〇年移居柏林，從事治療及督導。他的學生包括佛洛姆及麥克・巴林特（Michael Balint; 1896-1970）。他於一九三二年移居波士頓。

註一三　Stuart Schneiderman, One for All and All for Freud. New York Times, November 17, 1991. 2012年12月23日檢索 (http://www.nytimes.com/1991/11/17/books/one-for-all-and- all-for-freud.html)

蘿琦在維也納接受佛洛伊德治療，果然進步神速。沒有多久她結識了一位陪其父親從美國中西部到維也納接受精神分析治療的詩人，也姓瓊思（賀伯・大衛・瓊思〔Herbert "Davie" Jones〕），開始與之談戀愛。與此同時，瓊思醫師在等待蘿琦「病癒」歸來的中間，也糾纏上了蘿琦的女傭麗娜。這個四角關係到了次年春天終於曝光，蘿琦結束了她與瓊思醫師七年的戀情，佛洛伊德理直氣壯地認為他的介入讓他們兩人的人生都有了新的轉機。但是為了補償瓊思，他任命瓊思為祕密小組的主席，同時也建議他去布達佩斯找法郎克齊做為期兩個月的分析。到了八月底分析結束，瓊思回到倫敦時，他感覺自己已是一個新生的瓊思，可以與已為人婦的蘿琦和平相處。蘿琦還堅持繼續出資並親自監工，把瓊思的診所整修得煥然一新。

三十五歲的瓊思生意興隆、收入日豐。他引起女性病人發生「移情作用」的能力絲毫未減。她們常常徹夜不眠，動不動就給他寫五頁、十頁的熱情長信（包括名精神分析師如瓊・瑞維爾〔Joan Riviere; 1883-1962〕及艾迪絲・艾德〔Edith Eder，艾德的夫人〕）。幸好瓊思界定治療關係的能力似乎頗有進步，沒有再引發不可收拾的醜聞。但是他與蘿琦前女傭麗娜半公開的同居，則繼續引人側目。儘管如此，當芳齡十八的安娜・佛洛伊德(註一四)在一九一四年七月到英國旅遊時，瓊思還是不假思索地展開熱烈的追求。事先已得到蘿琦及佛洛伊德警告的安娜，自然對他保持距離。但是幾十年後，瓊思還是念念不忘他的這一段情。

仙女奇緣，何其短暫

在威爾斯古老的傳說裡，梅林這位法力無邊的魔法師最後卻為情所困，栽在湖中仙女薇薇安（Viviane）手裡。有人說他從此困居石室，也有人說他遁逸山林。瓊思這位現代梅林在一九一七年初終於遇到了他的湖中仙女——同樣來自威爾斯，時年二十五歲，威爾斯語流利、美豔動人的天才作曲家、鋼琴家墨菲德．歐文（Morfydd Owen; 1891-1918）〔註一五〕。他們的愛情同樣地短暫，也同樣地以悲劇收場。但是與梅林的故事不同的是，從這場悲劇裡消逝的是紅顏薄命的墨菲德。瓊思在一個威爾斯人的社交場合認識墨菲德，驚為天人，日日夜夜熱烈追求，兩個星期後就正式求婚（之前一天為麗娜另尋居所，也為她找了一份工作），等不及岳父母到達，就去法院公證結婚了。雖然因為瓊思愈來愈喜歡一有空就住到他們離城四、五十哩的鄉間別墅，又因為好客而常常在那裡招待許多來訪的朋友，干擾了墨菲德音樂生涯的發展，但是除此之外，他們一年多的婚姻生活應該是十分甜蜜的。可惜好景不常，結婚週年才過後不久，當他們去看訪瓊思時已退居鄉間的父親時，墨菲德忽然得了急性盲腸炎，來不及送去醫院，只能找來鄰近的外科醫

註一四　請參考本書第一四六頁〈當佛洛伊德遇上蒂凡妮——安娜．佛洛伊德與兒童精神分析學源起〉。

註一五　墨菲德來自南威爾斯，父母皆為業餘音樂家。她自幼習鋼琴，十六歲起兼習女高音及作曲，在她短短的一生裡創作了一百八十餘首曲目，流傳至今。

師，拿廚桌當手術臺。不幸手術引發併發症，瓊思眼巴巴看著她陷入昏迷乃至斷氣，無力回天，作為醫師的他，心裡不知有多痛苦。

得意春風

所幸瓊思還有他的工作。他這時在英國已是聲名遠播，求診病人應接不暇。他又召集了漸漸增加的英國分析師，創組英國精神分析學會，榮任創會會長。其時第一次世界大戰剛結束，奧匈帝國已經解體，作為戰敗國的德國也經濟蕭條、意氣消沉，英美等英語國家勢力大增。精神分析學如要繼續發展，使用的語言勢必要從德語轉為英語。瓊思倡議由國際精神分析學會發行以英語為主的《國際精神分析學雜誌》（*International Journal of Psycho-Analysis*），並成立出版社出版佛洛伊德著作的英文本。這樣的想法一呼百應，瓊思折衝其間，當然就更是忙得分身乏術了。

大戰期間斷航斷郵，瓊思與佛洛伊德以及祕密小組成員的聯繫，時斷時續。戰後瓊思的首要之務，自然是重新建立溝通的管道。無奈當時戰爭雖已結束，合約尚未簽定，英國國民仍然不能進入仍屬「敵區」的奧地利。瓊思四處奔走，終於得到去瑞士的簽證，於一九一九年春在那裡與蘭克、法郎克齊、薩克斯等人會面，其樂可知。但是這一趟旅程最大的收穫則是他終於找到了他的終身伴侶。這件事的起頭源於他需要一位英德雙語祕書，來幫助他處理日益繁重的編輯工作。而扮演這牽線紅娘角色的，則是在瑞士養病的薩克斯。原來薩克斯當時的女朋友的妹妹「凱蒂」

凱薩琳・喬柯（"Kitty" Katharina Jokl）剛從維也納大學得到經濟學博士學位，前途茫茫，薩克斯於是把她介紹給他。瓊思在那一年秋天終於拿到奧地利的簽證，途經蘇黎世與凱蒂見面，兩人一見鍾情，工作面試變成了約會，進展神速。十五天後他在維也納寫給她的信上就已經這麼說了：「我最最甜蜜的凱蒂，我不相信全歐洲此刻還會有誰比我更幸福！」

讓他感覺幸福的另一個原因是，睽違五、六年後，瓊思終於又再與佛洛伊德會面了！他沒有想到，消瘦不少的佛洛伊德看起來竟然更英俊、更炯炯有神、也更慈祥了！他帶了佛洛伊德與蘭克兩家人到維也納最高檔的餐廳飽餐一頓，回到家裡時法郎克齊也來了，一群人忙著規劃精神分析運動未來的發展。佛洛伊德建議法郎克齊把國際精神分析學會會長一職轉讓給瓊思，也讓柏林的馬克斯・艾亭恭（Max Eitingon; 1881-1943）醫師〔註一六〕加入祕密小組。如此一來，一切似乎就緒，蓄勢待發，整個集團充滿了朝氣。

與安娜・佛洛伊德的重逢也讓他慶幸自己當年沒有得到她的青睞。他跟凱蒂說，一聽到安娜冰冷嚴肅的聲音，他就手足無措、渾身不自在。他真高興，凱蒂與安娜那麼地不一樣。

註一六　艾亭恭是猶太裔俄人，父母經商致富，在他十二歲時全家移居德國。艾亭恭與亞伯拉罕前後在蘇黎世伯格霍茲里醫院從學於榮格，再轉赴維也納接受佛洛伊德五星期的分析。第一次世界大戰後他移居柏林，與亞伯拉罕一起創立柏林精神分析學會，並成為柏林精神分析聯合診所所長，建立完整的訓練制度，自一九二七年至一九三三年為國際精神分析學會會長。他在一九三二年腦中風，次年移居巴勒斯坦，在耶路撒冷創立巴勒斯坦精神分析學會。

千里救「父」

一九三四年到一九三八年間，奧地利的情勢愈來愈危急，隨時有被納粹德國併吞的可能，大多數精神分析師紛紛走避，佛洛伊德卻繼續堅持要與維也納「共存亡」。一九三八年三月十四日，希特勒兵不血刃地佔領全奧。瓊思急如熱鍋上的螞蟻，想方設法飛到尚未淪陷的捷克布拉格，又從那裡租了一艘小飛機，直奔維也納。那時瓊思已是英國皇家掌璽大臣（Lord Privy Seal）及英美許多政商權要的朋友，因為他們的幫忙，而得以成行。到了維也納他直衝精神分析出版社，在那裡撞上前來搜索、查封的德國軍隊，當場被捕。幸好他機敏善辯，說動德軍放他一馬。等到他趕到佛洛伊德住所時，德軍也已先他一步，將家裡的財物洗劫一空，正式的逮捕也只是時間的問題。他在那裡不但要防範納粹黨人的再度侵襲，更困難的是要說服佛洛伊德離開奧地利。他費了整整五天的時間，日以繼夜、死賴活纏，最後還引用了鐵達尼號郵輪沉沒後副船長被審訊時所說的答辯辭，才打動佛洛伊德的心意。那一句話是：「我從來沒有離開那艘船，是那艘船離開了我。」

憑著他的精明、風采與毅力，瓊思做到了沒有任何人做得到的事。他說服八十二歲高齡、已與致命的癌症纏鬥十五年、行將就木的佛洛伊德離開維也納，移居英倫。藉著他的人脈關係以及不眠不休的努力，他打通重重關節，不但把佛洛伊德及其醫師的兩家人救出虎口，還繼續營救許多其他的精神分析學同仁，把他們安頓在英國，為他們申請到特別的開業許可。進不了英國的人，他也盡力替他們安排前往南北美洲、澳洲、紐西蘭，甚至錫蘭。

一九三八年六月四日，佛洛伊德一行人終於搭上「東方快車」（Oriental Express），途經德法兩國，於兩天後抵達倫敦維多利亞車站。在車站迎接的除了佛洛伊德其他已先到的家人之外，就是瓊思一人。他們走出車站，接受媒體及群眾熱烈的歡迎。平常因眼疾不開車的瓊思視力忽然好了起來，載著他們繞道經過白金漢宮（Buckingham Palace）及市中心皮卡迪利街（Piccadilly），終於到達他為他們安排的居所。此後一年多，瓊思為他們忙進忙出、上下打點、無微不至。

一九三九年九月一日，德軍入侵波蘭，第二次世界大戰爆發。其時佛洛伊德又忍受了兩次大手術，身體早已衰弱到極限。在英法向德國宣戰那天，瓊思寫信給佛洛伊德，再次感謝他三十年來的栽培、教導。他說：「這次大戰，幸好我們都站在同一邊。我們也許都不見得能見證這次大戰的結局，但是不論如何，我因為跟著您的腳步走，而有幸能對這個世界有一點貢獻，我的生活也才能夠過得如此的精彩多姿，的確已經可以是死而無憾了！」兩個多星期後，他最後一次與佛洛伊德見面。瓊思後來形容這最後的一面時說：「他睜開眼睛，認出了是我，揮了揮手。那一揮手，包含了多少的意涵！是致意、是道別、也是接受一切的一切。」

在告別式的哀悼詞裡，瓊思說這個時刻讓他想到他大學時代的校長常講的一句話：「他這個人比任何人都更熱愛生命，也因此比任何人都更不怕死亡。」他最後說：「我們在這裡與他告別，依依不捨，因為我們再也找不到像他這樣的一個人了！我們從心底感謝他。感謝他這樣子一路走來，感謝他一生的所作所為，也感謝他的恩愛。」

烽火連天，焦頭爛額

此後十年，瓊思的日子卻是不怎麼好過的。他面對的是兩場戰爭。世界大戰之外，他還被夾在兩個強悍的女人的紛爭之間。而這第二個戰場，的確是把他搞得焦頭爛額。這兩個女人，一邊是克萊恩，另一邊是安娜．佛洛伊德。她們之間的學術爭論，在另文（註一七）已稍有著墨，茲不重復。學術異同之外，也許更重要的是，她們兩人都是瓊思費盡心力才請到英國來的。而她們也自然而然地就各自認為，瓊思理應站在自己這邊。

克萊恩的童年過得非常的孤單痛苦，年紀輕輕就依母親之命結婚，生育一女一子，但是婚姻關係長期不和。因為種種心理問題，她數度進出療養院，也開始接觸精神分析學書籍，於第一次世界大戰期間在布達佩斯接受法郎克齊的分析治療。一九二一年她搬到柏林，從學於亞伯拉罕。亞伯拉罕雖然欣賞她對兒童心理的創見，對她並沒有怎麼刻意栽培。一九二六年她結識瓊思，隨即受邀到英國發展。瓊思非常看重她，替她引介病人，甚至把自己的子女及妻子也都帶去給她治療，克萊恩由是名聲漸著。一些起初受教於瓊思的分析師（多曾是他以前長期的病人），如瓊安．黎偉業（Joan Rivière; 1883-1962）、瑪莉詠．米內（Marion Milner; 1900-1998）、維弗瑞德．畢永（Wilfred Bion; 1897-1979），乃至唐納．溫尼考特（Donald Winnicott; 1896-1971）及約翰・鮑比（John Bowlby; 1907-1990），都深受其影響，成為「客體關係」理論之濫觴。

克萊恩既與安娜・佛洛伊德差不多同時發展兒童精神分析學，兩人立場卻又天差地別，本來在學術會議上就常暗中較勁。等到安娜與眾多維也納的精神分析師遷移到倫敦之後，英國的精神分析學界遂分裂成了擁護安娜的「正統佛洛伊德派」及支持克萊恩的「克萊恩派」。兩派人馬逢會必爭、裂痕愈吵愈大。瓊思夾在中間，「見人說人話，見鬼說鬼話」，兩面不討好，到最後乾脆退居鄉間，不聞不問，還是難保耳根清靜。或許是因為這些煩心的事情，再加上他的大兒子在盟軍一九四四年登陸時不幸一時成為戰俘，以及他的舊情人蘿琦過世，六十五歲的瓊思忽然心臟病猝發，幾乎一命歸天。

名作傳世

在瓊思生命的最後八、九年，他的心思精力幾乎完全放在《佛洛依德的一生與成就》（*The Life and Work of Sigmund Freud*）〔註一八〕一書的撰寫上面。佛洛伊德的家人原本對佛洛伊德傳記

註一七　請參考本書第一四六頁〈當佛洛伊德遇上蒂凡妮——安娜・佛洛伊德與兒童精神分析學源起〉。

註一八　Ernest Jones, *The Life and Work of Sigmund Freud*. New York, Basic Books, 1953; 1955; 1957.

的寫作一事相當遲疑，對瓊思也一直有些戒心。但是到了一九四九年，至少有三本未經授權的佛洛伊德傳已經問世了。沒有近距離的觀察、接觸，又不曾有第一手資料作依據，這些草草完成的傳記，既無深度，又錯誤連連，甚至可以說是滿紙荒唐。佛洛伊德幾個最「忠貞」的弟子，如紐約的恩斯特．克里斯（Ernst Kris; 1900-1957）及舊金山的席格菲德．伯恩菲德（Sigfreid Bernfeld; 1892-1953），雖有心搜集資料，但也都垂垂老矣。佛洛伊德家人考慮再三，最後終於同意把這個重責交付給瓊思。接到這個任務，瓊思的第一件要務就是趕快去與時日無多的佛洛伊德夫人瑪莎作訪談。他從她那裡果然得知許多以前所不知道的生活點滴，包括她與佛洛伊德從相識到結婚之間那四年裡，他們交往的細節。等到他把完成的第一章草稿交給安娜鑒定時，安娜看完大為感動，至此才把四千多封她父母親當年所寫的信件也交待給他。瓊思從此得以詳閱所有安娜收藏的種種文件書稿，工作就做得愈來愈起勁了。

這本鉅著分成三部，每一部都長達五百多頁。第一部《少年佛洛伊德——1856-1900》於一九五三年出版，初刷一萬本在兩個星期之內銷售一空，印刷廠措手不及，急忙大量收購紙張，應付後續需要，真可謂「洛陽紙貴」。瓊思把這本書題獻給安娜．佛洛伊德，在序言裡他特別提到兩件事：開宗明義，他首先就說「這本書佛洛伊德是不會同意出版的。」因為，二十八歲的佛洛伊德在一封寫給瑪莎的信裡，就已經提到他把自己從小到大的所有的日記、文稿、筆記、信件，全部銷毀了（他們之間的信件除外）。他說這是因為，「有一天許多傳記作家會要上天入地去找資料，想要瞭解一個英雄如何誕生。我要讓他們疑雲叢生，找不到答案。」

瓊思接著說，他需要坦白承認，他自己其實在初識佛洛伊德之前就已經對他有強烈的英雄崇拜了！所以他這本傳記是否公正無私，或者有許多歌頌阿諛之處，只有由讀者自己去判斷。這的確沒錯，他在有些地方難免是會「為賢者諱」的。當然在牽涉到他自己的時候，他對自己也總是比較寬容的。

第一部的成功使瓊思寫得更起勁了。第二部《成熟的歲月——1909-1919》緊接著在一九五五年出版，再兩年後，瓊思過世前一年，第三部《最後的日子——1919-1939》也出版了。這兩本書同樣地賣座、暢銷。瓊思最後的歲月，儘管病痛纏身，卻依舊興致勃勃，不肯服老，四處演說。一口氣讀完他的第三部書，已是成名劇作家及小說家的瓊思的大兒子忍不住寫信跟他說：「我服了你。你的書專家看得津津有味，一般大眾也可以讀得出神，真是雅俗共賞。」做一個父親，能夠得到子女這樣的讚賞，應該可以說是瓊思晚年最大的慰藉吧！

淒涼絢麗的人生——「客體關係理論」鼻祖梅蘭妮・克萊恩

筆者在一九七四年出國前，從沒有聽過梅蘭妮・克萊恩（Melanie Klein; 1882-1960）這個名字。第一次知道歷史上有這個人的存在，想必是在西雅圖擔任住院醫師時，心理治療課程裡有一整季完全在討論「客體關係理論」（Object Relations Theory）。我打從一開始就對object這個詞頗有反感，因為那時在我學到的英語裡，object是被翻譯成「物」的。為什麼明明講的是最親密的關係，卻硬要將之說成對「物」的關係呢？沒想到再接下來，卻就碰到克萊恩的主要理論「妄想－類分裂位置」（paranoid-schizoid position）與「憂鬱位置」（depressive position）了。誰能相信嬰兒出生的頭六個月裡會恐懼被殘殺、被消融掉呢？誰又能一口咬定，我們人人從六個月大以後就得不停地在絕望中掙扎呢？克萊恩謀殺了快樂的童年。難怪她主張每個小孩都需要「預防性」精神分析！她難道不是個貨真價實的瘋子嗎？

沒想到此後四十年，隨時一轉身就硬是會看到克萊恩的身影。病房裡那些花樣層出不窮、今天把你捧上天，明天就把你當成惡魔的「邊緣性」人格違常（borderline personality disorder）病人，用的正是克萊恩首先發現的「投射認同」（projective identification）的伎倆。治療團隊成員爭執不休，也常是因為他們反映了病人分裂了的心智狀態；而這樣的洞見都可以溯源至克萊恩。影響深遠的「依附理論」（attachment theory）的創始人鮑比及以創造「過渡客體」（transitional object）與「夠好的媽媽」（the good enough mother）等而出名的溫尼考特〔註一〕都曾是她的學生。於是我對克萊恩開始有一份尊重。最近因為寫〈當佛洛依德遇上蒂凡妮〉〔註二〕，才開始對這位與安娜・佛洛伊德各佔鰲頭，同被推譽為兒童精神分析學創始人的克萊恩的生平〔註三、註四〕及其思想的脈絡比較有一點理解。這篇文章想要表達的就是我在這方面的一些想必還是相當偏頗的一己之見。

虛擲的青春

克萊恩在一八八二年出生於維也納一個猶太人家庭。她是家中的老么，上有兩個姊姊

註一 羅伯・洛德曼著，吳建芝、簡意玲、劉書岑譯，《溫尼考特這個人》，臺北：心靈工坊，二〇一〇。（F. Robert Rodman, *Winnicott: Life and Work*. Perseus Books Group, 2004.）

註二 請參考本書第一四六頁〈當佛洛伊德遇上蒂凡妮——安娜・佛洛伊德與兒童精神分析學源起〉。

註三 Phyllis Grosskurth, *Melanie Klein: Her World and Her Work*. *Alfred A. Knopf*, New York, 1986.

註四 茱麗亞・西格爾著，陳逸群譯，《克萊恩：兒童精神分析之母》，臺北：生命潛能文化，二〇〇一。（Julia Segal, *Melanie Klein*. London, Sage, 1992.）

（一八七六年生的艾米麗〔Emilie〕與一八七八年生的席多妮〔Sidonie〕）及一個哥哥艾曼紐（Emmanuel，生於一八七七年）。她出生的時候，父親莫利茲（Moriz Reizes）已經五十三歲，母親莉貝莎（Libussa Deutsch）則才二十九歲。莫利茲是一位來自波蘭的開業醫師，四十七歲時才遇上由斯洛伐克到維也納作客、時年二十三歲的莉貝莎。莫利茲雖然才高八斗、會說十國語言，但事業似乎並不怎麼成功。他在奧地利顯然拿不到醫師執照，只得開一個小小的牙科診所，逼得莉貝莎不得不另外開一家小雜貨店，兼賣花卉植物乃至「令人噁心」的爬蟲類動物，貼補家用。生計困難之外，他們一家人也一直籠罩在疾病的陰影下。克萊恩四歲時，非常照顧她的二姊席多妮久病過世。克萊恩哀痛之餘，不免同時也期待父母親會因此給她比較多的注意，可是他們似乎反而更加疏遠。從此，家裡唯一與她較親近的，就只剩下長她六歲的大哥艾曼紐。

但是艾曼紐卻在十二歲時染上猩紅熱，引發風濕性心臟病，從此自暴自棄、頹唐墮落。雖然他憑著聰明才智進入醫學院，卻日以繼夜過著波西米亞式的生活，酗酒、吸毒、賭博、拐誘良家婦女。溺愛他的母親，四處舉債，把他送到義大利，長期避風頭。父親莫利茲在一九〇〇年過世時，艾曼紐貧病交加，人生也差不多走到了盡頭。至此克萊恩母親莉貝莎唯一的寄望，就是她剩下的兩個女兒。幸好克萊恩與她的大姊艾米麗都長得十分的漂亮，得到許多年輕有為的男士的垂青。艾米麗不久嫁給一位牙科醫師，接續了莫利茲的診所，倒也做得有聲有色（他後來替佛洛伊德做假牙，也得以跟著他同時逃離納粹控制下的維也納）。克萊恩也差不多就在這個時候遇到遠房表哥亞瑟．克萊恩（Arthur Klein），一位非常認真、傑出的化學工程系學生。或許因為周遭再也找不到比亞瑟更有前景的追求者，克萊恩很快就決定與他訂婚，進大學習醫的想法也就被放在一邊了。

訂婚之後，亞瑟得到美國大學的獎學金，隻身赴美，婚期一延再延。等到一九〇二年底亞瑟學成歸來，終於開始籌備婚禮時，哥哥艾曼紐的病情卻又急速惡化，最後可能因為嗎啡過量而客死於熱納亞（Genoa）的一個小旅館裡。亞瑟趕過去處理後事，也帶回來一整箱艾曼紐從未發表的詩文遺稿，數年後由克萊恩整理出版。雖然日後克萊恩對亞瑟多有怨言，但她對亞瑟搶救書稿一事則一直心存感激。

艾曼紐帶給克萊恩的這個「結婚禮物」，實在是有千斤壓頂之重，克萊恩的婚姻也就註定了在愁雲慘霧中開始。婚後一年她生了老大米麗塔．施米德堡－克萊恩（Melitta Schmideberg-Klein; 1904-1982），再三年後又生了老二漢斯．克萊恩（Hans Klein; 1907-1934）。亞瑟工作表現優異，迅速晉升。不幸他任職的工廠都座落於鄉間小鎮，又因工作的需要，得常常出差，克萊恩一個人被困在家裡帶兩個嬰兒，還不時要張羅宴客、迎來送往，鬱悶可知。覺得快被淹沒的克萊恩向母親求救，精力充沛的莉貝莎欣然就道，完全接管，幹得有聲有色，讓克萊恩可以常常去療養院靜養，但是同時也讓她覺得愈來愈無能、愈不知道自己的角色了。克萊恩愈沒自信、愈憂鬱，就愈需要母親幫忙，但是又放心不下，覺得母親說的比做的多，又總是袒護亞瑟，常常指責她是個不盡責的、失敗的家庭主婦。她們母女之間的關係變得愈來愈複雜、緊張，後來發展到幾乎水火不容的地步。幸好一九一〇年亞瑟調職到大城布達佩斯附近，莉貝莎又因為克萊恩的姊姊艾米麗「更需要」母親的幫忙而回到維也納，克萊恩的心情及婚姻關係才比較穩定下來。克萊恩喜歡城市生活，又結交了幾個志同道合的朋友，開始有一些歡樂的時光。

但是「好景不常」，一九一三年她發現自己又懷孕了，而就在這時候母親莉貝莎卻得了癌症，日益衰弱。克萊恩的老三艾力克（Erich）才出世四個月莉貝莎就去世了。克萊恩一向與母親有那麼多複雜的情仇恩怨，母親的倏然消逝使她再度瀕臨崩潰，大概也因此而開始接受法郎克齊的精神分析治療。

三十而志於學

三十二歲的克萊恩在一九一四年與法郎克齊的相遇，可以說是她一生中最重要的一個轉捩點。是時阿德勒與榮格才率眾叛離佛洛伊德不久，精神分析運動身受重創，布達佩斯的法郎克齊、柏林的亞伯拉罕及倫敦的瓊思成為佛洛伊德最忠實的門徒。在法郎克齊的領導下，匈牙利精神分析學會迅速發展、朝氣蓬勃。那時四十出頭的法郎克齊精力充沛、熱情如火、和藹可親。從法郎克齊那裡，克萊恩不但得到了情感的依靠，也培養出對精神分析學的熱情。在法郎克齊的鼓勵下，她開始閱讀佛洛伊德的書籍，並開始觀察、分析她自己才三歲大的老三艾力克。她很快就發現，這世界果然充滿了潛意識，而幼兒雖然也許不怎麼會運用語言做自由聯想，他們的遊戲裡其實充滿了無盡的、千奇百怪的幻想〔註五〕。山丘當成乳房、巨石看作陽具，自是不在話下。更可怕的是，他們實在有太多看似無源無由的恐懼了。他們怕被丟掉、吃掉、剁成塊塊、彷彿掉進無底洞內。

這麼無邊無際的恐懼、焦慮，到底是從什麼地方冒出來的？依照佛洛伊德的理論，兒童的焦慮源自「伊底帕斯情結」。在三到六歲的「性蕾期」（phallic stage），男孩因為想要獨佔母親（戀母）而有要排除父親（弒父）的念頭，由是引發了被閹割的恐懼，以及潛抑的需要，由此而發展出用來監控、壓制原始衝動的「超我」（superego），以及隨之而來的罪惡感。這個過程如果出了問題，就有可能造成看似沒來由的焦慮。例如在佛洛伊德出名的案例「小漢斯」裡，五歲的漢斯之所以怕馬，其實是怕父親的報復，而他之所以怕父親，則是因為他心裡暗藏著要取代父親的衝動。

但是佛洛伊德從成人病人的記憶裡重建出來的伊底帕斯情結發生在四、五歲之後，克萊恩卻根據她的直接觀察，把兒童焦慮問題的年齡一路往前推，一直到出生的頭一年，堅持她這是延伸佛洛伊德理論，順理成章。佛洛伊德急得跳腳，還沒有與伊底帕斯情結掙扎過的嬰兒怎麼可能有罪惡感呢？克萊恩說，這也並不是不能理解的吧！早在男孩把父親當成假想敵，女孩把母親作為競爭對象之前，母親就一直是嬰兒最重要的問題了。幾個月大的嬰兒一旦發現乳房與自己不是一

註五　在克萊恩的理論體系裡，幻想（phantasy）存在於潛意識，而空想（fantasy）則是範圍內的白日夢等。

體，不會隨喚隨到時，應該是會很震驚、很恐懼的吧！他們不會有要把乳房咬掉、吞掉、完全霸佔的慾望嗎？他們不會沒有隨之而來的，被乳房——母親報復、吞吃、消滅的恐懼嗎？這樣說來，小小孩並不必等到伊底帕斯情結出現時才會有罪惡感、內疚感的，他們老早就對母親愛恨交加、與母親糾纏不清了。是不是因為這樣，童話裡才會有那麼多諸如大野狼（裝成老婆婆）吞噬小紅帽、女巫把小孩放進鍋裡煮，乃至虎姑婆啃小孩骨頭的故事呢？

姑且不論這種種推論是否天馬行空、荒腔走板，克萊恩無疑是在精神分析發展史裡第一個把焦點從父親（父子衝突）轉移到母親（母嬰關係）的理論家。從現在的眼光回頭看，我們很難相信，在早期佛洛伊德的理論體系裡，母親的角色幾乎是完全隱而不顯的。而這其實一部分也是西方文明（以及其他主要文明體系）的父權傾向。在希臘——羅馬及猶太——基督教傳統裡，可以說差不多所有主要的角色都是男性。也許正因如此，克萊恩的想法，很快就得到許多女性學者的呼應。她後來被尊稱為「精神分析學」之母，應該是可以當之無愧的（註六、註七）。

四十而立

在法郎克齊的鼓勵下，克萊恩開始把她的想法和經驗寫成文章，終於在一九一九年被認證為正牌的精神分析師，正式成為匈牙利精神分析學會的會員。可惜就在那個時候，匈牙利的政治局勢急劇變動，共產黨奪權專政，引來右派反動勢力反撲，帶來白色恐怖與排猶運動。猶太裔精神分析師紛紛走避，匈牙利精神分析學會煙消雲散。克萊恩帶著子女暫住斯洛伐克的亞瑟父母家，亞瑟則在瑞典找到新工作，隻身赴任。一九二〇年克萊恩在海牙（The Hague）認識柏林的亞柏拉罕醫師，隨即搬到柏林，加入其時正在蓬勃發展的柏林精神分析學會，接受亞柏拉罕的分析，也開始分析學會裡同事的小孩。沒有想到一九二五年底亞柏拉罕忽然罹病亡故，克萊恩頓失倚靠。同時在這一年裡，她也與一位小她九歲的已婚記者克羅賽（C.Z. Kloetzel）經歷了一場轟轟烈烈、沒有結局的戀愛。至此，克萊恩在事業、感情兩方面都陷入了窘境，不得不想辦法另起爐灶。

正好那時候許多英國的精神分析師也在柏林受訓。其中亞莉絲・史翠琪（Alix Strachey; 1892-1973）〔註八〕對克萊恩的理論尤其著迷，在許多寫給她的先生詹姆士・史翠琪（James Strachey; 1887-1967）〔註九〕及瓊思醫師的信裡，力薦克萊恩。經由瓊思的出面邀請，克萊恩在一九二五年夏天到倫敦做一系列的演講，受到熱烈的歡迎。隔年她就帶了她的三個小孩，從柏林

註六　Janet Sayers, *Mothers of Psychoanalysis: Helen Deutsch, Karen Horney, Anna Freud, and Melanie Klein*. New York, W. W. Norton & Company, 1993.

註七　Joseph Schwartz, *Cassandra's Daughter: A History of Psychoanalysis*. New York, Viking, 1999.

註八　亞莉絲・史翠琪是一位生於美國、長於英國的精神分析師，與其夫詹姆士・史翠琪共同翻譯佛洛伊德全集。

註九　詹姆士・史翠琪是一位英國的精神分析師，以主編英文版佛洛伊德全集揚名於世。

搬到倫敦，定居了下來。瓊思率先把自己的子女與太太帶來給克萊恩分析治療，其他同事也就依樣學樣，蔚為風氣。

與歐陸迴異的是，英國那一代的精神分析師，如史翠琪夫婦、黎偉業，大多出身貴族階級，不是猶太裔，而且女性偏多。她（他）們雖然陸續到維也納、柏林、布達佩斯、蘇黎世取經，終究還只是比較短暫的接觸，又夾雜了那麼一點語言、文化的隔閡，終不免有隔靴搔癢之憾。現在來了一位生長於維也納，又在布達佩斯與柏林長期受法郎克齊及亞伯拉罕調教的克萊恩，自然如獲至寶。克萊恩在兒童精神分析方面的開拓工作，以及她對嬰幼兒期母嬰關係的探索，更讓她們覺得於我心有戚戚焉。不久，許多英國精神分析師就成了克萊恩的信徒或支持者。

正好也就在這一九二〇年代，小學教師出身的安娜．佛洛伊德結束了她與其父的分析，也分頭開始在發展兒童精神分析。不同於克萊恩，安娜認為兒童心智尚未成熟，不宜直接進入分析，而應先有一長段時間做準備的工作，先建立正向關係，來作為治療的基礎。安娜謹守其父的理念，認為嬰兒心智狀態的特徵是自戀、是追求單純慾望的滿足，心裡不可能有種種克萊恩所描述的衝突。克萊恩反唇相譏，說安娜只有分析「潛伏期」孩童（六至十二歲）的經驗，沒有資格談嬰兒的心理。佛洛伊德表面上保持中立，私底下對克萊恩愈來愈不滿，連帶也開始質疑瓊思偏袒克萊恩（例如瓊思在其主編的英文期刊儘速登載克萊恩的文章，而忽略了安娜的作品）。他們最後協議倫敦與維也納兩邊每年互派學者去另一方講解、溝通，避免爭執繼續白熱化。

禍起蕭牆

雖然生長在富裕的家庭，但因父母長期婚姻不合，又經常東遷西徙，克萊恩的三個子女的成長過程，想必相當辛苦。她的女兒米麗塔小時候上匈牙利學校，十五歲時轉學到講斯洛伐克語的學校，兩年後居然還順利畢業，並以優秀的成績進入柏林大學習醫，想必天資聰穎。在柏林，課餘時米麗塔經常跟著母親出入精神分析學會的活動，不久結識英俊活躍的華爾特・施米德堡（Walter Schmideberg; 1890-1954）〔註十〕，三年後結婚。米麗塔一九二七年醫學院畢業後往來於倫敦與柏林，到一九三二年終於與華爾特一起搬到倫敦定居。他們和克萊恩起初還一起合買了輛車子四處觀光，但是這「三人行」延續不到一年就搞砸了。米麗塔寫了一封正式的信要求買斷克萊恩名份下車子的產權，繼之以另一封言詞激烈的公開信，控訴母親干擾她的生活，揭露克萊恩的一些早期的論文是用她自己的子女做個案，日後還千方百計硬要掩飾這個事實。

註十　華爾特出身維也納名門，年紀輕輕就已是奧匈帝國一個精銳部隊的上尉連長。他因為喜好心理學，在第一次世界大戰期間結識時為軍醫的艾亭恭，從而成為法郎克齊與佛洛伊德的好友與學生，在戰爭期間時常往返於布達佩斯與維也納，傳遞信件，也為佛洛伊德運送食物補給。華爾特一直有嚴重的酒癮問題。他在一九三〇年間與米麗塔在離婚後，與美國詩人希爾達・杜利特爾（Hilda Doolittle）及杜利特爾的女友薇妮弗瑞德・艾勒曼・布萊爾（Winifred Ellerman Bryher）長住瑞士。布萊爾在二戰期間協助許多猶太裔分析師逃離納粹的魔掌。

那一年對克萊恩來說還真是禍不單行。先是她情之所鍾、時或會來找她的克羅賽移民到巴勒斯坦，就此永別了。過了一年，她才二十七歲的大兒子漢斯在奧地利爬山時失足掉下懸崖身亡。米麗塔斷言他是自殺，宣稱母親對他們三姊弟自童年起的長期忽略與心理虐待，就是漢斯的死因。克萊恩拒絕奔喪，聲稱如果她去參加葬禮，會被孩子的父親（已再婚）騷擾。

就在這樣淒風苦雨的情境下，克萊恩對失落、哀悼、憂鬱的想法，逐漸成型。她回想她的半生，幾乎一直不斷地在與失落與哀悼掙扎。漢斯與克羅賽的失去激起她對哥哥艾曼紐的想念，米麗塔的憤怒勾引起她當年對母親莉貝莎複雜的感情，而所有這些歸根究柢，應是以嬰兒斷奶之時的感受為原型。她由此發展出她的「憂鬱心智位置」的概念。她不用「階段」而用心智狀態來命名，正因為人的一生都會不斷進出於這個位置。每次的失落，引來憤怒、攻擊、破壞的衝動，隨之而來的，則是罪疚與修復傷害的需要與努力。這就是「自體」（self）與「客體」（object）之間的張力。面對、處理這憂鬱心智位置，就是人生裡非常重要的挑戰了！

兩個女人的戰爭

克萊恩與安娜．佛洛伊德之間的「恐怖平衡」在一九三八年佛洛伊德一家人以及不少其他分析師避難到倫敦時就沒辦法繼續維持下去了。在學會裡，安娜及其他新近來自維也納的分析師們以正統佛洛伊德傳人自居，稱克萊恩的支持者為克萊恩派。但是安娜一行人到底初來乍到，開始時還比較忍讓。倫敦大轟炸開始之後，多數英國分析師，包括十多年前就到英國、已經歸化入籍的克萊恩，都紛紛走避鄉間（克萊恩一路跑到北蘇格蘭）。但是新近從德語地區來的人，「身分未明」，被限制不准離開倫敦。結果學會開會時維也納來的人常佔多數，安娜的影響力日增。克萊恩看到這個情形，不再顧忌德軍的轟炸，急忙回倫敦召集死黨，籌劃戰略。她們爭奪的重點是訓練委員會，兩人互相較勁，意圖把對方趕出學會，去自立門戶（也就是「自生自滅」）。這場「兩個女人的戰爭」延燒一年有餘，歷經四場大會，直到會長瓊思心臟病發作、副會長艾德華・葛洛佛（Edward G. Glover; 1888-1972）〔註一一〕請辭、溫尼考特等「中間派」人士精疲力竭之後，才勉強休兵，達成所謂的「君子協約」（Gentlemen's Agreement；其實是「貴夫人協約」，The Ladies' Agreement）：從此各自招徒授課。在世界其他各地，這「女人戰爭」的歷史，較少為人知。「克萊恩學派」常被等同於「客體關係理論」，也減少了不少火藥氣味。

註一一　葛洛佛是一位來自蘇格蘭的英國精神分析師。他與其英年早逝的大哥詹姆士・葛洛佛（James Glover; 1882-1926）曾在柏林從學於亞伯拉罕。葛洛佛早年為瓊思的左右手，一起促成克萊恩移居英國。一九三〇年他開始處處與克萊恩為敵，後來憤而脫離英國精神分析學會，直接成為國際精神分析學會的個人會員，其後又成為犯罪心理學權威。他有一個唐氏症的女兒，對她照顧無微不至。

做人的代價

但是創造出「客體」這一名詞的「始作俑者」，其實不是克萊恩，而是孤處於蘇格蘭愛丁堡的羅納德．費爾邦（Ronald Fairbairn; 1889-1962）〔註一二〕。費爾邦似乎沒有什麼特別的師承，可以說是個自學的精神分析師，所以也就比較沒有「傳統」的包袱。他不相信人只單純是原慾的奴隸，註定要在「快樂原則」（尋求慾望的滿足）與「現實原則」（社會的要求）之間做夾心餅乾。人從一出生汲汲營營的就是要營造、維持與他人（「客體」）的關係。循著這個思路，約翰．鮑比指出「依附關係」的演化論基礎。嬰兒對依附的渴望，遠超過其他「基本」需求（例如溫飽、「口慾」快感的滿足等）〔註一三〕。那麼這依附關係如何形成呢（嬰兒如何與其母親或特定的照顧者建立特別的關係）？費爾邦設想這其中有一個內射（introjection）的過程，在這過程裡，「外在客體」被轉化為「內在客體」。但是在人類嬰幼年的心智發展裡，這內化是漸進的、多層次的，最起先所內射的應該只是片段的「部分客體」（如乳房或奶瓶）。這些部分客體又與愉快或痛苦的經驗、記憶相聯結，如此逐漸拼湊出一個心智圖案。

但是人之所以為人的最大的特徵是他能意識到自己的存在，而這個自我的意識還需要有相當程度的統合、整體的感覺（這或許就可以說是所謂「自體」〔self〕的一個定義）。但是沉澱在人心深處，可能互有衝突的「部分客體」（比如說克萊恩常提的「好乳房」與「壞乳房」），常會威脅這自體的整體性。費爾邦認為，這就是「潛抑作用」派上用場的時候了。但是如果這個過程出了問題（費爾邦認為這常是由於嬰兒的依附需求沒有得到適當的回報），自我（ego；他們當時還是用「自我」，自體的概念尚未成形）就有可能裂解，成妄想－幻覺（如聽到罵自己的聲音）及精神分裂的根源。

克萊恩隨即把這個想法發揚光大。她將之稱為「妄想－類分裂心智位置」（paranoid-schizoid position），把它放在「憂鬱心智位置」之前。在這更原始的心智狀態裡，嬰兒／病人把「全好」（理想化）或「全壞」的影像投射到「客體」上面，相信這客體要不就是天使，要不就是惡魔。這常導致客體去扮演被投射過的角色，造成互為因果的惡性循環。她把這個現象叫作「投射認同」。這個現在大家耳熟能詳的概念，多年來不但對我們對邊緣性人格、自戀性人格的瞭解與處置貢獻至大，也幫助我們瞭解伴侶、親屬乃至團體互動的關係。

戰鬥到最後一刻

從二次戰後到一九六〇年她過世為止，克萊恩人生的最後十五年依然精彩。她在英國的學生

註一二　John D. Sutherland, *Fairbairn's Journey into the Interior*. London, Free Association Books, 1989.

註一三　林克明，〈獼猴的好學生——心理學家哈利・哈洛（Harry Harlow; 1905-1981）博士〉，當代醫學，40（3），2013年3月。

愈來愈多，影響力歷久不衰。儘管因為她的愛恨分明、霸道橫行（開會總是佔用別人的時間）、睚眥必報的性格使她常常與人鬧翻（不只是鮑比，最後竟然連稟性溫和的溫尼考特她也容不下），但是她總是還有那麼多信徒對她心服口服。討厭她的人，避她唯恐不及。蘇格蘭出身的存在主義精神科醫師連恩（R.D. Laing; 1927-1989），就曾說過他做學生時幸好克萊恩太忙，沒有時間整他；又說：「真幸運她不是我媽。」

一九六〇年春，克萊恩開始常常覺得很累，被發現有貧血。她想對抗疲勞最好的方法就是去瑞士阿爾卑斯山巔看風景、呼吸新鮮的空氣。她就自己一個人千里跋涉，到了可以仰望白朗峰（Mt. Blanc），俯瞰隆河（Rhone River）的滑雪勝地歐隆地中海俱樂部（Villas-Su-Ollon）。等到她的學生伊瑟・畢克（Esther Bick）聽說她病重，趕到時她已奄奄一息。她被用飛機緊急送回英國，用救護車從機場接送到醫院後，才發現她已罹患大腸癌。雖然開刀還蠻順利，可是她因為不喜歡被護士管，硬是把她趕走，半夜起床跌斷了大腿骨，不久就離開了人世。

克萊恩的女兒米麗塔戰後就移居美國，一直未曾與媽媽和解，一有機會就攻擊她。克萊恩的葬禮那天，米麗塔正好在倫敦開會演講，衣裝鮮豔、大紅大綠，拒絕去觀禮。克萊恩的「第一個病人」，她的老三艾力克，雖然改姓換名（由Erich Klein 改為Eric Klyne），卻一直對她很好。克萊恩晚年每星期天不請自來，一定要去艾力克家吃飯、看她的三個孫子。她的媳婦有一次忍不住跟她說，她可以常來吃飯、探望，但是不要不請自來。克萊恩聽而不聞，我行我素。她與孫子們關係倒是非常的好。她的大孫子麥克有一天跟她說，他長大後要像奶奶一樣做精神分析師。她很嚴肅地告訴他，他還有一些心理問題需要克服，恐怕不適合做分析師，可是他可以是個非常優秀的科學家。日後麥克果真成為一位傑出的核子物理學者，獲獎無數。在克萊恩葬禮裡哭得最傷心的，就是孫子麥克與他的弟弟妹妹。從他們身上看來，克萊恩到底終究是一個非常成功的兒童心理學家！

當佛洛伊德遇上蒂凡妮——

安娜・佛洛伊德與兒童精神分析學源起

佛洛伊德派的精神分析學真正對兒童的治療發生興趣，可以說主要是始於佛洛伊德最小的女兒，安娜・佛洛伊德（Ann Freud; 1895-1982）〔註一〕。最近因為閱讀有關艾瑞克・艾瑞克森〔註二〕的事跡，從而得知安娜正是引導艾瑞克森進入精神分析學領域的第一人，也才有機會比較瞭解她一生的來龍去脈。名人的子女難為，身為佛洛伊德的女兒，她何其幸運，也何其不幸。但是難能可貴的是，她在接受這個宿命的同時，畢竟沒有迷失自己，而能持續開創她自己的天地。她的成就與限制，引人注目，也引人深思。

醜小鴨變形記

生於一八九五年的安娜是家裡的老么，上有兩個姊姊、三個哥哥。她出生時正值佛洛伊德的「不惑」之年，他有關精神分析的處女作《論歇斯底里》才剛出版，頗獲好評。也差不多就在那個時候，不知何故，佛洛伊德與其妻瑪莎的關係發生微妙的變化，兩人開始「相敬如賓」，罕有親密關係。安娜的到來，似乎純屬意外。佛洛伊德對這最小的孩子不是男生也頗有微詞。瑪莎則罹患產後憂鬱症，拋下嬰兒獨自遠行度假兩個月，安娜從小由褓姆約瑟芬養大。大姊瑪蒂達（Mathilde; 1887-1978）從小喜愛家事女紅，最得母親瑪莎的歡心。大她兩歲的二姊蘇菲（Sophie; 1893-1920）則非常美麗，也很會裝扮自己，處處受人注意。安娜自認為是家裡眾天鵝裡的一隻醜小鴨，只能在調皮搗蛋時才偶爾引來父親的注意。

在安娜的童年記憶裡，她無論如何努力也得不到母親的歡心。她分外地嫉妒蘇菲，經常跟她吵架，愈吵就愈討人厭。她「退而求其次」，把注意力放到父親身上，漸漸發現，討好父親最有效的途徑，就是去閱讀他的著作，用她的「奮發上進」來得到父親的讚賞。安娜成了佛洛伊德的「跟屁蟲」，愈來愈常隨著他參加種種會議，甚至在他會見賓客時也隨侍在側。安娜後來說，正是這一些從小的接觸，讓她學會了多國語言。

但是到了青春期，安娜終於碰到了瓶頸。她沒有辦法克制自己的性幻想與手淫的衝動。在她的幻想裡，她變成一個英俊的男孩，被一個中年騎士關在地窖裡，時不時抓出來百般凌辱，但是也時常給他關愛。她無法克制這些幻想與衝動，罹患了嚴重的憂鬱與厭食症，體重急速下降、月

註一　Elisabeth Young-Bruehl, *Anna Freud: A Biography*. New York, Summit Books, 1988.

註二　請參考本書第二二六頁〈甘地自甘地，路德自路德：流浪漢艾瑞克與心靈導師艾瑞克森〉。

經不再來潮〔註三〕。同時她與蘇菲的關係也更加惡化，到了水火不容的地步。好不容易熬到高中畢業，她的父母親急忙把她送到她在義大利的一個舅舅家調養，她的健康才終於漸漸稍有起色。

就在她這半被動的長期休假期間，蘇菲閃電結婚。安娜的雙親擔心她因嫉妒而更加憂鬱或行為失控，「命令」她繼續休假，不要參加婚禮。在這期間，安娜的家信逐漸從記述日常生活的瑣事轉變為她與父親討論她個人內心掙扎的管道。在這些信裡，她清楚表達她對父親的精神分析世界的認識與嚮往，並坦白陳述種種困擾她的問題，諸如手淫及種種性幻想，由此贏得父親愈來愈多的關注。等到她終於結束她六個月的「放逐」，回到維也納時，兩個姊姊已然出嫁，三個哥哥也都已上大學或被徵調入伍，週末才會偶爾回家，家裡只剩下安娜與三個「老人」——父母親及姨媽明娜．伯恩奈斯（Minna Bernays; 1865-1941）〔註四〕。少了勁敵蘇菲，安娜爭取父親關注的對手剩下她的兩個「媽媽」，一個早已退居幕後，另一個則逐漸為病痛所困擾、自顧不暇。佛洛伊德在家裡的生活起居，愈來愈倚重安娜。頗有自知之明的佛洛伊德，一方面時常擔心安娜與他之間的互相依賴愈陷愈深，怕她嫁不出去，也不時懷疑她有同性戀傾向，卻也時時不由自主地自擬於伊底帕斯王，而把安娜看成終生不嫁，始終守護失明的父親的安蒂岡妮（Antigone）〔註五〕。他也不時設想自己就像李爾王（King Lear），歷盡滄桑，到最後還是得依靠三女兒寇蒂莉亞（Cordelia）。然而擔心儘管擔心，一旦有人對安娜表達其愛慕之情，佛洛伊德總是或明或暗地表達他的不滿。安娜年輕的時候儘管不重衣著、害羞拘謹，到底還是秀外慧中、十分引人注目的。她的追求者中，包括由美國回奧探親的表哥艾德華．伯恩奈斯（Edward Bernays; 1891-

1995）〔註六〕、大哥馬丁・佛洛伊德（Martin Freud; 1889-1967）的同學漢斯・藍波（Hans Lampl; 1889-1958）〔註七〕、天才早慧的賽吉弗瑞德・伯恩菲爾德（Siegfried Bernfeld; 1892-1953）〔註八〕，以及瓊思醫師——佛洛伊德在英語世界的第一個代言人。除此之外，暗戀她的，可能還大有人在（例如奧古斯特・艾奇荷恩〔August Aichhorn; 1878-1949〕）〔註九〕。

註三　Doug Davis, Lost Girl. 二〇一二年十一月七日檢索，http://www.haverford.edu/psych/ddavis/annafreud.losing.html.

註四　明娜小佛洛伊德之妻瑪莎四歲，從小性向與其姊相反，活潑外向、敢做敢言。她在十七歲時與佛洛伊德的好友英納茲・尚伯格（Ignaz Schönberg）訂婚。英納茲專精梵文，一九八四年在維也納大學取得博士學位後任職於牛津印度研究院，正準備要接明娜去英國成婚時，卻發現自己有肺結核而堅持解除婚約，隔年逝世。明娜自此不再談婚嫁，工作也時做時輟。一八九六年她搬入佛洛伊德家，幫瑪莎理家之餘，也開始替佛洛伊德做文書編輯的工作，後來漸漸變成他閒時聊天打牌的夥伴，也常與他出遠門旅行。他們倆之間是否有真正的親密關係，是一個至今仍然爭議不休的議題。

註五　伊底帕斯王發現他自己的亂倫真象後，刺瞎自己的雙眼、捨棄王位四處流浪。他的女兒安蒂岡妮自願陪伴、照顧他，終其餘生。

註六　愛德華・伯恩奈斯是瑪莎的哥哥與佛洛伊德大妹（亦名安娜）的兒子。在他一歲時全家移民美國。他後來成為公共關係（public relations）及政治宣傳（propaganda）專家，被尊為公共關係之父。

註七　漢斯・藍波早年因獲佛洛伊德資助而能唸完醫學院。他畢業後繼續在維也納大學從事基礎醫學研究工作，到柏林時才接受精神分析訓練，並與荷蘭精神分析師琴安・迪・格魯特（Jeanne de Groot）結婚。他們後來移居荷蘭，開創該地的精神分析學。

註八　出生於東歐的賽吉弗瑞德・伯恩菲爾德，在一九一五年從維也納大學得到社會學博士學位。他在接受精神分析訓練的同時，也熱心參與教育及社會改革運動，試圖結合精神分析與馬克思主義，後移居美國舊金山。

註九　出身貧寒的奧古斯特・艾奇荷恩原本是學校老師，後來奉命設立專門為問題兒童而設的教育機構。他對整個奧國南部各地不同階級的青少年的語言腔調、動作、習俗，一清二楚，似乎總是不費吹灰之力就能與他們打成一片。他在一九二五一九一四年初夏，就在第一次世界大戰爆發的前夕，時年十八歲的安娜剛通過小學教師資格考試，趁著實習工作還沒開始之前，跨過海峽第一次到英國中南部探親（註十）兼旅遊，沒有想到站在港口拿著一大束鮮花來接她的正是時年三十五歲，尚未成家的瓊思。這之後整整兩個星期，瓊思丟下他的病人，每天帶著她遊遍英國南部的名勝古蹟，並隨時糾正她的英語。佛洛伊德聞訊大為震驚，急如熱鍋上的螞蟻，寫信分別警告瓊思及安娜，又找來曾與瓊思同居七年，也斷斷續續接受佛洛伊德治療的蘿琦，趕往英國去「保護」安娜。「幸好」就在此時，奧匈帝國已與英法諸國宣戰斷交，安娜趕上最後一班船，隨著撤退的奧地利使團途經直布羅陀、日內瓦回到維也納，佛洛伊德這才放下心來。他那時候也許還不知道，安娜從頭到尾，根本沒有想過要做瓊思夫人。她高興的是，在這一趟行程裡她有那麼多時間能與蘿琦朝夕相處。

從一九一五年到一九二〇年間，安娜當了五年的小學老師。她認真負責，對學生關懷備至，同時也賞罰分明，深得學生的愛戴與主管的讚賞。但是她真正有興趣的，還是跟她父親事業有關的工作。她幫他編輯學術刊物，也努力翻譯父親的同事及追隨者的論文（將英文作品翻為德文，也從德文譯成英文）。每星期三晚上的討論會她幾乎從不缺席，其他與精神分析學有關的演講、聚會，也處處有她的身影。因為「近水樓臺」，她一有疑問，馬上就可以從她的父親那裡得到最權威的答案。她雖然不是醫師，甚至連一張大學的文憑也沒有，但是這朝朝暮暮的耳濡目染，還是讓她逐漸蛻變成精通精神分析理論的專家。

但是她要如何成為一位「真正」的精神分析師呢？在那精神分析學草莽初闢的年代，條件似乎只有兩個：其一是要接受過分析，其二是要在正式學會發表論文。但是誰有這個膽子去分析大師的女兒呢？佛洛伊德有可能讓他的學生經由安娜的分析而得以檢視他家庭裡鉅細靡遺的隱私嗎？也許就是基於這樣的考量，佛洛伊德在一九一八年決定自己成為安娜的分析師。這分析一做就是四年，其成效在某個意義上應該可以說是相當成功的。開始分析之前，安娜是個內心充滿衝突、容易嫉妒、時常憂鬱、有厭食症傾向的女孩。分析結束時，她已蛻化為一位沉穩、平靜、意志堅定、人生方向明確、勇往直前、非常有自信的女人。她的目標簡單明瞭，就是「無私奉獻」（altruistic surrender），而奉獻的對象，就是她的父親，以及她父親的事業。佛洛伊德終於把他的女兒塑造成他的安蒂岡妮、他的寇蒂莉亞。這是他一直在擔心的一件事，但是應該也是他潛意識裡長久期望著的結局吧！

幾年之後，佛洛伊德的口腔癌以及其後一次又一次的手術，更加增添了佛洛伊德對安娜的依賴；他的癌症終於把他們父女倆死死地綁在一起。安娜上下打點，照顧佛洛伊德的生活起居，無

年出版的《迷失的青少年》（*Wayward Youth*）至今都還是這方面的重要參考書。安娜還是教師的時候時常跟著他去貧民區體驗、瞭解這些問題兒童的生活環境。由於安娜的鼓勵，他後來也加入維也納精神分析學會，還成為自體心理學（Self Psychology）大師漢斯・柯霍特（Heinz Kohut; 1913-1981）的啟蒙分析師。他在二次大戰期間持續暗中為精神科醫師提供精神分析訓練，並於戰後致力於重建維也納精神分析學會。到那時候他才道出他一直都迷戀著安娜。

註十　佛洛伊德的兩個同父異母兄長，伊曼紐・佛洛伊德（Emanuel Freud; 1833-1914）與菲利普・佛洛伊德（Philipp Freud; 1836-1911）及其家人都住在曼徹斯特（Manchester）。

微不至，一直到最後一刻，鞠躬盡瘁、無怨無悔。一九二四年佛洛伊德病情險惡，有一段時間徘徊於生死邊緣，嚇跑了追隨他將近二十年的蘭克心理師，維也納精神分析學會理事長出缺。安娜「臨危授命」，接任該職，大小事務處理得井井有條，化解了學會的領導危機。至此，安娜於公於私，都成了佛洛伊德無可取代的理想幫手，兩人的「共生結構」牢不可破。伊底帕斯王有他的安蒂岡妮，李爾王有他的寇蒂莉亞，佛洛伊德有他的安娜。他們都何其幸運。但是他們的女兒的「犧牲」是不是就是值得的呢？千古以來，沒有人能夠回答這個問題。正因為如此，我們也只有繼續同情她們的遭遇，著迷於她們的心路歷程。

最後的蒂凡妮

安娜到底是不是一位同性戀者？這個問題在學界裡一直爭辯不休，至今沒有定論。在那舉世皆視同性戀為病態或頹廢與罪惡的淵藪的時代，如果她真的是同性戀者，她的不曾「出櫃」是可以瞭解也值得同情的。從現有的資料看來，不管她是否曾有肉體上的同性關係，她對其同性摯友的用情之深，可以說是十分感人的。她對蘿琦的喜愛，已如前述。她與長她一輩的紅顏才女盧．安德烈－莎樂美（Lou Andreas-Salome; 1861-1937）〔註一一〕亦師亦友的情誼，持續將近三十年。儘管兩人行事風格相差十萬八千里，卻可謂生死至交。她與夏娃．羅森菲德（Eva Rosenfeld; 1892-1977）〔註一二〕情逾姊妹，前後八年（1924-1932）。安娜在寫給她的信上甚至說「妳就是我、我就是妳、我們是一體」。

但是如果有哪一個人稱得上是她的「終生伴侶」的話，這個人無疑就是陶若曦·蒂凡妮·柏林罕（Dorothy Tiffany Burlingham; 1891-1979）〔註一三〕。陶若曦是舉世知名的珠寶商及彩繪鑲嵌玻璃（stained glass）工藝大師路易·康福·蒂凡妮（Lois Comfort Tiffany; 1848-1933）最小的女兒，也是蒂凡妮家族億萬資產的繼承人之一。雖然生長在這麼一個難以想像地富裕的家庭，陶若曦的童年卻是相當淒慘的。出生才六個月，長她三歲的小姊姊安妮突然因猩紅熱逝世，母親長期憂鬱，她的奶媽又一天到晚拿她跟安妮做比較，讓她覺得她其實是個不受歡迎的醜小鴨，而且似乎必須承擔安妮去世的責任。到了十三歲的時候，她的母親因大腸癌過世，父親悲痛之餘，開始酗酒，沒有人照顧的陶若曦被送去寄宿學校。到了高三的最後一個學期，父親卻又因為其他年長

註一一　盧·安德烈—莎樂美是德裔俄人，生長於聖彼得堡。她一生筆耕不休，著作等身，又曾是哲學家尼采（Friedrich Wilhelm Nietzsche; 1844-1900）、詩人雷諾·瑪莉亞·里爾克（Rainer Maria Rilke; 1875-1926）等名人的情人，在當時的歐洲文藝界有很大的影響力。她在一九一二到一九一三年間專程到維也納接受精神分析訓練，之後在慕尼黑執業，一直與佛洛伊德等人有密切的來往。佛洛伊德非常看重她，早年也常請她教導安娜。

註一二　羅森菲德初因經濟需要收養寄宿孩童，由此而與安娜結識。安娜由此把一些外地來的兒童患者介紹到羅森菲德家寄宿。經由安娜的推薦，羅森菲德也得以被佛洛伊德接受為病人。後來她們以及陶若曦三人合辦的實驗學校，就蓋在她家的院子裡。她後來也遷居英國，在那裡又接受克萊恩的分析，被安娜視為叛徒，因而疏遠。

註一三　Michael John Burlingham, *Behind Glass: A Biography of Dorothy Tiffany Burlingham*. New York, Other Press, 2002 (paperback); originally published as *The Last Tiffany: A Biography of Dorothy Tiffany Burlingham*. New York, Atheneum, 1989 (hardcover).

的子女都已相繼成長離家，自己耐不住寂寞而叫陶若曦輟學回家。此後四年，陶若曦身陷於雕梁畫棟、富麗堂皇，直如凡爾賽皇宮的豪宅裡，日子就這樣無聲無息地銷蝕於無形。

把陶若曦從這豪奢得令人窒息的溫柔鄉裡解救出來的「白馬王子」，是一位長她三歲，英俊瀟灑、同樣出生於世家的醫學生羅伯．柏林罕（Robert Burlingham; 1888-1938）。他們幾經周折，不顧她父親的反對，終於在相識一年後成婚。雖然婚前柏林罕已有情緒不穩的跡象，陶若曦當時大概以為那正是他對她用情之深的表現。沒想到他們婚後，他卻繼續一年半載就發作一次，每次開始時他都是精力充沛、情緒高昂，但是沒幾天就急轉直下、掉到谷底。陶若曦以及柏林罕的父母起初總認為這只是因為醫學院功課太重、過度疲勞的結果。幾年之後，柏林罕的母親開始責怪陶若曦，認為兒子之所以一再生病，完全是陶若曦的過錯。柏林罕病情嚴重時常被母親帶回去照顧，但是病情好轉時他就又回去找陶若曦。等到四個小孩相繼出世，他們的病痛（尤其是老大的氣喘病）又成了她婆婆指責她的藉口。陶若曦無計可施，只好經常想盡理由帶著子女遠走高飛（例如有氣喘病的老大需要去氣候溫和、空氣新鮮的亞利桑那州調養）。但是小孩們並不知道柏林罕病情的嚴重性，他們想念父親沒病時的風趣及對他們的寵愛，常常不免責怪陶若曦剝奪了他們的父愛。

就在這上下夾攻、惶惶不可終日的時候，陶若曦從她的表兄嫂那裡開始接觸到精神分析學的概念，以及安娜．佛洛伊德在兒童精神分析方面的新發展。一九二五年表兄嫂動身去布達佩斯跟從法郎克齊學習精神分析術，陶若曦瞞著柏林罕，帶著四個小孩，與他們一起渡越大西洋。陶若曦先把子女安頓在瑞士的一間美語寄宿學校，隻身到維也納探訪安娜，希望安娜能用半年或頂多一年的時間治好大兒子的氣喘與行為問題（說謊與偷竊）。她來得正是時候：經過長達十年的摸索，三十歲的安娜已經打定主意獻身於父親的事業，不再有結婚生子的打算。陶若曦的出現，正好填補了安娜這無法發揮母愛的缺憾。她的四個小孩，很快地都成為安娜的病人。徬徨無依的陶若曦有了安娜的撐腰，生活日漸篤定。安娜對他們母子的關懷，鉅細靡遺。她們愈來愈親近，不久就幾乎像是一家人了。每逢週末，陶若曦用她那當時在歐洲依然罕見的福特T型大車，全家一起來接安娜與教授（佛洛伊德）到郊外看風景、採草莓。次年夏天，佛洛伊德一家人照例到風景如畫的塞墨靈（Semmering）度長假，陶若曦母子五人也就順理成章地跟著去了。在那裡，安娜教他們游泳、下棋、採蘑菇，晚上還為孩子們講生動有趣、令人神往的故事。陶若曦不但終於能夠鬆一口氣，也漸漸體會到「一家人」和樂相處的愉悅。

為了要「親自體驗」精神分析的功效，陶若曦也開始有她自己的治療。她的第一位治療師是後來移居美國、聲名大噪的心理學家西奧多·萊克（Theodor Reik; 1888-1969）〔註一四〕。但是已與大師親如家人的陶若曦大概不會是那麼容易打發的吧！所以應安娜之請，佛洛伊德不久就成為

註一四　西奧多·萊克於一九一二年在維也納大學完成心理學博士學位後，即跟隨佛洛伊德學習精神分析。他在一九三四年逃難到荷蘭，一九三八年移居美國。他的著作廣泛深入討論文學、宗教、犯罪學、心理治療技巧等重要議題。其中*Listening with the Third Ear*（1948）及*A Psychologist Looks at Love*（1944）二書尤為人所讚賞。

陶若曦的分析師了。他們日復一日的分析，持續了十二年，一直到佛洛伊德臨終時才結束，其間除了佛洛伊德屢次開刀的時候及復元期之外，幾無間斷。陶若曦童年所欠缺的父愛、母愛，也許因此而有所彌補。為了治療的需要，同時大約也反映了她日益加深的「一家人」的感覺，陶若曦的住家愈搬愈接近佛洛伊德在柏佳斯（Berggasse）街十九號的住所，最後終於搬進同一棟大樓。她把那五層樓裡的第四層買下來重新設計裝潢，添加了專用的樓梯，可以直抵二樓安娜與佛洛伊德的候診室，一方面方便全家人頻繁的就診，同時也讓他們隨時可以去安娜一家人的住所（也在二樓）造訪。

到了一九三〇年，陶若曦與安娜之間的關係又往前跨了一大步。那一年春，佛洛伊德的病情相對穩定，陶若曦買了一部戴姆勒（Daimler）頂級轎車，兩人一起到瑞士及義大利長途旅遊。歸來後，陶若曦在離維也納四十五分鐘車程一個山明水秀的鄉間買了一個佔地四畝的農莊，整修一新。兩人在那裡養雞養牛、營造園景、種植各類花卉蔬果。她們自耕自用、自給自足，甚至連衣服都是用自己織出來的布料裁剪縫製而成。她們兩家人經常同進同出、親密無間。看著這個情景，也難怪佛洛伊德會感慨地說，兩個家庭至此已的確是「共生共榮」（symbiosis）、難分難捨了。

遲遲吾行

「孔子之去齊，接淅而行；去魯，曰：『遲遲吾行也。』」——《孟子・萬章下》

一九三三年希特勒（Adolfo Hitler; 1889-1945）在德國奪權成功之後，併吞奧地利已是時間的問題，大多數的精神分析師、知識分子紛紛設法離開歐陸，佛洛伊德卻一直堅持要與維也納「共存亡」。他一廂情願地認定希特勒不足懼，擁有深厚文化傳統的奧地利人不會輕易屈服。他也開玩笑地說，奧地利納粹黨一定也像其他的奧地利人一樣地沒有效率，不成氣候。他低估了希特勒的意志力，不相信他會進犯、併吞奧地利。一九三八年早春，德國納粹軍隊不費一槍一彈，進駐奧國。佛洛伊德繼續拒絕逃亡，堅持死也要死在他的母國。陶若曦那時不幸肺結核發作，病情險惡。但是她依然奮不顧身，連絡遠在英國的瓊思醫師及法國的瑪麗・波拿巴公主（Princess Marie Bonaparte; 1882-1962）〔註一五〕告訴他們情勢的危急與佛洛伊德的頑固。她也動用關係，得

註一五　波拿巴公主是拿破崙一世（Napoleon Bonaparte; 1769-1821）的曾姪女，嫁給希臘與丹麥王國的喬治王子（Prince George of Greece and Denmark; 1869-1957）。她的外祖父是建造蒙特卡洛賭城的地產業大亨。波拿巴公主年輕時就對女性性高潮及性冷感問題極有興趣，並將其研究結果以假名於一九二四年成書出版。次年她開始從學於佛洛伊德，此後一直從事精神分析工作。她同時也是研究愛倫・坡（Edgar Allan Poe; 1809-1849）的專家。她是第一個將佛洛伊德的著作翻譯成法文的人，也是法國精神分析學會的創始者。

到美國大使館的暗中保護。沒過幾天，納粹黨徒便侵入精神分析出版社，逮走安娜的大哥馬丁，同時也闖入佛洛伊德的住宅，搜刮走所有的現金。一個星期後蓋世太保（Gestapo）再度光臨，抓走安娜。也許是因為房子旁停著一輛飄著星條旗的大使館禮車的關係，他們沒有直接騷擾佛洛伊德。安娜也在當天被釋回，沒有遭受酷刑，無需動用暗藏於衣服裡以備萬一的高劑量安眠藥。經過這麼多的折騰，佛洛伊德才終於勉強同意移居英倫。這個出逃的過程，自然是危機四伏的。佛洛伊德一家人幸得瓊思醫師、波拿巴公主及美國駐法大使威廉．布利特（William Bullitt; 1891-1967）〔註一六〕的協助，才有可能「過五關、斬六將」，一步步脫離險境。而這其中來來回回的折衝調度，一大部分必須歸功於纏綿病榻、奄奄一息的陶若曦。

這中間，陶若曦也遭到威脅，不得不搬到瑞士，繼續處理佛洛伊德及其家人出入境的繁複手續，其間還冒險回維也納去把安娜的姨媽明娜帶出來。納粹黨徒扣留佛洛伊德的文件、古董、藏書，需索無度。最後他們不得不請波拿巴公主出面替繳賄款，事情才有一個了結。這期間陶若曦每天與安娜通話，密切注意他們的進展，隨時準備應變，連大女兒在倫敦的婚禮都不肯去參加。等到六月初佛洛伊德一家人（以及管家、醫師）都安全抵達英國，陶若曦又能與安娜相聚的時候，她才發現，經過這麼一陣子的忙亂，她的肺結核居然緩解了許多。

佛洛伊德在英國稍微安頓之後，許多名人（如維吉尼亞．吳爾芙〔Virginia Wolfe; 1882-1941〕、薩爾瓦多．達利〔Salvador Dali; 1904-1989〕）相繼來訪，倫敦皇家學會（Royal Society of London）又及時盛情邀請他入會，讓佛洛伊德感覺非常欣慰。他說：「我幾乎都要大喊

『希特勒萬歲了！』」不久，安娜在倫敦北郊漢普斯戴（Hampstead）買下位於梅爾菲德花園（Maresfield Garden）二十號的獨棟樓房，由安娜的建築師三哥恩斯特．佛洛伊德（Ernst Freud）改建裝潢，讓其格局幾乎與他們在維也納的住處一模一樣，傢俱古董也都擺在同一個位置。此後一年多，佛洛伊德又挨過幾次手術，病情時好時壞，但是不管症狀如何地「痛徹心肺」，他還是繼續看他的病人，也寫完他最後的一本書《摩西與一神論》（Moses and Monotheism）。到了翌年（1939）九月，他終於心力交瘁，徵得安娜同意，請求他的私人醫師注射大量嗎啡，安詳辭世。

「真假公主」衣缽攻防戰

安娜移居英國後在事業上隨即受到嚴峻的挑戰。當時穩居英國精神分析學會會長的瓊思醫師雖然在協助她們一家人逃離納粹魔掌上費盡心力，但他忠誠的對象是佛洛伊德，並不怎麼把安娜看在眼裡。他也可能對安娜二十多年前拒絕他的愛慕之情仍然耿耿於懷。安娜那時在英國最大的「敵人」則是克萊恩。瓊思在一九二〇年初期結識克萊恩時，她仍默默無聞，獨自在布達佩斯及

註一六　布利特在一九二〇年代接受佛洛伊德的分析之後，兩人成為終生好友，並合著一本以精神分析學的角度探討美國第二十八任總統威爾遜（Woodrow Wilson; 1856-1924）心理的傳記，被公認為內容膚淺、立論偏頗，處處反映布利特因早年受威爾遜打壓而造成的怨怒。一生愛惜羽毛的佛洛伊德居然肯出名為他背書，足見兩人交情之深。

柏林發展她自己的兒童精神分析學。瓊思對她十分讚賞，說服她在一九二六年搬到英國，把自己的小孩都送給她分析，也積極引介她給他的英國同僚。此後數十年，克萊恩對英國精神分析界的影響至鉅。她的「客體關係」理論至今仍然是精神分析與心理治療理論裡極其重要的一環。克萊恩剛愎自用、獨斷獨行，可是同時也十分有其魅力與說服力。她把兒童心理發展衝突的重心從佛洛伊德的伊底帕斯情結（著重於孩童三至六歲時的父子衝突）向前回溯到兩歲前嬰兒與母體之間從「混同」到「分離」（從而形成自我存在的認識）的辛苦掙扎的歷程。母親難道不是比父親還重要嗎？她的理論直接挑戰佛洛伊德學說，但是她毫無疑慮地認為自己才是佛洛伊德真正的繼承人，她沒有反對他，她只是從他建立的基礎上進一步發揚光大。

比起克萊恩，安娜自然更有理由自認為是佛洛伊德的正統苗裔。基於對父親的敬愛，她賦予自己的職責是要從直接觀察與治療兒童的過程裡有系統地收集資料，來印證父親發展出來的「心－性」發展理論。她不能忍受克萊恩光憑著「天馬行空」式的想像，一巴掌就把佛洛伊德辛辛苦苦發展出來的伊底帕思情結推到一旁。她也對克萊恩把焦點幾乎完全放在「母子」的成對（dyad）關係上，極感不安。對照於克萊恩，安娜毋寧說是同時注重親子關係以及其他環境（學校、其他親人、文化、社會）的影響的。但是理論的分歧之外，單是因為兩人都自命為是兒童精神分析的始祖，就足以讓她們水火不容了。她們十數年的「隔空交火」，到了安娜也來到倫敦之後，就變成正面對決了。剛開始的時候，安娜因為初來乍到，諸事忍讓。但是到了討論兒童精神分析的訓練課程時（克萊恩相信兒童分析方法與成人類同，訓練應由成人開始，訓練結束後再從事兒童分析課程。安娜則認為這麼一來，等到訓練結束，分析師已垂垂老矣、難保童心，所以主張直接招收大學畢業生，訓練成為兒童治療師），衝突就一發不可收拾了。這中間又加上克萊恩的女兒米麗塔·施米德堡醫師（也是精神分析師）出面四處指陳作為克萊恩理論依據的最初兩個病例，其實就是她和她的弟弟，而兩人都因之受到傷害，她的弟弟還因此而自殺。瓊思會長左右為難，避居鄉間，一走了之。最後英國精神分析學會分裂成三派（兩個陣營之外加上「中間派」），延續迄今。

在這爭論不休的同時，二次大戰，尤其是德國空軍及導彈對英倫的常年轟炸，導致許多孩童的流離失所，甚至失怙失恃。為了因應這些孩童的需要，安娜與陶若曦創建了一所兼具養護、治療與研究的漢普斯戴戰時育嬰院。戰後她們又開辦了一家專門收容從集中營裡僥倖死裡逃生的孤兒。她們詳盡、長期的觀察，成為她們日後大量著作的泉源。她們記錄了戰爭給孩童帶來的身心傷害。這些小孩成長在無盡的恐懼與失落裡，承受一波又一波的打擊，每一個痛苦的經驗都可能帶來適應不良。但是比起與母親的離別（既使是暫時的分離），其他的困難就變得不那麼嚴重了。那麼完全沒有親人的孤兒怎麼辦呢？她們的資料也指出，這些孤兒如果幸而能有一位固定、長期的照顧者可以作為依靠的對象，他們的心理成長，就有可能較為健全。推而廣之，雖然從集中營倖存的孤兒在被救出之前並無成人的照顧，但是他們因被關在一起，「相濡以沫」，才會有那麼一絲的機會，繼續存活。這些觀察直接間接影響了發展心理學家鮑比醫師，對其日後提出的「依附理論」頗有貢獻。

有趣的是，從兩個完全不同的角度，安娜．佛洛伊德與克萊恩同時強調了母親對孩童發展的重要性，修正了佛洛伊德幾乎完全以父親為主的理論的侷限與偏差。也正因為如此，後來的學者才會把這兩個終生敵對的女人放在一起，並稱為「精神分析學之母」〔註一七〕。

愛到你不能呼吸

陶若曦的丈夫柏林罕在一九三七年耶誕節前夕突然決定再赴維也納，試圖勸說她離開已然籠罩於戰爭烏雲下的歐洲，回美好好調養、治療她愈趨嚴重的肺結核。陶若曦急忙派她的大兒子「包柏」小羅伯．柏林罕（"Bob" Robert Burlingham Jr.; 1915-1970）與大女兒「瑪碧」瑪莉．蒂凡妮．柏林罕－施米德爾（"Mabbie" Mary Tiffany Burlingham-Schmiderer; 1917-1974）趕到巴黎去阻擋他，不得其果。其後三個月他住在附近的旅館，每天一早就到柏佳斯街十九號報到，死賴活纏，陶若曦及四個子女都不堪其擾。到了翌年三月，陶若曦終於說服柏林罕帶他們已被麻省理工學院錄取的小兒子麥可．米基．柏林罕（Michael Michey Burlingham; 1921-）回美，同時也託他帶著她的X光影像及病歷去向他的胸腔科同事請教。柏林罕原來以為此行是「英雄救美」，可以帶來一家的團圓，沒想到又碰了一鼻子的灰，垂頭喪氣地回到紐約，憂鬱症隨及復發，連兩個月後瑪碧在倫敦的婚禮也都不能（或不願）參加。到了五月底，他病情益發嚴重，又不肯就醫，連續八、九天終夜不眠之後，竟在一個清晨從他十四層高的紐約豪宅一躍而下，結束了他的生命。

從現代醫學的角度來回顧柏林罕的一生，我們可以相當確定他羅患的正是反覆不已、頻繁復發的躁鬱症。細究之下，他這個病症的家族遺傳傾向其實非常明顯。長他五歲的姊姊畏縮怪僻、終生未嫁，五十四歲時「發瘋」住院，終其餘生。他的大阿姨也因情緒問題而無法適應日常生活。他的外祖父狄・衛特・勞倫斯（De Wit Lawrence）酗酒無度，在外祖母過世後不到半年就與一個來歷不明的法國寡婦同居，將累積數代的龐大家產揮霍殆盡，後來被他的兒子們送到巴黎去找神經學大師沙考，被診斷為羅患長期嚴重憂鬱症（melancholia）。照這樣看來，柏林罕的躁鬱症基因，應該是來自他母親那一邊。他母親來自美東最顯赫富裕的家族，數百年內人材輩出，不僅經商致富，也有許多人在藝術方面大有所成。他的家族史印證了近人研究的發現，指出躁鬱症與原創力（creativity）之間的關聯。躁鬱症患者的親屬裡，有許多人不但不曾生病，而且一生經常精力充沛、熱情洋溢。他們在政商文藝各方面，也就自然比較可能有其成就。即使是已患躁鬱症的患者，只要發病不那麼頻繁，或只有輕躁期，也可能生活得更多采多姿，或者對社會也能有許多貢獻。

但是精神疾病患者帶給家人的難題，常是災難性的。在醫療保險與社會福利尚未健全的年代，精神疾患照護的沉重負擔，常導致傾家蕩產。既使在柏林罕與蒂凡妮這樣的富裕人家，常年

註一七 Janet Sayers, *Mothers of Psychoanalysis: Helene Deutsch, Karen Horney, Anna Freud, Melanie Klein*. New York : W.W. Norton, 1991.

的壓力與衝突，最後還是演變成「妻離子散」。陶若曦選擇「逃難」到歐洲、依靠安娜、依靠精神分析，自然有她不得不然的苦衷。但是這依靠一旦演變成終生的依賴，或許就又會泛生出許多其他的問題。陶若曦的四個小孩，除了老么麥可之外，結局都十分淒涼。老大包柏成長為一個沒有定性、沒有主見的花花公子，一生不時變換工作，一有問題就回頭去向安娜求救。儘管氣喘病仍然不時發作，他的菸癮卻是愈來愈重。後來他開始出現躁鬱症的症狀，發作愈來愈頻繁，而酗酒無度的結果又使他的病情更加複雜。他愈沒自信，對安娜的依賴也就愈深。他從小因氣喘病而開始他精神分析的旅程，到了五十四歲時（還在接受安娜的精神分析當中），卻因氣喘引發心臟病而猝死（也有人猜測是自殺）。老二瑪碧也是一樣，生命中一遇到難題就往倫敦跑。包柏過世後四年，瑪碧的婚姻陷入低潮，她又「撤退」到倫敦她母親陶若曦與安娜的家。幾個月後，在狂喜與絕望之間不停擺盪的她，終於吞下大量的安眠藥，與世長辭。

包柏與瑪碧這兩個小孩當年遇到安娜到底是福是禍？四十年斷斷續續的精神分析對他們有幫助嗎？還是反而讓他們更為無助？證諸他們明顯的家族史，如果當時沒有「及時」治療，或許他們會更早發病也說不定。但是另一方面來說，如果他們沒有在那麼年輕的時候，就被「訓練」成凡事仰賴安娜，他們或者就較有可能自己尋找解決的方法。陶若曦的孫子麥克・柏林罕（包柏之子）在依據他與晚年的陶若曦訪談寫成的傳記裡，對安娜是頗有微詞的（註一八）。他總結柏林罕與佛洛伊德兩家三代的關係時說：「安娜為其父佛洛伊德及精神分析而活，陶若曦為安娜而活；陶若曦的子女為了得到母愛，只得繼續不斷地接受精神分析。」他又說他的小叔麥可年紀最小、也最少被分析，可卻是四兄妹裡最健康也最有作為的一位。這都是純屬偶然嗎？這樣的問題，恐怕是沒有人可以提供任何清楚的答案的。

但是從事後諸葛的角度看來，安娜對這些關係的處理上，是頗為失當的。她是個極度認真的人，一生不懈地想方設法，要去「改善」兒童的心理、改變他們的行為。而陶若曦這四個子女恰恰是她最早接觸的幾個「病人」。她在他們身上的投資太大了，她迫切需要他們「變好」。他們愈有問題，她就愈發努力。而她的努力又使他們更加依賴她。同時，我們也不難想像，安娜之所以很快就接納陶若曦，一部分原因正是因為她自己既然不打算生育，只有透過別人的子女來分享她的母愛。她如果要鞏固她與陶若曦的關係，也就勢必得攏絡陶若曦的子女。不管從哪一個面向看來，她都需要這些孩子們依賴她。這些移情作用（transference）與反移情作用（counter-transference）的威力，作為佛洛伊德傳人、潛意識專家的安娜，不可能會不知道。但是「自知之明」是多麼不容易的一回事啊！我們不見得能夠鐵口直斷，認定安娜如果能及早劃清界限、堅持轉介，包柏與瑪碧是否會有不同的結局；我們也不免婉惜，在那精神藥理學終於開始有突破性發展的年代，種種藥物（尤其是鋰鹽）已被確切證實對躁鬱症者有療效之時，包柏與瑪碧卻因沉浸於精神分析而錯失良機。但是「旁觀者清、當局者迷」，佛洛伊德之於安娜固然如此，安娜之於柏林罕一家人，也是這樣。大師們的「錯失」，成為後人的借鏡、後人的負面教育。「苟得其

註一八　同註一三。

情，則哀矜而勿喜」，我們或許不必、也不忍以「春秋責備賢者」的標準來看待這些往事。「瑕不掩瑜」，懷想先行者的事跡，我們在讚嘆他們的勇氣與洞見的同時，或許也可以試圖包容他們的軟弱與缺失。

永遠的佛洛伊德

一九五一年瑪莎．佛洛伊德過世，陶若曦隨即搬入梅爾菲德花園二十號，從此的的確確與安娜同住在一個屋簷下將近三十年。她們一起工作、生活、旅行，形影不離，後來還在英國南部海邊及愛爾蘭共同買了兩間度假別墅。安娜在英國雖然繼續受到克萊恩派的壓制，在世界各處（尤其是美國）則聲名大噪。她對於兒童心理、親子關係、監護權的處理、孤兒的養護等等的看法，合情合理、切中實際。沒有大學文憑的她，興高采烈地接受哈佛、哥倫比亞、法蘭克福等名校的榮譽博士學位。經過多年的躊躇，她也終於克服了她心裡的創傷，再度回到維也納。在那裡她受到盛大的歡迎，也得到了維也納大學博士學位的殊榮。與此同時，陶若曦也沒有閒著。她除了替安娜處理資料、文書、內外打點、共同寫作之外，還自己去研究不同的議題，諸如盲童的成長、雙生兒的心理等等，頗有創見。

但是她們兩人最大的挑戰與煩惱，則是如何去守護與佛洛伊德有關的資料、捍衛佛洛伊德的名聲。佛洛伊德一生與人書信不斷，實在太勤奮多產了。時過境遷，安娜認為這些書信中的許多細節，很容易被人斷章取義。因此安娜及其追隨者努力四處搜集散落各地的書信文件，延聘專家學者來負責整理、刪訂。但是佛洛伊德已成顯學，歷史學家最看重的正是原始資料的保存與共享，於是這緊張的關係就無法避免了。這種衝突早在一九三六年波拿巴公主購得佛洛伊德由一八八七年到一九〇四年間寫給他的摯交威漢・弗利斯的信件〔註一九〕，不肯遵照佛洛伊德的意思將之銷毀時，就已存在了。到了一九六〇年代，安娜與佛洛伊德檔案管理委員會找到一位剛從哈佛拿到歷史學博士學位、認真聰明的保羅・勞贊（Paul Roazen; 1936-2005）來幫忙，沒想到幾年後勞贊在與上百位曾與佛洛伊德有接觸過的老人訪談之後，又在「故紙堆」裡找到不少被安娜認為有損佛洛伊德形象的資料。勞贊的書一本一本問世，他自認為公正的史學觀點激怒了許多佛洛伊德的追隨者，也讓他們更覺得需要努力保護、整理他們所擁有的、浩瀚的檔案。到了一九七八年，他們終於找到了另外一位優秀的學者，傑佛瑞・梅森（Jeffrey Masson; 1941-）。梅森也是哈佛的博士，不過他學的是梵文（Sanskrit）。他畢業後到多倫多大學教梵文，十年間升上正教授，同時又完成了他的精神分析臨床訓練，想必是一位十分優秀的學者。在這期間他結識佛洛伊德檔案管理委員會的創會會長克特・伊斯勒（Kurt Eissler; 1908-1999），逐漸得到伊斯勒及安娜的賞識。一九八〇年伊斯勒退休，推薦梅森接任，並主持

註一九 Sigmund Freud, *The Complete Letters of Sigmund Freud to Wilhelm Fliess, 1887-1904*. Translated and edited by Jeffrey Moussaieff Masson. Cambridge, Mass. , Belknap Press of Harvard University Press, 1985.

重新修訂佛洛伊德與弗利斯的書信的工作。他們沒想到，不到一年，梅森就開始宣稱他從尚未公諸於世的檔案裡，發現證據指出佛洛伊德在一八九七年之所以拋棄以童年性侵害為精神疾患主要病因的理論，轉而發展出伊底帕斯情結的假說，其實是他不敢勇於對抗傳統學界的壓力的結果。他這個看法被大幅連載於紐約時報一系列的報導裡，引起軒然大波，各方互相纏訟多年，終以紐約時報勝訴結局。

安娜過世及今的三十年間，批評佛洛伊德，挖掘他的隱私的文章、書籍、電影，愈來愈多，大有欲罷不能之勢。作為佛洛伊德聲名事業守衛者的安娜，如果地下有知，大概會覺得十分沮喪吧！但是換一個角度來看，一個離開這個人世已不止七十年的古人，至今依然時時引來那麼多聰明才智之士去翻箱倒櫃、皓首窮經、爭論不休，這情形本身不就已經是十分了不起的一回事了嗎？

安娜與陶若曦的是非功過，自有公論。懷想她們驚濤駭浪的一生，也許更令人讚嘆的是，她們從相識那一刻起，經歷了半個世紀，始終不離不棄、相互倚靠。在她們的晚年，有一位年輕的精神分析師開車經過她們在愛爾蘭別墅附近花草繁盛的小路上，忽然看見她們倆站在一輛白色的迷你車前，車子就停在路當中。年輕人以為她們車子拋錨了，前去探問。安娜笑著說：「我們沒事。我們就只是兩個愛玩的老婦，喜歡出來兜風。我們不時輪流，一個開車、一個看風景。」也許正因為如此，在陶若曦過世的前一年，當她的一個孫子終於鼓起勇氣去倫敦看她，問及她對她自己這一生的看法的時候，她才會說：「我實在是非常幸運。」

浴火重生，大難致福——意義治療大師維克多·法蘭可

維克多·法蘭可（Viktor Frankl; 1905-1989）的《意義的追尋》（*Man's Search for Meaning*）〔註一〕可以說是筆者在大學時代讀過的書裡少數印象最深刻的一本。因為法蘭可的現身說法、生動描述，筆者才對納粹集中營難以想像的殘虐及人性的邪惡面有一點粗淺的體會。令人感動的是，在那樣的人間煉獄裡，法蘭可並沒有被打倒。在每天都有可能被送去毒氣室的日子裡，他堅持活著就是有希望，分分秒秒都可以有它的意義。他說，客觀來說，從集中營倖存的機會，的確是很渺茫。但是詭異的是，在這令人絕望的處境下，卻只有那些能夠拒絕接受「客觀」的估計，拒絕絕望的人，才有可能繼續活下去。不僅如此，他更進一步指出，在那「人性」完全被踐踏，連最基本的尊嚴都難以維持的環境下，存活的最重要條件，並不只是想方設法去「苟延殘喘」，而是去維持那或許只剩下一絲絲的尊嚴，一絲絲的「人性」（關懷他人的能力）。拋棄尊嚴與人

註一　維克多·弗蘭克著，李雪媛、呂以榮、柯乃瑜譯，《向生命說Yes!》，臺北：啟示，二〇〇九。Viktor Frankl, *Man's Search for Meaning*. Boston, MA, Beacon Press,1959.

性，也許對受難者而言有一時的好處，但卻不利於其比較長期的生存。作為一個身歷其境的過來人，法蘭可這樣的論說，的確是非常有說服力、也非常能振奮人心的。

絕大多數的倖存者終其一生無法擺脫「創傷症候群」的夢魘，甚且不免長期「失魂落魄」，自殺了局〔註二〕。法蘭可不但「超越」其「創傷」，大難不死之後又生龍活虎地活了半個多世紀。他首創的「意義治療學」（logotherapy）被尊稱為繼佛洛伊德與阿德勒之後的「維也納第三心理治療學派」，影響遠大。法蘭可這個人的身世背景與心路歷程，的確值得我們去作進一步的瞭解〔註三〕。

小時了了

法蘭可在一九〇五年生於維也納的一個猶太家庭，母親系出名門，父親則是一位力求上進的窮人家小孩，獨自從鄉間來維也納求學，立志習醫，卻因經濟壓力而輟學，進入政府機關，後來做到社會福利部長。法蘭可是家裡的老二，長他兩歲半的哥哥及小他四歲的妹妹都不怎麼樣在意學業，唯獨法蘭可聰慧過人，三歲就決定要做醫生，甚得父親的歡心。他從小口齒伶俐、精力充沛、調皮搗蛋、鬼點子層出不窮。七、八歲時有一陣子他一隻手拿著一把小剪刀，另一隻手握著一顆漆成紅色的小石頭，看到喉嚨痛的小孩就替她（他）「開刀」，「切除」扁桃腺，有時居然還賺了些外快。

但是法蘭可顯然並不是個單純的「過動兒」，他也有他好學慎思的一面。中學時他博覽群書，對哲學、神學、心理學用力尤深，也因此接觸到佛洛伊德的著作。十五歲的法蘭可在校園裡說夢、說性，成了學校裡的大紅人。憑著這個「資歷」，他斗膽開始與時已五十五歲的大師通信，並且把自己的「讀書心得」寄給佛洛伊德，沒想到居然被大師一字不動地刊載於《國際精神分析學會刊》上。

個子矮小的法蘭可運動一向很不在行，但是在一個偶然的機會裡他接觸到了登山攀岩的活動，發現這是一種身心並用、需要全神貫注的活動，可以幫他達到「人岩合一」、渾然忘我的境界。他從此愛上攀岩，一生不懈，一直持續到八十高齡。

中學畢業，法蘭可順利進入維也納醫學院，隨即寫信給佛洛伊德要求正式加入維也納精神分析學會，沒想到居然被婉拒。主持面試的費登（註四）告訴他醫學院畢業後還得再經過幾年的個人分析，才能加入分析學會。法蘭可心想，這不就是好幾年的洗腦嗎？之後他還能獨立思考

註二　例如《蘇菲的抉擇》（*Sophie's Choice*）。William Styron, *Sophie's Choice*. New York, Random House, 1979; DVD 1982.

註三　維克多．法蘭可著，鄭納無譯，《意義的呼喚》，臺北：心靈工坊，二〇〇二。

註四　費登（Federn）是奧地利籍心理學家，一九〇四年起與阿德勒及史德可等人成為佛洛伊德最早的追隨者。他在一九三八年移民紐約後頗受排擠，一九四六年始被接受為訓練分析師，一九五〇年自認已罹絕症而自殺。他在自我心理學（ego psychology）及精神病（psychosis）的精神分析治療方面頗有貢獻。

嗎？他於是「另求明師」。此時阿德勒等人脫離佛洛伊德，另創「個體心理學」（individual psychology）已十數年。他們在維也納及世界各處推動兒童輔導診所，頗有成效。阿德勒經常光顧的席勒咖啡店（Cafe Siller），又正在市中心區，臨近法蘭可的出生地，法蘭可於是很快就成了阿德勒派的一員。翌年，他的第二篇論文即發表於阿德勒主辦的雜誌裡。一九二六年，年方二十一的法蘭可應阿德勒之邀在德國杜塞道夫（Dusseldorf）召開的國際個體心理學大會做主題演講。席間法蘭可極力主張有些行為看起來雖然像是疾病的症狀，其實卻可以是個人追尋自我及人生意義的表現。他又指出人性的複雜，認為並不是所有的問題都可以用「自卑與超越」〔註五〕等概念來解釋。他的演說得到不少同儕的贊同，卻也大大地得罪了阿德勒，一年後法蘭可終於被「掃地出門」。法蘭可原先以為儘管脫隊，他與阿德勒還是朋友。沒有想到阿德勒那麼地決絕，從此把他當成空氣，視而不見，使他再也回不去席勒咖啡店了。

也許被大師們拒絕也不見得是多麼不好的事吧，法蘭可終於可以專心做他的醫學生了。但是對精力旺盛的他，這還是不夠。他發現在維也納做中學生其實很辛苦，考試的壓力加上性的壓抑，引發許多學生的焦慮與憂鬱，甚者輕生自殘。有鑑於此，法蘭可發起組織了一個青少年自殺防治網，找來許多精神科醫師、一般科醫師、心理學家、神父、牧師，義務提供及時諮商、輔導、危機處理，幹得有聲有色、成效斐然，有一年整個維也納城居然沒有任何自殺的青少年。

一九三〇年法蘭可從醫學院畢業，先後在幾個著名的醫院及診所接受完整的神經科與精神科住院醫師訓練。一九三七年他終於完成所有的學習、訓練，回到家裡開設診所。憑著他的學經歷、聰明才智與熱情，他的診所很快地就生意興隆。可惜好景不長，隔年奧地利為德國所併吞，納粹進佔維也納，猶太人四處被追打，生活、工作環境限制日嚴。法蘭可外出的衣服，每件都得繡上標示猶太身分的黃色六角星「大衛之星」，也只能診治猶太裔病人。這期間法蘭可雖然得到了美國的入境許可，卻因為考慮到父母親年事已高而未能成行。

法蘭可雖然身材矮小、相貌平平，卻因為才思敏捷、能言善道，又會裝傻賣乖，一向很得女人緣。但是他見異思遷，女朋友一個接著一個，始終定不下心來。到了這舉世滔滔，無所依託的時候，法蘭可卻才第一次遇到了讓他足以生死與共的愛人緹麗．葛洛賽（Tilly Grosser）。在一九四一年的最後一天，他們穿著繡有黃色大衛之星的婚紗禮服，安步當車（猶太人已不准坐計程車或電車）去法院登記結婚，因為過了年，納粹政府便不再准許猶太人結婚了。

大禍臨頭

一九四一年，法蘭可一家人隨著所有其他猶太人，全部被驅逐出維也納，住入管制森嚴的特萊西恩施塔特「特區」（Theresienstadt Ghetto）。就如更為有名的華沙特區（Warsaw Ghetto），

註五　阿德勒著，黃光國譯，《自卑與超越》，臺北：志文出版社，一九八九。

這其實就是集中營的前站，許多人從這裡陸續被塞進火車運往奧茲威茲（Auschwitz）等集中營。在這瀰漫著絕望的氛圍下，風聲鶴唳、朝不保夕、人人自危，許多人乾脆選擇自殺。在此，法蘭可多年的自殺防治及社區組織經驗又派上了用場。儘管「特區」居民每天三餐不繼，隨時有餓死的可能，但法蘭可每次的演講，還是吸引了許多聽眾，踴躍參與。演講的題目包括「身體與靈魂」、「睡眠與睡眠障礙」、「登山攀岩的心理學」、「如何增進神經系統的健康」等等。

一九四四年十月，法蘭可最擔心的事情終於發生了，他「中選」被遷送奧茲威茲。妻子緹麗不顧他的百般反對，堅持陪同前往。但是一到站男女就被分開了，他們從此天人永隔，直到戰後法蘭可多方打聽才終於證實緹麗真的因為他而成了奧茲威茲百萬冤死魂中的一個。前後消逝在這「人間煉獄」裡的，還有幾乎所有他的近親好友（家人裡只有法蘭可的妹妹較早就移民澳大利亞，逃過這場劫難）。而他自己卻因為機靈，站對了邊，幾天後又被塞進另一列車，如豬仔般從奧茲威茲經捷克往南，繞經維也納的市中心區。讓他們驚鴻一瞥，空歡喜幾秒鐘後，火車過站不停，轉西直奔另一個惡名昭彰的達豪（Dachau）集中營。至此他不再是醫師、不再因知識與學術地位而受到任何優待。「文弱書生」的他也只能完全放下身段，努力圖存：爭取比較不消耗體力的工作；避免被工頭、獄卒盯上、修理；每天一早就得打起精神、盡己所能把鬍鬚刮乾淨、把臉孔儘量打得紅潤，讓獄卒相信你還有未被壓榨完的精力，才不會被送去焚化爐焚毀；每天也要努力卑躬屈膝、想盡辦法討好廚師、分配菜湯的人，希望每次湯勺能探到鍋底，撈出些培根塊、菜屑。法蘭可指出，這些努力都是初入集中營時攸關生存的要件。他把進入集中營的這第一期稱為

「初來乍到期」（arrival stage）。

但是在那種極端的環境下，「積極」、「努力」總是有其限度的。被傷害得支離破碎的人心，需要隔離、絕緣、層層包裹，才或能稍微抵擋日以繼夜的無情摧殘。久之，集中營裡的「人犯」愈來愈對周遭的殘暴、不義、荒謬無動於衷、麻木不仁。法蘭可稱此第二期為「冷漠無情期」（apathy stage）。這冷漠無情的態度可以是雙面刃。它是厚厚的傷疤，環護著人心，讓它不輕易受傷。但是冰冷疏離也讓人心失去了活力，失去了存在的意義。法蘭可在不同的集中營裡看到不少身體狀況還不錯的人，忽然有一天就一反常態，自暴自棄，一切都不在意了。法蘭可說這個時候，他們總不知道從哪裡掏出來那麼最後一根香菸，悠閒地躺在床上吞雲吐霧，然後就此靜悄悄地離去。

但是如果你千幸萬幸逃過了集中營的鬼門關，那麼更困難的問題可能才正要浮現。法蘭可把這第三階段稱為「解放－復原期」（liberation-recovery stage）。被釋放出來時的「倖存者」有如遊魂，拖著皮包骨、渾身是病、極度虛弱的身子，不知如何面對那朝暮渴求的「自由」。他們「妻離子散」、親朋好友多已「天人永別」。他們的城市、家園，剩下的只是斷垣殘壁。在集中營裡的時候，他們至少還有一個明確的目標，就是無論如何，要生存下去。現在他們連這個奮鬥的目標也沒有了。他們又將何去何從？於是矛盾的是，許多難民，包括法蘭可，竟在這「歷劫餘生」之後，陷入極度憂鬱、萬念俱灰、厭世輕生。

度過鬼門關的法蘭可，出了位處德國南部的集中營之後，因為大戰後奧地利政治地位混沌未明，一時竟成了沒有國籍的人。好不容易終於被遣返維也納，他原來的公寓不但已被炸得面目全非，也已被「鳩佔雀巢」了。不僅如此，他其實連要去看他的「老家」一眼也是困難重重的，因為其時維也納為美英法蘇四國佔領軍分為四區，要從美區去位於蘇區的「老家」難如登天。當然，不管身在哪一區其時也都沒什麼差別了。此時他的妻子緹麗、父母親、兄嫂，都已慘死於集中營，法蘭可已是舉目無親。他幸好在醫院找到工作，生活才逐漸安頓下來。

但是真正救了他一命的，則是寫作。在師友的鼓勵下，他把戰前就開始動筆的《醫師與心靈》一書重新寫完。在一九四四年前往奧茲威茲的路上，法蘭可將此書初稿縫到他的衣服的內襯，沒想到一到站就被命令脫除所有衣物，當畜生般集體沖洗，出來時換穿已被送入毒氣室的人所留下來的衣服，手稿自然字句無存。在集中營裡，他費盡心力，四處搜尋紙筆，重寫綱要，用日後出版此書的憧憬來作為他繼續活下去的動力。出營後自殺的念頭揮之不去，完成此書竟成了他生存的唯一理由。因此，他這本書的確是徹徹底底的「嘔心瀝血」之作。沒有想到書成之後，更多不堪的回憶、思緒，卻更不由自主地湧現。他於是不眠不休，用九日九夜的時間完成了他後來長年暢銷、歷久不衰的名著《意義的追尋》（註六）。寫作時他為了要可以沒有顧忌，盡情說出真正想說的話，而決定匿名出版，直到第二版時才被說服具名以示負責。

才高八斗的法蘭可本來就是一個容易盛氣凌人、講話不留餘地的人，浩劫之後自然更是暴躁易怒，不免讓人人退避三舍。有一天，沒有想到一位「不知天高地厚」的年輕外科護士「艾麗」依麗諾・舒溫特（"Elly" Eleonore Schwindt）竟然自己找上門來。原來那天一位急診病人開完刀找不到病床，只有神經科還有床，可是大家都怕被法蘭可整，沒有人敢去找他。艾麗自告奮勇，居然順利完成任務。事後法蘭可四處打聽，到底那個眼睛那麼清澄明亮的女孩是誰，隨即展開了熱烈的追求。儘管宗教信仰天差地別（艾麗是天主教徒），他們卻從此相隨一生。艾麗帶給他熱情與安定，也讓他得以又重回到這人間世來。

苦難的意義

法蘭可之所以極早就就與佛洛伊德及阿德勒分道揚鑣，最基本的原因是他對二氏決定論（deterministic）的取向無法認同。他認為他的這兩個老師對人性的解釋雖然表面上看來天差地別——一個注重人的生物性，另一個著眼於人的社會性——然而他們的理論突顯的主要是人的被動性。在這些體系裡，個人被其需求（不管是生物性的還是社會性的）所擺佈。與此相較，法蘭可及其他存在哲學家著重的毋寧是人人所本有的自由意志、人的有所選擇及對「意義」的思索、執著與追尋。「意義」之所以需要「追尋」，正體現出它不必然是「自在永在」的，而其反面——人生的「無意義」（meaninglessness）或荒謬——則也是凡諸「有情」（sentient beings）

註六　同註一。

所無可逃避的夢魘。二十世紀的傑出存在主義大師如卡繆（Albert Camus; 1913-1960）與沙特（Jean-Paul Satre; 1905-1980）在著名的散文（如《薛西弗斯神話》〔The Myth of Sisyphus〕）、劇本（如《無路可出》〔*No Exit*〕）裡，所欲突顯的正是這樣的困境。

作為一位志在救世濟人的醫師，法蘭可的重點則更為正面與切合實際。他說，不管人生到底是不是無意義，我們要的還是意義。意義不能是抽象的，而是必須在「百姓日用」〔註七〕裡體現的。那麼意義何來？在法蘭可的思考裡，意義可以有三個主要的來源：（一）工作與創造的喜悅（生產性的意義之實現；例如技藝高超的修車師傅或勇於創新的畫家）；（二）與事物、大自然或所愛之人的交融（體驗性的意義之實現）；及（三）與無可逃避的苦難的坦然面對（超驗性的〔transcendental〕意義之實現）。

法蘭可認為工作的意義對多數人來說可能是最容易理解的，對大自然的美之欣賞亦然。他對於「愛」這個人人渴望、卻難以言傳的狀況或概念，則頗有一己之創見。他極度反對愛為性慾的衍生物的說法，也反對愛為「自我理想」對外投射之結果的理論（西奧多．賴克）〔註八〕。他斷言「愛」的本質是不能以推理來解釋的。「愛」讓人看到所愛之人的本質與特色，乃至其雖尚未浮現卻已存在的潛能。因此，愛讓你成全你所愛之人，也由此成全自己。

與前兩種來源相較，苦難的意義，則與法蘭可「九死一生」的人生經歷息息相關，無疑是更重要、但或許也是更難理解的。他所謂的苦難，不包括可以解決或躲避的苦難，因為「自尋死路」只是自我虐待，毫無「意義」可言。但是在「無所逃」的時候，面對無可改變的命運，卻發現自己其實還能選擇自己的態度，選擇去坦然承擔，那是多麼振奮人心的事呢！法蘭可說，在集中營裡許多人因「倖存」之機會渺茫而絕望，他卻反過來想，如果他無法去面對當前的苦難，他又有何面目去面對未來的生活呢？「如果我目前的苦難沒有意義，如果我的意義必須由偶發事件（例如我能不能越獄）來決定，那我這個人又算得上什麼呢？」

希特勒敗亡起迄今，天災人禍、滅族屠殺的慘劇，依然層出不窮，法蘭可的悲劇，殷鑑不遠，他的苦難與脫困之道，對現今仍散處於世界各地的千萬難民來說，仍然可以是極其實用的「教戰守冊」。但是即使對幸而未經戰亂的人來說，苦難也是幾乎早晚必然會出現的。癌末、車禍、衰老等等，樣樣可以千鈞壓頂，但也樣樣賦予我們如法蘭可所描述的，與自己「赤身相見」的機會。也許我們不能像他那麼勇敢、那麼能放下自己，但是如法蘭可所言，重要的不見得是結局，重要的是那不管機會有多渺小，卻依然可以說是無窮的可能性（potentialities）。

《潛水鐘與蝴蝶》（*The Diving Bell and the Butterfly*）〔註九〕就是這麼一個距離我們更為

註七　王艮（1483-1541，陽明心學泰州學派創始人）：「百姓日用即道。」

註八　Theodor Reik, *A Psychologist Looks at Love*. New York: Farrar and Rhinehart, 1944. 林克明（1979）。《關於浪漫愛》。〈附錄一〉，賴德勒（William J. Lederer）、賈克生（Don D. Jackson）著，林克明譯，〈婚姻的幻象——婚姻的藝術〉（The Mirages of Marriage），臺北：志文出版社。

註九　尚－多米尼克・鮑比著，邱瑞鑾譯，《潛水鐘與蝴蝶》。臺北：大塊文化，一九九七。Jean-Dominique Bauby, *The Diving Bell and the Butterfly*. New York, Alfred A. Knopf, 1997. DVD 2007.

接近的範例，同樣地匪夷所思，同樣地引人讚嘆。這本書的作者尚・多米尼克・鮑比（Jean-Dominique Bauby; 1952-1997）原是法國最大的時尚雜誌Elle的主編，生活優雅、衣食無慮。他完全沒有料到在四十三歲那年忽然中風，昏迷二十多天後醒來，只剩下左眼皮還聽使喚。他的身體就如被罩在潛水鐘（註十）裡，苟延殘喘，但是他的心靈，卻依然像一隻蝴蝶，分分秒秒，隨時飄向過去與未來。他居然找到了一位善解人意的助理，以左眼皮的跳動為工具，一個字母接著另一個字母，寫出了這本既深刻又詼諧的奇書，趕在他過世前出版，暢銷迄今，還被改編成一樣感人的電影。這本書句句血淚，卻又如許生動地描述了生命裡經常預料不到的驚喜與心靈無盡的自由。這種種無價的體驗，他如果未曾中風，應該是無緣經歷的。這麼說來，鮑比的中風，到底是禍是福，又有誰能說得準呢？

意義的演化論基礎

除了前述個別的，個人面對人生實際的挑戰時所衍生出的意義之外，法蘭可也不諱言他對更具一般性，更有終極意味的人生意義的「信仰」。這種普世性人生意義的存在與否，自然更是無法證明，也無需證明的。它需要的是選擇，是我們每個人都不能不時時認真面對的選擇。我們需要去認定，這個世界儘管如此地複雜、紛亂，它的背後，是不是存在著恆常不易的規律、道理？如果我們體會這種規律、道理的存在，它們將成了人生意義最堅固的基石、泉源。這樣的信仰，讓我們安心，給我們依靠，也是我們的遠祖十數萬年來所賴以存活的利器。經過一代又一代的「物競天擇」，這樣的信仰早已沉積於我們的基因底層。「無可救藥的樂觀」，是我們的天性與宿命。這樣的人生意義不待理性推論，需要的是發掘與開展。「信」、「望」、「愛」，就如吃飯、睡覺，都是我們的「良知良能」，一樣地具體、一樣地不可或缺。

現代人的「存在真空」（existential vacuum）

但是即使是那似乎「望愚夫愚婦」皆能行的吃飯、睡覺，原來也不是容易的。正因如此，精神疾患患者（乃至一般大眾）多有明顯的食慾與睡眠的問題，而特殊的進食障礙與睡眠障礙也分別成為精神科診斷體系裡獨立的主要篇章。可議亦復可悲的是，在相對不愁衣食的現代社會裡，這些有關生理基本需求的問題卻反而更嚴重了（例如足以奪命的厭食症在「野有餓殍」的地方是看不到的）。同樣弔詭的是，在苦難愈來愈被精緻包裝，愈來愈隱而不顯的現代世界裡，存在的空虛感與意義的失落卻愈來愈嚴重。成群結伴的年輕人，為了逃避空虛，而酗酒、嗑藥、飆車、行險。失去了傳統的護持與指引，他們迷失於聲光刺激，感受不到存在本身的莊嚴。沒有清楚的

註十　相傳古希臘人用大銅鐘內容空氣，供潛水者於水面下工作時短時間呼吸之用，故稱潛水鐘。

方向，也就難有持續的熱情，漂泊不定、隨波逐流，不亦悲哉。

東西方人生哲學的合流

從傅偉勳[註一一]到余德慧[註一二]，臺灣的知名學者，凡談論到法蘭可，無不強調他的思想與佛學（乃至儒道諸家）的相通性。細讀法蘭可的著作，我們不難發現，這樣的解讀，其實是極有深意的。「諸行無常、有漏皆苦」其實就是法蘭可走過集中營，「大死大生」之後的深刻體驗。可惜的是，佛家所說的「苦」，常被西方人當成是消極避世。法蘭可現身說法，把人生的苦呈現得淋漓盡致，也把「苦」的積極意義表達得一清二楚。他的「悲劇樂觀主義」（tragic optimism），植根於西方文化傳統，也就比較不會招致西方人的誤解。

法蘭可的想法，其實也隱含著濃厚的「諸法無我」的意涵。他反覆強調，人生裡最重要的東西，大至樂觀、快樂、信心、愛，小至開懷大笑、入眠、勃起、性高潮，都是不能強求，都是需要以「忘我」為前提，才有可能達到的。基於這樣的想法，他「發明」（或發現）了「矛盾意向」（paradoxical intention；或譯「過度意圖」）這個治療法，對失眠、性功能障礙等問題頗有奇效，至今仍然為行為治療學家廣泛運用。

發人深思的是，儘管法蘭可的想法與東方哲學傳統有明顯的重疊，在法蘭可的著作裡，我們幾乎找不到任何他直接被東方思想影響的痕跡。既然我們沒有理由懷疑法蘭可刻意隱瞞，我們在佩服法蘭可的原創力的同時，或許也不免感嘆，「人同此心、心同此理」可以是多麼令人欣慰的一回事。

註一一　傅偉勳著，《死亡的尊嚴與生命的尊嚴：從臨終精神醫學到現代生死學》，臺北：正中書局，一九九三。

註一二　余德慧，〈這個人，還有他的天命——談維克多・法蘭可的存在。〉，《意義的呼喚》導讀（維克多・法蘭可著，鄭納無譯，《意義的呼喚》，臺北：心靈工坊，二〇〇二）。

第二輯

從大洋到大洋

越過大西洋，心理治療發展一樣精彩

重訪玫瑰園——從《未曾許諾的玫瑰園》探討賴克蔓的一生

從「未曾許諾的玫瑰園」談起

二〇〇八年在史丹佛偶然發現一本菲伊達・佛洛姆－賴克蔓（Frieda Fromm-Reichmann）的傳記《拯救一個人就是拯救這個世界》（*To Redeem One Person Is to Redeem the World: The Life of Frieda Fromm-Reichmann*）〔註一〕，細讀之下，才真正對這一位終生致力於精神分裂症患者長期心理治療的一代宗師有比較具體的瞭解。提到賴克蔓，大多數人馬上就會想到的，應該就是一本多年前曾經暢銷一時的小說《未曾許諾的玫瑰園——一位女精神病患的故事》（*I Never Promised You a Rose Garden*）〔註二、註三〕。此書將近四十年前曾由符傳孝醫師譯成中文。作者原用筆名漢娜・格陵（Hannah Green），許多年後我們才知道她其實就是時已成為名作家的瓊安・葛藍柏（Joanne Greenberg）。而書中的治療師，正是賴克蔓的化身。

初讀此書時，我剛踏入精神醫學的領域，對精神分裂症仍屬一知半解，玫瑰園一書對精神分裂症患者親身經歷的生動描述，成為我入門的重要基礎。此番回頭重新品讀，並對其作者的生平事蹟略作搜尋，竟然發現這本自傳性意味十分濃厚的小說作者，在經歷過那麼多年的病魔折磨之後，不僅成長為「賢妻良母」，還是一位勤於寫作，出版過二十幾本暢銷又有深度的小說與散文集，可以說是極其成功的作家。除著作之外，她還經常四處演講，在報章雜誌發表評論，同時也在大學教授文藝創作與文化人類學，在猶太教堂教希伯來文與摩西五書，並兼任當地消防隊員及醫療急救員。

與此對照，很難想像作者青少年時代的成長過程是如何地崎嶇。她不滿十歲就開始為種種精神病症狀所困擾：幻聽、幻視、恐懼、畏縮、自殘，幾乎無時無刻生活在一個與現實完全脫節的虛構世界裡。與這些無端無際的恐懼及孤寂纏鬥多年後，她終於在十六歲時全面崩潰，從而住入「堅果小棧」（Chestnut Lodge），美國東部在二十世紀初最負盛名的、「雅緻」的私人精神科醫院，也由此與賴克蔓結下了一生的緣份。

賴克蔓可以說是二十世紀初最致力於以精神分析術治療嚴重精神疾病的「大師」。她的《精深心理治療原理》（*Principles of Intensive Psychotherapy*）一書，迄今仍是這個領域的經典之作。玫瑰園一書生動詳實地描述醫院的生活，病情的反覆，也淋漓盡致地刻畫出賴克蔓這一位傑出心

註一　Gail A. Hornstein, *To Redeem One Person Is to Redeem the World: The Life of Frieda Fromm-Reichmann*. Other press, 2005.

註二　海納．格陵著，符傳孝譯，《未曾許諾的玫瑰園——一位女精神病患的故事》（再版），臺北：志文出版社，一九七七。

註三　Joanne Greenberg（originally published under the pen name Hannah Green）, *I Never Promised You a Rose Garden: A Novel*. Holt Paperbacks, 2009.

理治療師的面貌。書中的治療師平易近人，不見得有什麼特別的個人魅力，治療過程也沒有太多洶湧的波濤，迭起的高潮。但是字裡行間，賴克蔓的同理心、耐心與洞察力處處可見。難能可貴的是，時已享譽國際的賴克蔓，在病人面前並沒有什麼權威的架式，而更是能與患者分享其喜怒哀樂的、活生生的一個人。她對病人充滿期望，卻不諱言復元過程的漫長與艱辛，不做任何不切實際的承諾，沒有保證病癒的人生會是個美麗的玫瑰園。

而玫瑰園的作者，居然就真的完全康復了。這康復的過程，的確是崎嶇艱苦的。作者在「堅果小棧」一住就是兩年，出院後的五年間又繼續接受門診治療。在這抗精神病藥物（antipsychotics）剛被發現而尚未普及的一九五〇年代，作者的痊癒自然與藥理學無關。然而這個多年瀕臨絕望深淵的患者的確是完全康復了。她開始獨立生活，進入大學，像其他年輕女孩一樣地交男朋友、戀愛、結婚，也開始她的寫作生涯。

玫瑰園作者的康復，即使對賴克蔓及她在「堅果小棧」的同仁來說，都可以說是意想不到的「奇蹟」，也是其後數年賴克蔓在許多論文與演講中經常探討的議題。幾經思考，賴克蔓提議與患者共同將她們的治療過程寫成一本書。這計劃不幸因兩年後賴克蔓心臟病突發過世而中斷。然而這個構想，卻在數年後成了玫瑰園一書的根源。玫瑰園這本書，誠然未必能給「病人如何康復」這個重要的問題提供太多明確的線索，但是它的存在，的確促使我們不得不正視兩個精神醫學界長久以來就爭議不休的問題，其一是「精神分裂症是否能真的完全痊癒？」其二是「心理治療，尤其是精神分析術，對精神分裂症是否有效？」

精神分裂症是否能真的完全痊癒？

「現代精神醫學之父」，有人認為是佛洛伊德，也有人認為是埃彌爾．克雷培林。兩位大師，都曾是賴克蔓年輕時的老師。他們各從不同的角度，認定精神分裂症的「不可救藥」。克雷培林的天才，在於他看出並不是所有思考怪異、行為荒誕的精神疾病患者都有同樣的病程。他指出許多前此被認定為「瘋子」的病人，其症狀其實常隨情緒的起伏（過分高昂或低落）而時隱時現。這些病人被克雷培林歸類為「躁鬱病」。而其他似乎無可挽回地持續退化的病人則被稱為「早發性痴呆」，亦即後來通稱的精神分裂症。但是不管名稱是早發性痴呆還是精神分裂症，其原初的定義就已包括了症狀的持續與病情的惡化。此後百年，「一旦成為精神分裂症患者，就永遠是精神分裂症患者」，病人被忽略、被隔離、被豢養於遠離人世的荒郊野地（精神科醫院通常設於大都會一天馬車車程之外）。「機構化」侵蝕他們的日常生活功能，加強他們的疏離感，也讓他們愈來愈不容於正常社會。他們的疏離與「退化」，又更加強了醫護人員對他們的預後的悲觀。

玫瑰園出版後的數十年，「新克雷培林學派」在美國乃至全球復興，逐漸佔據精神醫學的主導地位。從前比較模糊的診斷漸為力求具體的定義及標準所取代。承繼克雷培林的論述，精神分裂症更加被認定是慢性的、嚴重的，也就不免是不會好的疾病。新一代的精神醫學家以當代的診斷標準檢視玫瑰園主角的病狀，質疑她是否的確罹患此病。但是他們的論述，多建基於其對患者異乎尋常的康復的質疑。究其實，精神醫學家乃至一般大眾對精神分裂症的悲觀，根植於他們所接觸的病人，多是久病不癒者。復原的病患，常隱匿其病史，消逝於專家的視野之外。社區全面的長期追蹤則顯示在發病五至十年之後，將近三分之一的精神分裂症患者可以回到社會過正常的生活。即便在像「堅果小棧」這種專收「疑難雜症」的地方，數十年的回顧還是發現在所有治療過的病患中，約三分之一有明顯的好轉，而這其中的三分之一（也就是所有病人的九分之一）似乎達到完全康復的程度。當然這數據也是令人失望的：即使在這「舉世無雙」的治療環境裡，大多數病患的病情還是持續惡化。儘管如此，康復並非不可思議。雖然要像玫瑰園作者那樣地變成比健康的人還要健康，大概就真是少之又少了。

心理治療，尤其是精神分析術，對精神分裂症是否有效？

雖然我們對少數精神分裂症患者為何能夠康復所知依然有限，但是無可懷疑的是，不管病情如何嚴重，不管病人如何地「脫離現實」，精神分裂症患者的生命歷程並不因診斷的來臨而終止。他們的生涯安排乃至日常生活的枝枝節節，無疑都被疾病全盤打亂了。但是不論在醫院、在社區，他們還是得繼續與許多「人」互動、交往。這些「人」或許是真實的（如父母親友、醫護人員），也或許是想像的（如幻覺與妄想的對象）。而這些互動，就成為他們重新建構其生活新秩序的基礎。這個歷程，自然受限於其疾病的性質與個人的稟賦，但同時也深受周遭人為環境的影響。就如在歷史上許多「倉庫式」的收容所裡，多數病人不免持續惡化，在一個「好」的醫療環境裡，患者理當較有機會重建一個可行的生活方式，也就較有可能康復。在這個意義上，精神醫學與臨床心理學的貢獻不可抹殺。這種廣義的「心理治療」，乃是精神分裂症臨床工作不可或缺的一環。

至於「精神分析術」，或其他著重探索「內心世界」的治療方法，是否適用於精神分裂症，則是一個向來爭議不休的問題。精神分析術的療效，不論應用於任何診斷，原本就幾乎無法評估。其之所以少用於精神分裂症患者，恐怕與病人的經濟能力與主動求醫意願較有關係，同時也反映佛洛伊德及其他精神分析術先驅的行醫環境。再者，由於廣泛存在的二分思考傾向，病人與醫師都容易將心理與藥物治療對立看待。精神分析術的信徒們多年來疑懼精神科藥物會鈍化患者內心「應有」的掙扎，而精神藥理學家則擔心精神分析術及相關心理治療延誤患者接受「真正」治療的黃金時機。

但是如果我們跳開這些爭論，同意至少對少數如玫瑰園的作者來說，精神分析術確有其「起死回生」的功能，那麼這經年累月，動輒數千小時的投資，用在單一病人身上，是否經得起「效益評估」的考驗？證諸「堅果小棧」及與其類似的、「小而美」的精神專科醫院的紛紛倒閉，答案似乎是很明確的。然而人生何價？個人的拯救或不能單純用時間與金錢來衡量，這也許就是賴克蔓傳記的作者，一位資深的心理學教授，用「拯救一個人就是拯救這個世界」來作為傳記書名的緣由。

「受傷的醫者」

玫瑰園的作者是幸運的。她在一九四八年，賴克蔓事業正值巔峰，尚未為耳聾及老年所困擾時住進「堅果小棧」。雖然玫瑰園對賴克蔓的描述難免有理想化之嫌，但是字裡行間，治療者的靈活、耐心、「循循善誘」，驟然若現。假如說賴克蔓作為一位治療師，的確那麼地接近完美，那麼地成功的話，那麼這個個案的成功，其背後的因素是什麼？這其實也是賴克蔓生命的最後幾年，念茲在茲、常繫於心的問題。在許多演講與論文裡，她當然也討論了很多技術性的議題，但是歸根結底，她認為最重要、最根本的，在於治療師能否感覺、體會、接受患者那似乎無邊無際的恐懼、焦慮、失落、孤寂。我們專業人員，受惠於我們的性向、訓練與經驗，應該或多或少有這樣的能力。然而賴克蔓何以能特別地成功呢？她也許的確「天生異稟」，但更有可能的是，她之所以能如此貼近病人，應與她個人的人生經歷息息相關。細讀她的傳記，我們不難發現，在輝煌事業的背後，她的一生充滿寂寞淒涼。生長在一個傳統的猶太家庭，作為十個姐弟中的老大，她從小扮演著夾在兇悍的母親與懦弱的父親之間的和事佬（也可說是治療師）。成長在納粹黨橫行，社會動盪不安的時代，她在荳蔻年華意外地在光天化日的大街上慘遭強暴，引來的卻是母親的羞辱與憎恨。三十六歲首度的戀愛，對象居然是小她十一歲，時為她的病人，自戀、孤傲、自大、極度依賴，但也天才橫溢的佛洛姆。她仰慕他，像寵兒子般地寵他。他們一起貸款開辦一所以存在主義哲學與猶太神學為基礎的精神科醫院，撐了兩年終於倒閉關門、負債累累。佛洛姆因肺結核需要休養，搬到瑞士山區，龐大的費用自然還得由她張羅。不久之後卻傳出他與年紀比她更大四歲（也就是比佛洛姆大十五歲）的卡倫・霍妮的戀情。賴克蔓終被遺棄之後就不再有任何親密關係，似乎除了工作伙伴之外也沒有什麼至交。她的個人生活，應當是非常寂寞、荒蕪、淒涼的。而這刻骨銘心的淒涼，或許也正是她能夠長時如此貼近精神病人內心世界的泉源吧！

如此說來，賴克蔓可以說是個典型的「受傷的醫者」（wounded healer）。「受傷的醫者」聽起來似乎矛盾。自己不健康的人，如何幫助別人尋求健康呢？但是如果我們細讀著名治療師的傳紀，就不難發現，絕大多數傑出的大師，一生幾乎都不斷地在與醫學的、心理的、行為的問題掙扎。廣而言之，醫師們之所以進入這個「救世濟人」的行業，也常是因為本身早年常為疾病困擾，或親眼見證親人的罹病或死亡。文化人類學的文獻，更是清楚地表明，巫師、乩童、靈媒，乃至種種民俗與信仰療法的從事者，幾乎都是在與嚴重的身體或心理問題「生死交關」的一番搏鬥之後，才開始其「助人者」的行業與生涯的。「受傷的醫者」，由於曾經親歷其境，而更有可能成為更有效、更貼切人心的醫者。

玫瑰園的作者在一九五五年終於從賴克蔓的診所「畢業」，同年戀愛、結婚、去歐州度蜜月、從美東搬到科羅拉多州定居、開展其數十年異常豐富的人生。也就在這同一年，賴克蔓應邀到加州史丹佛大學的「行為科學高級研究中心」，終於有時間專心寫作。她的最後一篇論文，討論「寂寞」，幾經易稿，終究未能成篇，自己便與世長辭了。以她的才華，這異乎尋常的延宕，恐怕其中實在是有太多的隱痛吧！然而以她個人的寂寞，換來玫瑰園作者的「幸福」（如果幸福

美國精神醫學史上的奇葩——蘇利文的大起大落

蘇利文是個風趣的愛爾蘭人，但是隱藏在他那嬉笑怒罵後面的是深沉的缺憾，這根深蒂固的缺憾感，或許可以讓他更容易去貼近徬徨無依的病人。

——威廉・艾倫森・懷特（William Alanson White; 1870-1937）

在一九二三年為蘇利文寫的介紹信〔註一、註二〕

註一 Helen Swick Perry, *Psychiatrist of America, the Life of Harry Stack Sullivan*. Cambridge, Mass.: Belknap Press, 1982.

註二 Lucy D. Ozarin, "William A. White, M.D.: A Distinguished Achiever," *Psychiatric News*, January 1999, accessed May 22, 2012（http://www.psychiatricnews.org/pnews/99-01-01/hx.html）。懷特是美國二十世紀初精神醫學界最重要的領導人之一，也是將精神分析學理論引進美國的關鍵人物。從一九〇三年直至一九三七年過世，他執掌國家精神病院（Government Hospital of the Insane，亦即後來的聖・伊麗莎白療養院），將之從一個「國家級」的超大收容所改造成一所研究教學醫院，也由此促成國家心理衛生研究院（National Institute of Mental Health; NIMH）的發展。

你不是極端的喜愛蘇利文，就是對他萬分痛恨……沒有人完全瞭解他……他是我所認識的人裡，最接近天才的人。

——德斯特・布萊德（Dexter Bullard; 1870-1937）
「堅果小棧」第二任院長〔註三〕

蘇利文就像是一位大禪師，全神貫注在病人身上。

——蓋爾・荷恩斯坦（Gail A. Hornstein）〔註四〕

在美國二十世紀的精神醫學發展史中，哈利・史塔克・蘇利文（Harry Stack Sullivan; 1892-1947）是一位十分關鍵的人物〔註五、註六〕，其重要性與影響力並不亞於梅寧哲兄弟（Karl Menninger; 1893-1990; William Menninger; 1899-1966）。在短短二十多年的學術生涯裡，他建立了一套完整的精神科問診方法，沿用至今。他大力推動詳盡的病歷記錄及臨床個案討論會。他在薛波－帕雷特（Shepard-Pratt）精神科醫院首創急性初發精神分裂症病房，組織治療團隊，營造有利於病患復原的醫療環境，同時又介紹賴克蔓到堅果小棧。在兩人的主導下，精神分裂症的心理治療一時蔚然成風。

但是蘇利文最大的貢獻，來自他對佛洛伊德學說的修正。不同於正統的精神分析學，他主張每個人成長中最大的課題並不是「性」或「原慾」，而是安全感。從小到大，我們時時面對的最大的挑戰，並不是「內心的」（intra-psychic）掙扎，而是人際關係（interpersonal）的營造與維持；精神疾病源於人際關係（尤其是童年及青春期）的疏離及由此繁生的孤寂無依。這種現在看來似乎平凡無奇的想法，卻被當時的「正統」精神分析學家視為離經叛道，終於逼使蘇利文及想法與他類似的分析師，如霍妮、佛洛姆等人，另立門戶，發展出「人際關係精神分析學」〔註七、註八〕，成為「依附理論」（attachment theory）與自我心理學（self psychology）等新學說的先驅。

註三　Carlton Cornett, "Of Molehills and Mountains: Harry Stack Sullivan and the Malevolent Transformation of Personality." *American Imago*, 65（2）: 261-289, 2008.

註四　Gail A. Hornstein, *To Redeem One Person Is to Redeem the World: The Life of Frieda Fromm-Reichmann*. Other Press, 2005.

註五　見註一。

註六　Ann-Louse S. Silver, "Psychoanalysis and Psychosis: Players and History in the United States." *Psychoanalysis and History* 4（1）: 45-66, 2002.

註七　Harry Stack Sullivan, *The Inter-personal Theory of Psychiatry*. Edited by Helen Swick Perry and Mary Ladd Gawel. New York: Norton, 1953.

註八　有趣的是，戴秉衡（Bingham Dai; 1899-1996），第一位華人精神分析師，於一九三〇年初就曾受教於蘇利文。他於一九三五－一九三九年間在北京協和醫院大力推展心理治療，成果豐碩。他相信他之所以沒有遭遇太多阻礙，正是因為他把治療的重點放在人際關係上，因而能與華人文化有較大的契合。（Bingham Dai, "Psychoanalysis in China Before the Revolution: A Letter from Bingham Dai." Transcultural Psychiatry, 1984(21): 280-283, Downloaded from tps.sagepub.com at UCLA on June 14, 2012；王文基（2006）。〈「當下為人之大任」－戴秉衡的俗人精神分析〉。《新史學》，17（1）：91-142。

蘇利文之所以長期被忽略，固然一部分源於他的著述生澀難解，且多半在他過世多年之後才經人整理出版，但是更重要的原因應該是他一生特立獨行、舉止乖張、撲朔迷離、令人不安。他被人懷疑有賭癮與酒癮。他年輕時數度住院，疑似有精神分裂症症狀。但是更重要的是，他是一個未曾出櫃的同性戀者。因為未曾出櫃，終其一生，謠傳不斷。無論真相如何，這些傳言的背後，無疑是一個長年身陷於種種「認同危機」，感覺與社會格格不入，極力勉強，才得以保持心理平衡的人（註九）。他的天才，在於他能因自己的掙扎而深切體認患者的失落與恐懼。而他的悲劇，則在於他儘管有獨到的「渡人」的能力，他卻無法「渡己」。

身世堪悲

蘇利文的雙親都是愛爾蘭移民。在蘇利文從小的記憶裡，他們幾乎沒有一天不是愁眉苦臉、鬱鬱寡歡。他的母親還多次因情緒問題而住院。身為獨子，蘇利文從來不曾覺得父母親對他有什麼特別的關懷，更別說寵愛了。他們雖然是天主教徒，卻住在四周圍只有新教徒的新英格蘭農村。蘇利文從小飽受歧視與排擠，沒有任何玩伴。到了青春期，同學們各自有他們的「狐群狗黨」，他就更加形單影隻了。

蘇利文功課不錯，中學畢業後順利進入康乃爾大學（Cornell University），卻在一年後不知何故被學校退學，此後整整兩年去向不明，很有可能在精神科醫院住院一段時間（註十）。

一九一一年他開始在草創不久、尚未經認證的芝加哥外科與醫學院（Chicago College of Medicine and Surgery）習醫，其間也斷斷續續接受心理治療。一九一六年醫學院畢業後，進入海防署工作，旋即不知何故而被除役。此後數年他頻頻調換工作，由製藥廠、保險公司到國防部、榮民署，不一而足，可說是舉目茫茫，不知何去何從。

時來運轉

蘇利文在一九一九年被榮民署派到聖．依麗莎白療養院（St. Elisabeth's Hospital）做聯絡工作，事出偶然。但他隨即得到懷特院長的賞識，同時也得以師事時在約翰霍普金斯大學當精神科主任的麥爾。在兩位大師的鼓勵、薰陶之下，他漸露頭角。他那似乎不費吹灰之力即能進入病人內心世界的能力，也逐漸廣為人知。不久，蘇利文的「師兄」卓普曼（Ross Chapman; 1881-1948），懷特的另一位得意門生，接任著名的薛波－帕雷特療養院院長，邀蘇利文擔任臨床研究室主任，蘇利文由此得以大展鴻圖。他們志同道合，一起進一步推動懷特與麥爾的理念。懷特雖

註九　Naoko Wake, "The Full Story by No Means All Told: Harry Stack Sullivan at Sheppard-Pratt, 1922-1930." *History of Psychology* 9（4）: 325-358, 2006.

註十　見註九。

深受佛洛伊德學說影響，但對精神分析理論並不是照單全收。他尤其不贊同精神分析學者對精神分裂症患者之預後愈來愈悲觀的看法，認為精神醫學界應更深入瞭解其發病誘因及治療方法。

來自瑞士的麥爾，出身歐陸精神醫學重鎮，蘇黎世大學的伯格霍茲里醫院。雖長期旅美，麥爾仍與克雷培林、布雷勒、佛洛伊德等人保持密切的書信往來，也對他們的學術發展知之甚詳。他兼採各家之長，主張良醫（不只是精神科醫師）必須對病人的「生命史」，亦即其生命中各階段的發展，有深入詳盡的瞭解，由此探索其「優缺點」（強項與弱點）。這樣的探討，必然需要是全面的、「全人的」，同時包括生理、心理，社會層面。他首創的「生命心理學」（psychobiology）後來成為一個專門的學門，其涵蓋範圍卻逐漸萎縮，幾乎成為腦神經科學與行為科學的另稱。他的學生如喬治・恩格爾（George Engel; 1913-1999）則由此發展出「生－心－群模式」（biopsychosocial model）一詞，廣為流傳。但是麥爾以「生命歷程表」（life chart）綜觀患者一生重大事件的主張，則似乎已被人淡忘〔註一二〕。

蘇利文早期的貢獻，在於他能系統性地將麥爾的理念應用於精神分裂症。從他在薛波－帕雷特幾年間的經驗與收集的資料裡，他發現青春前期對精神分裂症的病人而言，似乎是個特別關鍵的發展階段。他認為在這個時期，青少年所面對的主要課題，是要與同性朋友建立「情如手足」的密友（chums）關係，由此而發展出健全的歸屬感、認同感。沒有經過這樣的經歷，個人人格無法正常發展，罹患精神分裂症的機會亦將倍增。循著這個思路發展，他相信如果病人能夠重新走過這個歷程，這個缺陷就有被矯正的機會。他因此在醫院裡特地設立了一個特別病房，專收初次發病的年輕男病人。蘇利文相信「同病相憐」（"Similia similibus curantur," "like cures like"）的療效，親自挑選、訓練一批與病人性格類似、年齡相仿的男性工作人員來照顧這些病人。病房裡不包括專業人員（如醫師、護士或其他治療師），因為他相信專業訓練會增加治療者與病人之間的距離。同時，因為蘇利文相信精神分裂症病人大都有同性戀傾向或有性向混淆的問題，他挑的工作人員也多有類似的傾向。他的期待是工作人員可以成為病人的榜樣，由是減少其焦慮，增進對自我的接受。

而他的這些創舉似乎還真有奇效。當幾乎所有的專家都還繼續認定精神分裂症症狀絕不會緩解，病情只會持續惡化的那個時代，蘇利文的「治癒率」竟然是百分之六十二。幾十年來，一直有學者對此提出異議。有人認為蘇利文精神分裂症的定義太過寬鬆，也有人指出，既然蘇利文的病人都經過精挑細選，許多可能本來就是自己會好的。但是不論如何，他精心設計的這個團隊的治療效果，還是極為可觀的。這是否就證明同性戀傾向與精神分裂症之間的相關性呢？其實不然。蘇利文的許多病人之所以好轉，是因為他們真正實在地感覺到被瞭解、被接受。他們可以把種種深自引以為恥的想法、衝動、行為，安心地說出來，不怕被批評、被指責、被拋棄。患者由是無需再處處提防、時時警戒，復原的可能性，自然也就大大地增加了。

註11　S. Nassir Ghaemi, "Adolf Meyer: Psychiatric Anarchist." *Philosophy, Psychiatry, & Psychology*, 14（4）: 341-345, 2007.

欲語還休的性向認同問題

在蘇利文的治療成果逐漸引起廣泛注意的同時，有關病房裡工作人員與病人之間或許不見得適當的身體接觸的傳言也就開始滿天飛了。既然整個病房都是有同性戀傾向（或至少對同性戀抱持同情態度）的年輕男孩，他們朝朝暮暮生活在一起，難道不會發生情感的糾葛？病人在探索自己的同性戀情慾的過程中，難免會有的衝動與幻想，應如何處置？除了形諸言語之外，這類情感的「非語言的」（亦即肢體的）表達，分寸何在？擁抱甚或親吻，是否可以接受？工作人員如何去確認這一類的接觸，是治療性的，而不是為了滿足一己的私慾？

這些如此重要的議題，蘇利文卻從未曾公開討論過。這是不是有意的掩飾？從醫院的紀錄及當年曾在蘇利文的特別病房裡工作過的員工口裡，可以清楚地看出蘇利文當年對這個病房投入的程度。他的居所就在醫院園區裡，工作人員不分晝夜，隨時可以去與他討論患者的病情及反應，他的建議及指示，鉅細靡遺。例如威廉・艾略特（William Elliot），當時的員工之一說：「蘇利文就像是個很投入的拳擊教練，他只說不做，但是他無所不在。他叫你跳你就跳，叫你停你就停。」（註一二）因此，要說蘇利文並不知道這些肢體接觸，的確是說不過去的。但是在他的著作與演說裡，這個議題從來不曾被提及，不能不說蘇利文沒有刻意隱瞞的意圖。

在個人生活方面，蘇利文對同性戀這個課題也一樣的曖昧。他似乎長期擺盪於表達與隱藏之間。在一九二七年，他的生活裡突然冒出一個年僅十五歲，名為吉米・英斯柯（Jimmie Inscoe）

的男孩。此後二十二年，吉米一直與蘇利文同居，成為他的管家兼祕書。蘇利文對外宣稱吉米是他的養子，並讓吉米改姓蘇利文，但是他們始終沒有辦理領養過繼的手續。同時，儘管沒有人看過他的女伴，他卻常常自誇為「花花公子」，有時還影射他與女同事，包括與他的分析師克萊拉．湯普申（Clara Thompson; 1893-1958）之間無從佐證的親密關係（註一三）。這其間到底有多少是煙幕彈？蘇利文是不是在自欺欺人？

這些看來自相矛盾的行為，只有放在那個時代的背景，才有可能理解。雖然在大多數社會文化裡同性戀一向深受歧視、排斥，這個現象的進一步被「汙名化」或甚至妖魔化，則在十九世紀末至二十世紀初達到了極致。兩個西方的主流思潮，應該與此有關。其一是「演化論」及由此衍生的優生學，其二是極端的個人主義。在演化論被簡化為「弱肉強食、優勝劣敗」的時候，同性戀也就演變成不只是宗教、道德的議題，而是可能成為因不能傳宗接代而直接威脅到種族延續

註一二　見註九。

註一三　但湯普申與蘇利文之間也不是完全沒有瓜葛的。湯普申比蘇利文稍晚進入聖．伊麗莎白療養院工作，可以說是他的學妹，兩人惺惺相惜，形同莫逆。法郎克齊在一九二七年訪美時，蘇利文與湯普申去聽他的演講，大受感動。蘇利文無法負擔遠赴匈牙利長期接受分析的費用，轉而建議湯普申先去（前後兩次，歷時數年），「學成」後回來當蘇利文的分析師。由此可見兩人相交之深。法郎克齊，猶太裔匈牙利籍精神分析師，始終是佛洛伊德最忠實的追隨者（他似乎是一位個性隨和的好好先生，不過或許人不在維也納，也比較容易讓他能遠離紛爭吧），但是後來主張分析師不應只是被動的鏡子，而應主動介入，與病人建立真實的，人與人的關係，想法與蘇利文等人逐漸貼近。

的罪魁禍首了。同性戀由是被認定是違背自然規則，應該根除的現象。另一方面，個人主義的興盛，固然意味著更多個人的自由與選擇的權力。但是一旦個人的角色、身分，變成比較不根源於社會，比較需要自己界定時，個人的責任也隨之益增，選擇、確定一己之認同，包括性向的認同，就變成更大的壓力（例如男孩子必須更努力去表現他的「大丈夫」氣概，也會更加擔心、害怕自己是不是「娘娘腔」，是不是會變成同性戀）。他人「異常」的認同，就更會威脅到個人的安全感。這也就是為什麼在個人主義最發達的美國，「同性戀」在二十世紀初期至中期反而更引人注目，更不為當時社會所容的一個原因〔註一四〕。

精神醫學自然沒有可能自外於主流思潮，因而長久以來，同性戀理所當然地被視為病態，同性戀傾向被當作是種種精神疾病（尤其是妄想型精神分裂症）的重要致病因素。直到一九七〇年代，同性戀或有同性戀傾向的精神科住院醫師，還是四處受排擠。傳統的訓練機構，當然畏同性戀如虎，即使是比較開放的大學，他們的政策也往往是：「你可以是不招搖的同性戀，也可以是招搖的異性戀。但是如果你又是同性戀又愛招搖，你只好走路。」〔註一五〕即使是到了一九八六年「同性戀」終於從精神科診斷系統被移除之後，性向認同問題還持續是許多精神科醫師的夢魘。時至今日，仍時有知名學者到了垂老之年，數十年尋求「治療」無效之後，才終於「出櫃」坦承自己的性向。

瞭解「出櫃」的風險與困難後，我們也許就比較不會對蘇利文的吞吞吐吐、欲語還休有太多的不滿或苛求。在那個時代，他敢於建置一個以性向問題為主軸的病房，並在學術場合公開討論病人的性向混淆及這混淆（而非性向本身）與精神疾病的關係，已經是非常難能可貴了！同樣地，爭取終生伴侶的合法權益與地位（包括婚姻），是同志們至今仍在奮鬥的目標。「同志婚姻」之所以會成為二〇〇八年美國總統大選的一個重大議題，一方面固然凸顯此一權益的重要性，但同時也反映了世人對同性戀的質疑還是如何地無所不在、持續不衰。「春秋責備賢者」，我們今天回顧蘇利文的一生，或許不免為他的終究不能公然自在地「做他自己」而有所遺憾。但在他那個時代，能夠「公開」地與他所相愛的人廝守一生，應該就已經是十分難得了！

「邊緣人」的悲哀與報償

就如他的老師懷特所說，蘇利文自始至終都是個「邊緣人」（marginal man）。他的同性戀傾向，他早年的「精神崩潰」及住院，他孤單、沒有溫暖的童年，他的「少數族裔」背景（被新教徒包圍的天主教徒），他古怪的性情，在在讓他難以自同於「主流」。他這邊緣人的身分，的

註一四　作為人權運動的一部分，美國的Lesbian, gay, bisexual, and transgender（LGBT）團體近幾十年的奮鬥，成果可觀，成為許多國家效法的對象。本文所指的是二十世紀初期至中期的情形。

註一五　David L. Scasta, "John E. Fryer, MD, and the Dr. H. Anonymous Episode." *Journal of Gay & Lesbian Psychotherapy*, 6（4）: 73-84, 2003.

確是他一生的負擔。他必須不斷地在否定自己與接受自己之間來回掙扎。與此同時，人們對他若隱若現的同性戀傾向深感不安，不知如何為它定位。他的貢獻之所以在其身後常被遺忘或刻意抹殺，可能也與此有關吧！

然而也正是他這邊緣人的身世，才讓他有可能進入精神分裂症患者的內心世界。因為同是「畸零人」，他才有可能深刻體會患者的孤寂、落寞、混淆、疏離，也才能真正貼近他們，感覺他們的呼吸、他們的體溫。而這真正的、直接的、不假言說的「接觸」，其實就是治療與復原的先決條件。也正因如此，蘇利文才會這麼說：「沒有被割傷的人，不會真正知道別人的疼痛；只有長期受傷的人，才能深入體會療傷與痊癒的來龍去脈。」

但是「邊緣人」的代價有時候可以是非常慘重的。蘇利文在五十七歲的壯齡，獨自一個人猝死於巴黎一家小旅館的客房裡。被發現時，他已陳屍地上多時，藥物灑滿一地。警方的正式報告認為死因是腦膜出血，而非自殺。他長期有心臟的問題，肝和腎的功能也有缺損，「自然死因」當然是順理成章的說法。但是即便如此，單身客死他鄉，淒涼可知。他孤獨地來、孤獨地走，他那無邊的寂寞，又有多少人能去體會呢！

女兒眼中的人類學家——
瑪格麗特・米德與葛雷果理・貝特生的奇妙組合

大多數人提到二十世紀的文化人類學時，大概第一個想到的就是瑪格麗特・米德（Margaret Mead; 1901-1978）。她出生於那個世紀初始的一九〇一年，在二十八歲時即以《薩摩亞人的成年》（*Growing Up in Samoa*）〔註一、註二〕一炮而紅。此後將近半個世紀裡，她的思想與學術研究，不僅左右了人類學的發展，也在其他相關學門，包括社會學、心理學，乃至精神醫學，留下深刻的烙痕。透過經年累月的演講、評論，及與種種媒體不倦的交流互動，她的想法也廣泛地改變了近幾十年來一般大眾的行為與生活方式，歷久不衰。

米德的魅力與原創力由何而來？在炫燦的外表下，她是什麼樣的一個人？她的個人生活，尤

註一　瑪格麗特・米德著，周曉虹、李姚軍譯，《薩摩亞人的成年》，臺北：遠流，二〇〇〇。

註二　Margaret Mead, *Coming of Age in Samoa: A Psychological Study of Primitive Youth for Western Civilization*. New York, NY, William Morrow and Company, 1928.

其是感情生活，究竟是什麼樣的面貌？這些問題的答案，直到一九九四年她唯一的女兒瑪麗．凱薩琳．貝特生（Mary Catherine Bateson; 1939-，也是一位極負盛名的人類學家）出版了有關其父母親的回憶錄〔註三〕之後，才逐漸有一些輪廓。最近重閱此書，又讀了米德晚年論及她自己前半生的自傳〔註四〕，才對米德其人，以及與她齊名的第三任丈夫葛雷果理．貝特生（Gregory Bateson；1904-1980）近乎傳奇的人生經歷，有比較多的瞭解。

荳蔻年華在薩摩亞

米德雙親都來自新英格蘭的書香世家。父親是賓州大學經濟學教授，母親則「相夫教子」之外，還終生致力於女權及移民權益之推動。米德是五姊弟中的老大，從小靈巧精明又勇於任事，家中事務無分鉅細，幾乎無事不與，十歲出頭就常女代母職，儼然如一家之主，尤其到了逢年過節的時候，更是精神抖擻，裡裡外外，打點一切。她也似乎從來就是個「守口如瓶」的人。高中的時候，她與其數學老師的弟弟路瑟．克瑞斯曼（Luther Cressman; 1897-1994；後亦成為知名考古學家）一見鍾情，祕密訂婚，此後數年，每日書信往返。但是直到她大學快畢業，兩人就要結婚之前不久，居然還沒有人知道他們的戀情。

也就在這大學的最後一年，因為學分的需要，米德選修當時還十分冷門的人類學，沒想到居然發現這就正是她一直以來夢寐以求，足以「獻身」的使命。此時文化人類學正面臨轉型，「文化演進論」漸為「文化相對論」所取代，研究方法也由前此從二手資料臆測、建構理論，轉為以「身歷其境」的細緻觀察為基礎的「田野工作」，來描述、理解身處不同文化的人，其行為及思考方式。為了達到這個目的，文化人類學家必須把自己一個人長期沉浸在當地的文化裡，食衣住行育樂，儘可能完全地「當地化」。研究者由此而有可能以「圈內人」的眼光來釐清許多由外人看來似乎「荒誕無理」的文化現象的來龍去脈。

研究者以自身為工具，為了觀察與記錄，必須主動參與。參與和觀察相輔相成、相剋相生（參與會干擾觀察的客觀性，但是少了參與，就看不到真正重要的東西），是多麼具挑戰性啊！而與此同時，學者憂慮許多「原始」文化因受西方文明的衝擊而正在急速消失，使得這樣的研究更具其急迫性。二十出頭的米德，深切感受這使命的急切性與挑戰性，她躍躍欲試。她不只是要去一個「原始」的部落，更是一個最遙遠、最少為人知的「海角天涯」。那會是什麼地方呢？她反覆思量，決定那應該是南太平洋裡最偏遠的某一個小島。

主意既定，她就開始跟她在哥倫比亞大學的老師，時已德高望重，後被視為「美國文化人類學之父」的法蘭茲．鮑亞士（Franz Boas；1858-1942）死賴活纏，將近兩年。也就在這期間，她與鮑亞士的助教，後以《菊與刀》（*The Chrysanthemum and the Sword*）等鉅著享譽國際的茹

註三 Mary Catherine Bateson, *With a Daughter's Eye: A Memoir of Margaret Mead and Gregory Bateson*. Harper Perennial, 1994.

註四 Margaret Mead, *Blackberry Winter: My Earlier Years*. New York, NY, William Morrow and Company, 1972.

絲・本篤（Ruth Benedict; 1887-1948）結為終生的摯友。《菊與刀》一書之原始資料促成美軍保留日本天皇顏面之決定，從而使日軍得以循序投降。

一九二五年，一生嚴謹行事、待人不假顏色的鮑亞士，耐不住米德的堅持，居然同意讓時年二十四歲，尚無田野經驗的米德隻身遠行，在美屬薩摩亞的一個離島小村居住將近一年，親身體驗島民生活的點點滴滴。鮑亞士交代給她的特殊任務是要去觀察、記錄薩摩亞及笄少女如何面對青春期、如何成長。在近代歐美文化裡，青春期是一個充滿掙扎與痛苦的人生的階段。鮑亞士希望借助文化間的比較來瞭解這個過程有多少取決於先天（也應該就有其普世性）的因素，又有多少是後天（也就可能是源自文化教養）的影響。

從加州經夏威夷去到帕果帕果（Pago Pago，美屬薩摩亞首府），在那裡好不容易等到三星期才一班的補給船載她到目的地馬努阿群島（Manu'a）時，米德真正的旅程才終於開始。自此她日日夜夜穿草裙、打赤腳、編藤蓆、吃芋頭、捕魚、戶外洗澡、觀日落、夜夜歌舞、咿呀學語。她的起居工作室就在村裡唯一的醫療站之旁。村民逐漸習慣順道來訪，這其中包括了一群青春期前後的少女。因為年紀相去不遠，她們講話的內容愈來愈無顧忌。米德驚奇地發現，她們對於男歡女愛的細節，一清二楚。她們雖尚未婚，卻多已有相當豐富的性經驗。米德如獲至寶，逐字詳錄。她果然找到了她的恩師鮑亞士、她的摯友本篤，及她自己想要的東西：「少年維特的煩惱」果然真的是西方文明的產物！

米德文思泉湧，振筆疾書。她本來就有文學語言的天分，這下找到了著力點，盡情發揮，翌年返美，書已成稿。《薩摩亞人的成年》於一九二八年初版，轟動一時。此後經常再版，並譯成多國文字，暢銷迄今。這本書之所以廣受注目，歷久不衰，固然一部分源於其研究的細緻及作者寫作的才華，但更重要的應該是此書為二十世紀初美國人對人性的樂觀精神及個人主義提供了具體的佐證。它試圖說服世人，我們的行為及對生命歷程的反應，不是先天註定的，不是一成不變、無可動搖的。既然我們現在知道在我們的社會裡，青少年所以會經歷那麼多掙扎、那麼多風暴，是因為我們的「禮教」強加在他們身上，千鈞萬鼎，喘息不得，那麼我們不就應該考慮如何改造社會，讓我們的下一代比較不受拘束，比較有選擇，比較不需要耗費如此多的精力去做無謂的掙扎嗎？米德由跨文化的角度來反思、批判當年美國社會文化，變成了西方新一代求變求新的代言人。她也以社會改造的推手自任，經常為報章雜誌撰文、接受訪問、公開為大眾演講，很快就成為時代的寵兒，帶動時尚風潮，同時也使文化人類學從幽暗的學術角落走向大眾，漸成顯學。

在人頭獵人的環伺下躍入愛河

米德由「有如天堂」的南太平洋小島返回「文明世界」的路程崎嶇漫長。從薩摩亞經澳洲橫跨幾個大洋，再經歐返美，船期一延再延，路線不斷更改，沿途風暴不息，時有滅頂之虞。離開「異域」，她卻開始染上了「鄉愁」。她空有滿肚子的奇聞異談，無由與整船的「凡夫俗子」分享。這個缺憾，直至在雪梨遇到了來自紐西蘭，同樣滿懷熱忱的年輕心理學家里歐．福群（Reo Fortune; 1903-1979）時，才頓時改觀。福群的學術興趣，其時也正由心理學逐漸轉向人類學，兩人一見投緣，一路上有講不完的話題。他們就這樣繞過幾乎整個澳洲，途經錫蘭、葉門、西西里，終於抵達馬賽，才悵然分手，各奔前程。米德的丈夫特意到馬賽碼頭來接她。他們依原訂的計劃暢遊巴黎之後，回美重拾舊夢。然而他們之間，已經隔著不知多少個大洋。他已不再是她的學生情人，夫婦之情已如東流江水，無可挽回。分手之後，米德旋即回到福群身旁。

薩摩亞之後，還會有什麼更令人驚奇的地方呢？米德與福群再婚後，兩人不約而同地把眼光放到新幾內亞。雖然知名的波蘭裔英國人類學家布蘭尼斯洛．馬林諾斯基（Branislaw Malinosky; 1884-1942）前此不久才以他在新幾內亞離島特羅布里恩群島（Trobriand Islands）長住數年的素材寫成他的成名大作《西太平洋的航海者》（*Argonauts of the Western Pacific*），新幾內亞本島的內陸則尚鮮為人知。此島高山綿延，縱谷密佈，人民散居各處，語言習俗天差地別，好獵人頭似乎是他們唯一的共同點。

一九五一年米德與福群二度前往新幾內亞，目標直指那最鮮為人知的深山叢林。他們全副裝備，外加六個月的糧食補給，一路蜿蜒艱難上行，到了高山頂端，雇來的土著運伕一夜星散，夫婦倆進退失據，只得在一個窮鄉僻壤的小村落腳。他們倆原本就個性不合，經常磨擦（米德在她的回憶錄裡不斷地描述福群的霸道自私），自此衝突全面爆發。翌年他們脫困下山，經過一番的整頓、裝備，重新出發，隨即撞上了葛雷果里．貝特生。

貝特生是鼎鼎有名的英國遺傳學家威廉・貝特生（William Bateson; 1861-1926）的三子，父母雙方皆來自家學相傳、人才輩出的名門。老貝特生正是那位以重新發現孟德爾（Gregor Mendel; 1822-1884）定律並將之發揚光大而享譽國際的科學家，也是首倡使用「遺傳學」這個名詞的人。他對三個兒子冀望甚深，然而葛雷果里的大哥不幸在一九一八年第一次世界大戰幾近結束時陣亡。兩年後他的二哥又因志在詩文，不願繼承其父之衣缽，特意選在大哥生日那一天，在倫敦最熱鬧的市中心飲彈自盡。此後葛雷果里成為父母親唯一的冀望。雖然他與二哥類似，也喜好文學，卻不得不屈從於父母，成為一個稍有所成的生物學家。當他在科學與文藝的夾縫中發現人類學時，欣喜莫名。以此為由，他也就這樣一步一步地漂流到天之涯、海之角。

溫和、散漫的貝特生，居然能夠在好戰的人頭獵人中生存，或許已經是個奇蹟了吧（當然，他那近兩百公分的塊頭，或許會有點幫助）。他的確保住了他的人頭，也捱得過瘧疾、赤痢等等熱帶疾病的折磨。但是如果米德與福群沒有適時出現，他是否能捱得過寂寞，也許會是一個很大的未知數。他對米德體貼入微，也與福群無話不談，沒日沒夜。他本來對自己毫無信心，覺得他在新幾內亞雖然已經好幾年，卻仍摸不清自己所為何事，方向何在。米德美國式的樂觀進取感染了他，讓他重拾往昔的信心、熱情。三個人來自天南地北，氣質稟性天差地別，互相吸引、互相學習、互相激勵。歡樂中夾雜著嫉妒與競爭，孕育出奇思異想，也照明了他們各自的方向。而在這個過程中，米德與貝特生愈走愈近，終於就把福群排除掉了。

因為米德的支撐、鼓勵，貝特生終於能將他多年在新幾內亞收集的資料與經驗理出頭緒，完成他的處女作《那溫》（*Naven*），作為他送給米德的結婚禮物。這本長達三百七十五頁的書，詳實描述雅特穆爾族（Iatmul，一個直至二十世紀初仍盛行獵人頭、食人肉的部族）的風俗習慣、社會結構、婚喪節慶、音樂藝術（他們的雕刻可是鼎鼎有名的）。但是這本書最讓人驚異的是，在這好勇鬥狠，似乎父權至上的社會裡，「那溫」這種最重要的節慶儀式，卻是以男女角色的互換為主軸。大至獲得一個新的首級，小到漁獵或西米（sago）豐收，全村都可以「那溫」一番。此時「英雄」的舅舅們爭先恐後地穿上婦人的草裙，競相表現他們的嫵媚，而他的姑姑們則穿戴勇士的服飾，揮舞著長輩的權杖。這樣的習俗，到底有什麼意涵？村民認為這是天經地義，無從解釋，也不必解釋。貝特生的書引經據典，天文地理，洋洋灑灑，給讀者的是一頭霧水。米德的臆測簡單明瞭：正是這出乎常情的角色互換，讓身處其中的族人更能體會性別的差異及其重要性。

米德也沒有閒著，那幾年裡她文思泉湧，又出版了好多本書，其中尤以《性別與氣質》（*Sex and Temperament*）一書最負盛名。此書詳述在三個不同的新幾內亞文化裡的男女角色、關係及分工。第一個如大多數社會，「男尊女卑」。第二個則是男女平權，事無鉅細，無不分工。然而最令人驚奇的則是，她也發現了一個部落，其性別角色「男卑女尊」，大異於一般習見的傳統。

此書一出，女權主義者振奮莫名（她們振振有辭地說，米德的資料證明所謂「母性之愛」，只是社會加在女人身上的鏈鎖），「衛道之士」對米德就更憎恨有加了。但是不論如何解讀，相對於十九世紀末開始盛行的「先天」（大體指遺傳）決定論（佛洛伊德甚至說anatomy is destiny，「解剖學」決定命運」），揭示了「環境決定論」或「文化決定論」時代的來臨。這個新的思潮，推到了極端，視初生兒為一張白紙，社會、文化透過父母、親友、學校，不但決定個人的思想與行為，也形塑他們的性格、氣質。而嬰幼期自然就是這「社會化」過程裡最重要的階段。如此說來，現代人所面對的種種心理、行為問題，就都可溯源自嬰幼期的親子關係。為預防精神疾病、增進心理健康，我們就應該努力研究在現代社會裡嬰兒如何成長，提倡有利於健全人格發展的親子互動方式（當然，在當時的「文明」世界裡，其實就是意指母子關係）。由是，米德理所當然地相信，文化人類學可以透過改變人們的育嬰方法來造福世界。

現代育嬰學的南太平洋背景

而米德也的確就這麼做了。因緣際會，她一回到紐約，就遇上了班哲明・史柏克（Benjamin Spock; 1903-1998），兩人理念類似，相見甚歡。史柏克剛從米德的母校哥倫比亞大學畢業不久，是一位年輕有為的小兒科醫師。他與米德及貝特生過從甚密，從而得以與聞在不同文化裡千差萬別的育嬰方式。這些資料在相當程度上影響了他對兒童成長的看法，也在他於一九四六年出版的《如何照顧嬰孩與兒童》（*Dr. Spock's Infant and Child Care*）一書留下明顯的痕跡。此書之後不斷改版，被翻譯成四十九種以上的語言，通行全球、年年暢銷，成為家家必備的「成龍（成鳳）寶鑑」。

米德多年不孕，早已對生兒育女不存希望，卻在一九三九年意外發現自己有孕在身。欣喜之餘，她旋即全面迎接這個新的挑戰，馬上想到的就是史柏克。她要求史柏克陪她進產房，以便她的嬰兒一落地就有最好的醫生來照料。她要求自己的生產過程全程錄影。她要親自餵奶，可是也找來了一個奶媽隨機待命，以確保她萬一奶水不足時，嬰兒不至挨餓。她甚至強迫史柏克同意，餵奶不能有固定的時刻表，而應以嬰兒的需求為基礎。米德後來果真親自餵奶，也無勞奶媽助陣。她也自認達到了「有求必應」的標準。米德那時已是國際知名的大忙人，她如何「公私兼顧」？她的女兒凱薩琳是這樣說的：「媽媽當然堅持理念，只有在我真的餓的時候才餵我，但是餓的定義，是她來決定的。在她忙的時候，我就比較不會餓。我的確從小就是個善解人意的乖小孩。」

米德發揮她天生驚人的觀察力，加上二十年來練就的田野研究方法，記錄、分析凱薩琳自出生後時時刻刻的一舉一動、一顰一笑，鉅細靡遺。凱薩琳的童年無疑是米德與貝特生夫婦的共同課題，但是貝特生的角色隱昧不彰，因為他多半躲在照相機、攝影機之後。凱薩琳嬰兒期的照片不可勝數，可是她的父母親覺得這其實也只是差強人意。他們很遺憾沒能按原來的計劃在每一個房間都裝上照明燈，讓他們即時捕捉任何有趣的鏡頭。無論如何，他們的確是非常嚴肅地看待「凱薩琳」這一課題的。多年後，當時已成年的凱薩琳要求銷毀她兒時的一些塗鴉之作時，米德很嚴肅地告訴她，她所有童年的資料，不是私人的財產。因為她有可能是歷史上獨一無二，被記錄得最完整的小孩，將來也許有別的學者可以從中受益，發展出嶄新的理論。

米德與貝特生幾乎從不曾有真正只屬於他們兩人的家。凱薩琳出生時歐戰已爆發，貝特生回英參軍不成，後來轉赴緬甸作情報工作，來去匆匆。珍珠港事變後，米德開始在華府、紐約兩頭跑，也常因公遠行，凱薩琳被寄放於有通家之好的羅倫斯·法蘭克（Lawrence K. Frank）家。兒女成群的法蘭克及他的新婚夫人待凱薩琳如己生。他們最小的兒子又與凱薩琳年齡相近，不乏玩伴。除了米德雇來的英籍媬姆及女傭，又有那麼多的「阿姨、叔叔」，個個疼她，凱薩琳的童年，從無寂寞。這樣的安排，自然一部分源於米德的跨文化經驗。不同於當時日益以「核心家庭」為主幹的時尚潮流，米德堅信兒童必須在大家庭的環境裡才能健全成長（過了不只半世紀之後，美國前總統夫人及前國務卿希拉蕊·柯林頓的書，取名《全村之力》〔*It Takes a Village*〕，與此遙相呼應）。當然這樣的安排，也讓米德得以來去自如，比較少有牽掛。凱薩琳在多年後描寫其成長過程時，雖然處處用心迴避其父母，為他們在她生命裡最重要的頭幾年「說走就走」及經常的「逾期不歸」尋找理由（那可是戰爭哪！大家的父親們都在前線，隨時可能馬革裹屍。母親們則需要「上山下海」，填補男人留下的工作空缺），但是她的悵惘與遺憾，仍然溢於言表，難以掩飾。

凱薩琳幸而有這個大家庭可以依靠，因為她的「小家庭」不久就要煙消雲散了。回到紐約，貝特生依然是那不落流俗，生活在自己的世界裡的貝特生。米德愈出名，他們的鴻溝也就愈來愈大。如果說他的前半生，很多精力耗費在逃離他的母親，那麼他的後半生所努力要躲避的，大概就是米德了。身高一百五十公分的米德，渾身充滿用不盡的精力，言辭犀利、做事俐落明快、慷慨熱情，不吝於借箸代筆，規劃他人的生活。快兩百公分高的貝特生則經常不知道自己的大手粗腳應該擺在何處，更遑論其他。他喜愛思索甚於一切，凡事持疑，不相信簡潔明瞭的答案，不甘心被限制於任何專業傳統。戰爭讓他暫時逃離現實、逃離自己。戰爭結束了，他卻更徬徨。他不知道自己是誰，方向何在。他是英國人還是美國人？他只是米德的丈夫及攝影師嗎？米德送他去看一個知名的榮格心理分析師，日復一日、年復一年。貝特生變成了榮格的信徒，但是心理分析解決不了他的問題。

因為他們從來沒有一個清楚的「家」，所以也就沒有人知道貝特生何時離開米德。但是凱薩琳漸漸地開始有兩個家。母親的家，永遠是那嘈雜歡樂的大宅院的一部分。父親的家，起先是紐約郊區髒亂的小公寓，不久就遷移到北加州灣區另一個更加髒亂的地方。不管如何，凱薩琳一直都是她父母親的寵兒。米德在家時，每天一早花二十分鐘替她編辮子，閒話家常。到了西海岸，貝特生帶她去露營，觀察、討論種種生物的生態、行為，及牠們之間的溝通互動。貝特生尤其喜歡去海邊捕捉八爪章魚，帶回家養在鹹水缸裡，一起觀賞。凱薩琳沒想到牠們即使在打架時游姿都那麼優雅，看得目瞪口呆。貝特生則繼續探討章魚獨特的神經系統，設想牠們邏輯思考的能力。後來貝特生拿到了國家心理衛生研究院的研究經費，開始在史丹佛大學研究精神分裂症病人的人際互動，觀看病人與親人交談的錄影片就成了父女間的另一個共同的活動。貝特生與凱薩琳之間似乎無所不談，就是不談日常生活的瑣事。

不管得到多少的關愛，要在一個「勇往直前」的母親與一個「心不在焉」的父親的陰影下長大，的確不是那麼容易的事。青春期之前，凱薩琳努力做個乖孩子，而且也的確是道道地地，到處討人喜歡的乖孩子。但是成長於紐約，遠不如米德的薩摩亞那麼單純。「青少年專家」米德努力不讓「不健康」的社會壓力（例如對男女角色的刻版化定義）影響凱薩琳。青少年的凱薩琳需要的卻是要融入同儕的世界，「與人混同」。她為了要尋找自己，不得不反抗權威。米德沒有想到的是，她自己已成了權威，成了女兒反抗的對象。到了高二，凱薩琳終於找到了逃離這常常不在（米德實在太忙了）卻又無所不在的權威的機會。她隨米德去以色列，米德忙於開會，把她交給一群年輕人，四處參觀猶太人的集體農場，十天後她在米德下榻的旅館留言，表明她要留在以色列學習希伯來文與猶太文化的決心。米德百般勸阻無效，終於答應她先留一年再說。這可是巴勒斯坦處處烽火、以阿戰爭一觸即發的時候！凱薩琳並無猶太血統，全世界有那麼多的地方可去，她為什麼偏偏挑上以色列？多年後回溯此事，她說這也正是她做此決定的根本緣由。她環顧全球，似乎只剩下中東地區是她母親所不熟悉的地方。她找到了這個缺口，突破母親無形的重圍，之後又巧遇她亞美尼亞籍的終生伴侶，開始學習、比較中東地區種種不同的語言，沒想到繞了這麼一大圈，竟又回到文化人類學的範圍裡，其後的成就，幾乎可以與其父母分庭抗禮。

榮辱身後事

終其一生，貝特生在「正統」學術界裡一直被視為「異類」。他用人類學質性研究

（qualitative research）的方法去瞭解精神分裂症患者的人際溝通模式，探討家庭成員的互動，分析治療師與病人的對話。他又從人的溝通行為延伸到其他動物乃至整個生物界，日以繼夜地觀察章魚、海獺、海豚、鯨魚。許多近年來才開始盛行的課題與想法，諸如生態學（在一個生態系統裡，不同物種互剋互榮；在一個家庭裡，病人的症狀有可能源於其他成員間或顯或隱的衝突）、系統模控理論（cybernetics；任何複雜的系統，包括心智、社會、生態系統，乃至電腦及人工智慧，都仰賴多重回饋、互相制約、自動調節，才有可能穩定存在並持續開展；萬事萬物息息相關，牽一髮則動全身）、混亂理論（chaos theory）與蝴蝶效應（butterfly effect；例如南美洲一隻蝴蝶翅膀的振動可能引起一連串的反應而導致東南亞的颱風），貝特生半世紀前就已縈繫於心。他在那時也已主張心智不只是個體神經系統的產物，而必須依存於個體間的互動，因而個人的心智以及「自我」的概念，也必然是文化的表現。這類看似天馬行空的想法，這十多年卻真的得到神經科學研究成果的佐證。因此很多學者認為貝特生的想法，領先學術風潮數十年。他那時的聲音，是曠野的呼聲，他的大半生，也就只能繼續扮演寂寞先知的角色。

但是他「無心插柳柳成蔭」。就在他離開精神醫學領域，先後長居於加勒比海及夏威夷，終日與海豚為伍的時候，被他「遺棄」的學生與同事們逐漸把他關於人際互動與溝通的理論進一步發揚光大。未幾家庭及婚姻治療蔚然成風，追本溯源，貝特生功不可沒。也就在那一九六〇年代的末期，反戰、反權威的年輕人以及「新世紀運動」（New Age Movement）的推動者，「發現」了貝特生。對處於核子戰爭的邊緣，常覺世界隨時可能毀滅的人們來說，貝特生對生態的重視，的確是一帖「清涼劑」。焦躁不安的現代人，已對資本主義及共產思想雙雙失望，也難以再由傳統宗教裡找到依託。貝特生對生態與心靈的反思，為徬徨失據的人們指出新的方向。他的晦澀，他的博大精深，甚至於他跳躍性的、常常看似超乎邏輯的論述，都成了他迷人的地方。他應邀四處演講，招來了許多崇拜者，化為一代宗師，延續至今。在他生命的最後幾年，他被邀請到加州著名的靈修中心伊薩蘭研究院（Esalen Institute，聲名遠播的一部分原因是其天體營）長住。不久他被發現罹患肺癌，藥石罔效。伊薩蘭裡多的是靈媒與另類療法的治療師，他（她）們各顯神通、自詡療效。貝特生始終堅持其懷疑論立場，但也不拒絕他們的善意，不在意伊薩蘭拿他來做宣傳。他在意的是如何用自己的例子來做隨機教學，提醒來訪的醫師、護士，甚至於州長傑瑞．布朗（Jerry Brown; 1938-），疾病與死亡其實就是生命、生態的一部分，科技有其侷限，痊癒無需勉強。

隨後不久，米德被發現罹患胰臟癌。當時，癌細胞已轉移至肺部，來勢洶洶。凡事永不服輸的她，彷彿至死都要走在前頭。她雖然在理論上與貝特生有同樣的生死觀，但是她的性子，卻不容許她平靜離去。她堅持住院、檢查、治療、戰鬥到底，不願也不能接受大限的到來。來自世界各處的親朋好友，紛沓而至，她來者不拒，總是精神抖擻地應對，反過來安慰他們，繼續替他們出點子。她的女兒說，她就像個盡忠職守的老藝人，直到最後一刻，都還是要隨時表現她優雅的身段與笑顏。

米德在一九七八年離開了這個世界，然而此後多年，她卻還一直活生生地存在於許多人的心裡、腦海裡。她幾近百年前提出的觀點，到現在依然引人爭議。行為科學持續在先天與後天之間來回擺盪，她也就繼續是遭人攻擊的標靶。米德身後五年，紐西蘭人類學家德瑞克．弗里曼（Derek Freeman; 1916-2001）出書對米德的薩摩亞研究猛烈攻擊，以他自己多年生活在薩摩亞的經驗為基礎，直言米德當年急於證明她的師長們的理論，又為島民誤導，而寫出與事實大相逕庭的報告，更影射米德除了因居留薩摩亞時間相對短暫（「僅五個多月」），語言未必精湛，而有所誤解外，亦不乏造假的成分。此書一出，頓時造成軒然大波。弗里曼一舉成名，成為人性先天論者的寵兒，然而眾議紛紛，多不齒於弗里曼延遲出書，攻擊無法接招的已故之人的做法。弗里曼不肯罷休，親訪米德居住過的小村，居然給他找到了一位老婦，當年身為少女時曾是米德原始資料的主要源頭。這位歷盡滄桑、生活習俗與宗教信仰早已改變多年的老婦回憶從前，告訴弗里曼，許多她們講給米德聽的事情都是當笑話講的，這一來弗里曼就愈發振振有辭了。

這則公案爭論多年，至今塵埃仍未落定。就如她的女兒在其回憶錄裡所說，人類學的研究，需要研究者置身其間，需要以自身為借鏡，才有可能看得見事事物物。但是鏡子本身的顏色與折射度，又一定會影響、改變你的觀察、見聞。如是，瞭解自己、觀察自己，不去刻意掩飾自己的侷限性，就成為研究裡不可或缺的一環。其實如果細想，這也絕非僅是人類學研究的特質。伽利略（Galileo Galilei; 1564-1642）用望遠鏡觀測星象而以之為「地動說」的依據時，不就被指責為「盲目」相信鏡片的可靠性嗎？鏡片的問題，其實也正是臨床工作絕不可免的難題。我們能夠相信自己的觀察與判斷到什麼樣的程度？相信日益精密的儀器檢查結果到什麼樣的地步？這「認識論」的課題，看來虛無縹緲，卻是每個人舉手投足之間，無時無刻都不得不去面對的權衡取捨。

媽媽，妳到底是誰？

但是在一個很根本的層次上，米德的確刻意把自己隱藏在高度過濾的鏡頭後面。她與本篤的情誼，眾人皆知。米德在自己的傳記裡，處處提及這位長她十餘歲的良師益友。儘管她們的性格天差地別（本篤多愁善感，長年憂鬱），她們卻情如姊妹，無所不談，遠離時則書信不斷。米德坦言她詳讀本篤每一篇論文、每一本書，並在本篤仙逝之後為她立傳。但是直到米德也過世之後，凱薩琳在整理她的遺物時，才豁然發現，米德與本篤之間情逾姊妹。她們原來一直都是一對戀人。儘管各自「羅敷有夫」，她們從不曾垂淚還明珠。凱薩琳沒有辦法相信自己的眼睛。她震驚、憤怒，覺得一直被母親所騙。米德是研究性向的權威，也是女權運動不遺餘力的提倡者，她何需隱藏自己的情感生活？這是不是米德一生婚姻不圓滿的源頭？米德愛過貝特生嗎？凱薩琳自己是愛的結晶嗎？她反覆思量，理不清頭緒。

更令凱薩琳傷心的是，終其一生，母親竟一直對她這麼有「戒心」。回想起來，她開始看到許多蛛絲馬跡。她也終於瞭解，米德何以自一九五五年起就與露德．梅忒絡（Rhoda Metraux; 1914-2003）住在同一棟房子裡。原來她們分住上下層只是個煙幕。同為人類學家的梅忒絡，學術有成、性格害羞內向，與七年前過世的本篤頗有類似之處，大概也就此填補了本篤離去後的空間。凱薩琳由是回想米德在她小時候有幾次跟她說：「妳不要以為人到中年就不再有性的樂趣。我其實有一個祕密的情人，一位很體貼的中年男人。我們常在城裡的某個地方約會。」她一直對此有所懷疑，以為母親這麼說是為了不讓她對性生活產生偏見。她這才明白，母親說的是實話，但只是一部分的實話。

凱薩琳終究還是原諒了她的母親。米德是公眾人物，她有她的形象需要維護。這形象不僅關乎她自己的事業，也有助於學術發展及大眾教育。或者她的選擇並不正確、不公平，對自己也是個很大的犧牲。但是這選擇的得失如何權衡，除了她自己之外沒有人知道，或許她自己也不知道。然而稍可肯定的是，這生活裡的隱祕面，曾經加深她體會人性之複雜的能力。像她這樣勇往直前的人，原來也有軟弱的一面。她原來也有她不足為外人道的缺陷和遺憾，而這缺陷、遺憾，應該是她對人性及社會文化的洞察力裡密不可分的一部分吧！

永遠的峇里島

凱薩琳終究也選擇了相信米德與貝特生的這一段情；這相信的基礎，也許在於她一直感受到他們對她的愛——不同方式的愛，隨著時間持續開展演變的親情與愛。這在凱薩琳的回憶錄、米德的自傳，乃至貝特生鋪天蓋地的文章裡，都可以找到痕跡。

或直接或間接地，米德對貝特生的關照，一直持續到他們生命的盡頭。在他們最後一次同台的研討會裡，米德還特地告訴貝特生，他忘了穿襪子。這到底是恩愛，還是糾纏？回顧起來，他們的一生聚少離多；他們最歡樂的時光，可能應該是在峇里島那兩年。他們那時看來像是個完美的組合，兩人一起融入峇里島人的生活裡，用種種當時最先進的工具去瞭解島民的生老病死。他們留下二萬五千張照片，二萬二千呎長的影帶，以及一本又一本的筆記，保存了他們眼中的峇里島的面貌。那些繽紛絢麗的色彩、嫋嫋悠揚的古樂、寧靜和諧的村居、莊嚴肅穆的宗教活動、生動歡樂的節日慶典，在在呈現了峇里島的豐富文化，或許也就同時明白表達了當時他們各自的心境及兩人間的關係。

甘地自甘地，路德自路德——

流浪漢艾瑞克與心靈導師艾瑞克森

艾瑞克·艾瑞克森（Erik H. Erikson; 1902-1994）應該可以說是自佛洛伊德與榮格以來，最廣為人知的精神分析師。他的「人生八階段」說，是一般修習過普通心理學課程的大學生都聽過的理論。他首創的「認同危機」（identity crisis）一詞也早已是家喻戶曉的用語，通行全球。然而，儘管他的名字如此響亮，筆者過去對他這個人的瞭解，卻十分有限，也從來不曾仔細思考過他這些創見的源頭，來自何處。

直到幾個月前，偶然發現一本他的女兒蘇·艾瑞克森·布羅蘭（Sue Erikson Bloland; 1937-）的家庭回憶錄《在名人的陰影下成長》（*In the Shadow of Fame*）一書〔註一〕，由此而再詳閱名歷史學家羅倫斯·費德曼（Laurence J. Friedman）的《認同的建築師》（*Identity's Architect: A Biography of Erik H. Erikson*）〔註二〕，才對他是什麼樣的一個人有比較清楚的輪廓。原來他的靈感與創見，深深植根於他個人一生的人生歷練。他的身世與成長過程，崎嶇離奇。他一生不時要面對、要克服的，正就是自己身分認同的難題。難能可貴的是，他在這追尋、探索的過程中，不僅為自己找到了「安身立命」的基礎，也豐富了後學者對人心、人性及世界的瞭解。在艾瑞克森的身上，我們不難清楚地看到，累累的傷痕，如何造就了一位出類拔萃的醫者。

如迷身世

終其一生，艾瑞克森從來都不知道他的生父是誰。他的母親，卡拉．亞伯拉罕生（Karla Abrahamsen），是丹麥哥本哈根一位猶太裔富商的掌上明珠，上有四位與父親同樣事業有成的哥哥。卡拉十五歲喪母，二十一歲時與長她六歲的證券商瓦德瑪．所羅門生（Valdemar Salomonsen）結婚。雙方都來自十分融入丹麥主流社會的、富裕的猶太家庭，可謂「門當戶對」。不幸他們在蜜月的第一晚尚未圓房時，就發生變故。所羅門生不知何故將卡拉隻身拋棄於羅馬，出逃美洲，從此再無音訊。卡拉被大哥帶回娘家，可是還一直冠著夫姓。

兩年後卡拉意外發現自己懷孕，臨盆前兩個月被她的家人急忙送去德國法蘭克福，產後再被遷到鄰近小城布艾爾（Buehl），與幾位未婚的姑姑們同住，嬰兒取名艾瑞克。既然卡拉

註一 Sue Erikson Bloland, *In the Shadow of Fame: A Memoir by the Daughter of Erik H. Erikson*. New York, NY, Viking, 2005.

註二 Lawrence J. Friedman, *Identity's Architect: A Biography of Erik H. Erikson*. New York, NY, Scribner, 1999.

名義上仍然是所羅門生家的媳婦，小孩的全名也就順理成章地成為艾瑞克・所羅門生（Erik Salomonsen）。布艾爾鄰近著名的巴登－巴登（Baden-Baden）溫泉區及黑森林，也離法國邊境不遠，是個藝術家群聚的地方。卡拉從小喜愛藝術、人文、哲學，生活倒也未必寂寞。她身材高挑、容貌亮麗，一頭烏黑的秀髮，加上橄欖色的膚色，十分引人注目。但是她身旁那金髮碧眼、皮膚白裡透紅的小孩，卻讓人百思不解。艾瑞克當然不可能是所羅門生的兒子，卡拉也不可能「童貞成孕」。那麼艾瑞克的生父究竟是誰？這個祕密，不論別人如何追問，卡拉一生都不曾透露。看著艾瑞克的長相，人們不難想像，他的生父大概是「純粹」（沒有猶太血統）的北歐人。卡拉那樣地守口如瓶，真的只是源於一己的羞恥感嗎，還是另有隱情？對方會不會是身分很高的人？卡拉這麼喜歡藝術，這個人應該是一位藝術家吧？這樣的猜測，一直流傳著，多年後竟被定位成是一位名字也叫做艾瑞克，具藝術天才（可能是攝影師）的丹麥貴族。

沒有父親也不見得是完全負面的事。卡拉雖然是「單親媽媽」，但是衣食無慮，大部分的時間與精力，完全放在艾瑞克身上，母子倆「相依為命」。可惜艾瑞克這獨佔母愛的「幸福時光」到了他兩歲時就被一個「入侵者」給破壞了。這入侵者是鄰近大城卡爾斯魯厄（Karlsruhe）一位已近中年、醫術高明，因為工作非常忙碌而原本打算獨守終生的小兒科醫師，名叫西奧多・韓堡（Theodor Homburger）。卡拉因為艾瑞克長期胃腸不適而找來的這位名醫，果然不同凡響，稍微調整了艾瑞克的奶粉配方，就把問題完全解決了。韓堡的醫術贏得了卡拉的芳心。他們不久就訂婚、結婚，艾瑞克可以說是「牽線紅娘」。

這個意外的發展對卡拉的娘家當然是天大的喜事，因為他們可以不再在意卡拉的「醜聞」，也無需再特別為她操心不已，更何況韓堡出身名門，又是卡爾斯魯厄猶太社區裡數一數二的領導人物，能有這樣的女婿，當然是很有面子的一回事。另一方面，這門喜事也讓韓堡家鬆了一口氣，他們終於不必再繼續擔心韓堡的「後顧之憂」了，更何況新娘是如此美麗、如此地落落大方呢！這場喜事唯一的輸家，似乎就正是艾瑞克。入侵者韓堡搶走了母親大部分的時間與注意力；韓堡宣稱他是自己的親生父親（註三），可是他五短身材、一頭黑髮，還留了個山羊鬍子！他不苟言笑、沉默拘謹，一點都不好玩，哪裡比得上媽媽以前的那些藝術家朋友！

艾瑞克就在這樣滿心疑惑、渾渾噩噩的情形下長大。到了上學的年齡，問題就更多了。學校裡的同學，多半不是猶太人，對他自然是百般欺凌。街坊鄰居的猶太小孩，卻又因為他的金髮碧眼，而把他當成無可救贖的「外邦人」（goy）。艾瑞克在孤寂中成長，徬徨無依，不知道自己究竟是猶太人、丹麥人，還是德國人。他的媽媽私下與他講丹麥話，也常帶他去哥本哈根，但是那究竟不是他「生乎斯、長乎斯」的地方。他跟著父母親友，謹守猶太教規禮俗，但是他無法體會清楚的歸屬感。他逼著自己去參與主張「大日耳曼」主義的活動，希望藉此來贏得他的德國同學的好感，但是他無法忽視自己的猶太背景。他的繼父愈是逼他好好唸書，以便考入

註三　好幾年後艾瑞克的過繼程序終於完成，他的姓名由是改為艾瑞克・韓堡（Erik Homburger）。

醫學院，繼承父業，他對學校就愈有反感，屢屢試圖輟學。好不容易勉強從德制「高等學校」（gymnasium，略等於高中加兩年大學）畢業，學業成績自然是「吊車尾」。

艾瑞克成了他那一代「拒絕聯考的小子」，此後七、八年獨自四處遊蕩。從家鄉附近的黑森林開始，他似乎漫無目的地東跑西闖，一去就是好幾個月，了無音訊。他先是在一間鄉間的小藝術學院學習素描與雕刻，之後在慕尼黑住了兩年，一事無成。流浪到了義大利佛羅倫斯時，他飽覽古今世界名畫之餘，終於發現他不論如何努力，也不可能真正掌握色彩的運用。於是他繼續茫茫然地來回往返，居無定所。幸好他的素描能力還算不錯，有時可以用來換得一餐一宿。但是他之所以終究沒有餓死路旁，大半還得歸功於永不止息的母愛。每次他浪遊歸來，卡拉總是瞞著繼父，偷偷塞給他一些私房錢，讓他又得以繼續去尋覓那他還沒有辦法去名狀的、足以讓他「安身立命」的地方。但是他愈是努力尋找，似乎就愈是失落。到後來，他根本不知道自己在找什麼了！他的情緒愈來愈憂鬱、愈起伏不定。他思緒開始混亂，有時候居然語無倫次。他形容憔悴、衣冠不整、動作生硬笨拙。多年後他回想那些時日，相信自己那時已經徘徊在瘋狂的邊緣。

在維也納開始與自己相遇

天無絕人之路，正當艾瑞克眼看著就要掉入萬丈深淵的時候，他高中的一個好朋友，彼得・布羅斯（Peter Blos; 1904-1997）〔註四〕寫信問他要不要去維也納一起在一家新開張的學校教書。

布羅斯的背景與艾瑞克有點類似，他的畫家母親也是猶太裔，父親則是個思想開明、兼容並蓄的基督徒，也是個不拘泥於傳統的醫師。布羅斯雖然也同樣嚮往波希米亞式的生活，卻不像艾瑞克那麼「瀟灑」。他在海德堡大學唸教育，得到學位與教師資格後轉往維也納大學，後來成為生物學博士。他起初為了糊口而兼任陶若曦・蒂凡妮・柏林罕〔註五〕四個子女的家庭教師。陶若曦因婚姻不和及長期憂鬱而把罹患躁鬱症的外科醫師丈夫丟在美國，自己帶了小孩到維也納接受精神分析治療，不久即成為安娜・佛洛伊德的摯友。她們一起決定，既然那時還有其他好幾家也因為治療的需要而「舉家」旅奧的「美僑」，何不就把她們的學童聚集起來，開辦一所以精神分析學理為基礎的學校？她們想到做到，隨即請布羅斯做「校長」，開始規劃創立這史無前例的學校。二十出頭的布羅斯面對這個重責大任，第一個想到的就是他的好友艾瑞克。他跟安娜・佛洛伊德說艾瑞克雖然沒有教學經驗，卻無疑是個極有才氣的人。布羅斯當時最主要的目的，其實是要拉艾瑞克一把，讓他不至於崩潰。

他們都沒有預料到的是，艾瑞克居然真的是一位天才的教師。他的繪畫、雕刻備受學生們喜愛；他流浪的經驗讓他凡事觀察精微；他多年的「適應不良」，似乎讓他更能直接體會這些物質上富有但心靈貧乏的孩子們的孤寂，因此他輕易地就與孩子們打成一片。而與此同時，這人

註四　布羅斯後亦移民美國，也成為知名的兒童精神分析師。

註五　陶若曦・蒂凡妮・柏林罕是美國最出名的珠寶商世家蒂凡妮的直系後代，富可敵國。

生第一次成功的工作經驗，也為他帶來了勇氣與信心。為了教得更好，他主動去學習蒙特梭利（Montessorri）教學法，並取得文憑。雖然他也在維也納大學四處修課，然而因為無法決定他要選修的是什麼，而始終不能畢業，連一張大學文憑也沒有。

三個女人，塑造了他的一生

如果說艾瑞克的母親卡拉是他一生中第一個最重要的女人的話，他在維也納很快就要遇到其他兩位足以與之匹敵的女人了！她們其中之一，安娜．佛洛伊德，不久就成了他的精神分析師；另一個女人，小他一歲的莎菈．瑟生（Sarah Serson；後更名為瓊〔Joan〕；1903-1997）則是一位精力充沛、意志堅定的加拿大舞蹈家。她拿到教育學位及社會學碩士學位後，還在攻讀博士時，為了學習現代舞而隻身旅歐，在柏林一段日子後聽說依莎朵菈．鄧肯（Isadora Duncun; 1878-1927）在維也納，趕過來時卻已與其失之交臂。她於是就留下來在布羅斯的學校教舞蹈。不久，她在一場化妝舞會裡與艾瑞克一見鍾情，旋即搬進他與布羅斯的住處，似乎硬是就把布羅斯給擠跑了！翌年她「意外」懷孕，生下老大〔註六〕後，艾瑞克在親友百般勸說下（「你難道要你的兒子跟你一樣沒有父親嗎？」），終於答應結婚。不只結婚，還一口氣結了三次婚！他們選了四月一日愚人節這樣的日子，先去法院，再到猶太會堂，最後又去了時已改名為瓊的莎菈．瑟生家裡所信仰的聖公會（Anglican; Episcopalian）教堂。遲到、忘了戒指，都是小波小浪。他們從此廝守終生，一甲子恩愛，也互相成為對方事業最得力的搭檔。

艾瑞克與安娜・佛洛伊德之間的關係，充分表現出艾瑞克當時的徬徨與猶豫。安娜很早就看出他的才華，鼓勵他「拜她為師」。她雖然只比他年長七歲，卻已是維也納精神分析學會的祕書，且身兼時已重病的父親佛洛伊德的全天候護士及保姆，自認是「正統」精神分析運動的當然繼承人與守護者。此時她與陶若曦及其他幾位女性分析師開拓兒童精神分析治療術的努力，也已將近開花結果。考慮到艾瑞克經濟拮据，她還主動提議每個月只收他七塊錢。這七塊錢除了讓他每天（一星期六天）去作一小時的個人分析之外，還包括鉅細靡遺的督導。天底下還有比這更划算的事嗎？但是艾瑞克還是遲疑了一陣子。他擔心這麼一來，他就只有「原形畢露」、「任人擺佈」了。他也推說他其實骨子裡還是個藝術家（雖然他早已明知他的藝術生涯成不了什麼氣候），還是乖乖地做他的「孩子王」比較好。安娜先是說這些方向並不互相衝突。眼看著艾瑞克還在遲疑，她祭出了最後一招法寶：她去問過佛洛伊德大師了，大師說艾瑞克當然應該接受這個挑戰。

艾瑞克屈服了，但是其後很長一段時間他一直還是有所疑惑。他覺得他的專長是對視覺空間、結構、形態、組合的掌握，而精神分析術似乎完全以聽覺、語言為主，過於抽象。但是有一

註六　Kai Theodor Erikson（1931-）後來成為知名的社會學家，專門研究突發災難的社會性後果，曾任第七十六屆美國社會學會會長。

天他竟靈光一閃，豁然貫通了。他發現原來語言也可以是有結構、有形狀的。他對視覺空間的瞭解，於是成為他的強項。他看著兒童安排玩具，常常比別人更快就發現孩童本人還無法用語言表達的內心衝突。他這才真正體會到，先前大師說「他（艾瑞克）可以讓人『看到』精神分析」是什麼意思了！原來精神分析遠沒有他原先想像的死板，他的確可以成為一個結合視覺藝術與精神分析的、出色的心理治療師！

果然不出所料，分析一旦開始，艾瑞克對兩位佛洛伊德的移情現象（transference）很快就傾瀉而出了（而這其實也正就是起初他那麼遲疑的原因之一）。日復一日，他坐在佛洛伊德父女共用的候診室，嫉妒他們倆的父女情深（他後來甚至還說他們亂倫，當然這應是指精神上的，而不是肉體上的亂倫）、嫉妒那些能被老佛洛伊德治療的病人，時而把老佛洛伊德當成他的繼父，時而又將之融入他想像裡那神祕的生父身上。而在候診室的另外一邊，安娜又勾引起他對童年時年輕貌美的母親的回憶與依戀。這些不都是一個又一個躲也躲不開的漩渦嗎？難怪多年後艾瑞克回憶起那一段時日的時候說：「精神分析的確是很痛苦的一個過程。日復一日，你盯著同樣的天花板，不知道要說什麼，不知道自己在說什麼。許多人就在這樣的過程中發瘋了！」也許不管是什麼圈子，陷入太深總是會有問題的。因此，艾瑞克遇到他的舞蹈家太太，實在是他天大的福氣。瓊與艾瑞克差不多同時開始接受精神分析，可是沒多久她就放棄了。「那麼一個醜老頭，居然要我相信我愛上他，真是沒有自知之明！」不管她是不是真的討厭精神分析，她對艾瑞克的精神分析事業卻從頭到尾一路相挺。差不多與他們同年齡層，未婚、聰慧、美麗（雖然有些古板）的安娜對瓊來說，想必是心理上一個極大的威脅吧！可是她對安娜卻從無怨言。艾瑞克之所以在那三年五載（他有時說是三年，有時又說是六年）的漫漫長路裡沒有被戀父、戀母情結所淹沒，恐怕大半需要歸功於瓊吧！

但是不管如何，一九二七年的艾瑞克是個倦遊歸來、走投無路、瀕臨崩潰的流浪漢，一九三三年準備離開維也納時，他已經結婚生子（老二於是年出生），成為國際精神分析學會的正式會員，也已是聲名遠播的治療師。他這脫胎換骨的轉變，如果不是因為維也納，應該是沒有可能發生的。

原來你就是你自己的父親

一九三三年德國納粹黨得勢，開始橫行無忌，艾瑞克．韓堡夫婦決心離開德語世界。他們一家四口先到哥本哈根，準備在那裡定居。但是艾瑞克在德國出生，並無丹麥國籍。哥本哈根當時最知名的精神分析師們不是信口開河、誇稱精神分析可以治百病，就是精神錯亂、舉止乖張、鬧得全城風風雨雨。再加上同樣因「避秦而來」的賴克醫師又在那裡四處宣揚性自由，引人側目，也讓丹麥學界對精神分析更加充滿疑慮。因此他們雖然請來了丹麥最有名望的律師去申訴，還是得不到工作許可。丹麥教育部對艾瑞克的精神分析師資格興趣缺缺，更不滿他連一張大學文憑也沒有。他們只好無奈移民美國。在三星期橫渡大西洋的郵輪上，艾瑞克開始撰寫希特勒的心理分析。碰巧一位返美述職的外交官喬治・肯南（George Kennan; 1904-2005）也在同一條船上，兩人義氣相投，都對歐洲的局勢憂心忡忡。肯南還把艾瑞克的文章翻譯成英文，於國務院傳閱。後來肯南在美國的政界聲名日著，艾瑞克這「心理歷史學」（psychohistory）的啼聲初試，也跟著影響了美國的外交、國防政策。

不同於丹麥，美國移民局對艾瑞克一點都沒有刁難，但是他去找工作時則四處碰壁。布列爾直言艾瑞克既不是醫師，英語又不行，甚至連大學文憑都沒有，別想在紐約開業；艾瑞克唯一的機會，就是到中西部小城，了其餘生。艾瑞克無奈轉往波士頓投靠瓊的母親。他們在那裡安頓下來，逐漸結識醫界大老、社會菁英。儘管艾瑞克的英語仍然吞吞吐吐，他畢竟是當時全美唯一的兒童精神分析師，許多人開始把他們家裡有行為問題的孩童帶來給他看。他來者不拒，父母喜歡他的溫文親切，孩童樂得與他玩在一起。如此一傳十、十傳百，不久他的診所（其實就是家裡的書房）也就「門庭若市」了。

與此同時，艾瑞克與美國學界也逐步建立深厚的關係。其時許多思想家與研究者對兒童發展，尤其是社會、文化對這成長過程的影響，開始有日益熱烈的討論。佛洛伊德的「心－性」（psycho-sexual）發展及不同階段的幼兒性慾（從口慾期、肛慾期到性蕾期等）是否有其「普世性」，成為重要的議題。作為新近發展的佛洛伊德派兒童精神分析學在美國的代言人，艾瑞克自然受到重視，也常被邀參與哈佛、耶魯、哥倫比亞等名校的定期研討會。他由此結識許多最具影響力的心理學家、精神醫學家、文化人類學家，諸如發明「主題統覺測驗」（Thematic

Apperception Test; TAT）的亨利・穆瑞（Henry Murray; 1893-1983）、育嬰學專家史柏克醫師、人類學家瑪格麗特・米德、露絲・本篤及愛德華・沙皮爾（Edward Sapir; 1884-1939）。艾瑞克與米德尤其投緣，不久就成為終生摯友。米德雖只長艾瑞克一歲，卻就像他的老大姊，對他的提拔與關心，無微不至。透過米德等人，艾瑞克得已結識「大金主」羅倫斯・法蘭克。法蘭克自己雖不是研究者，卻因長期主導洛克斐勒及其他基金會的運作，而對美國二十世紀初期社會科學的發展，有莫大的影響力與貢獻。他與米德是世交，有好幾年兩家人就住在同一棟大樓；米德遠行做田野調查研究時，她的獨生女凱薩琳就是全靠法蘭克夫婦照顧。法蘭克「慧眼識英雄」，從梅西基金會（Macy Foundation）找到可以支持艾瑞克兩年薪資的經費，以及耶魯大學研究員的位子，讓艾瑞克得以專心研究、寫作，不必再為求溫飽而四處奔波。

一九三九年艾瑞克一家人申請歸化美國籍獲准，他趁這個機會也改了自己的姓名。北歐人原來並沒有姓氏的制度，每個人都以「某人之子」自稱。後來當政府要求每個人都需要有姓有名時，大多數人就以此為取姓的依據。例如安德生（Andersen或Anderson）原先就是一位名叫安德（Ander）的人的後代。艾瑞克因為相信自己素未謀面的父親也叫艾瑞克，就替自己取了「艾瑞克森」（Erikson）這樣的一個姓，而把他繼父的姓韓堡（Homburger）移到中間，後來就更乾脆將之縮寫成一個字母H了！這個決定常被猶太學者攻擊，認為他過河拆橋、數典忘祖，企圖隱藏他的猶太人背景，辜負他繼父的養育之恩。艾瑞克森辯稱改姓是為了他的小孩的心理健康。韓堡（Homburger）讀起來與漢堡（Hamburger）太接近了，小孩子們常因此被同學取笑。他也說這個決定是得到他遠在以色列的繼父與母親同意的。但是這個改變最重要的意義，應該是艾瑞克開始對他在美國這個新世界開創他的新生活已然充滿信心，不見得需要再去搜尋他的生父了！他已經創造了自己，他可以就是他自己的父親。

人生旅程與自我認同的重要性

平心而論，佛洛依德對人心「陰暗面」的瞭解，貢獻當然是劃時代的。經由他一生不懈的挖掘，我們才比較能瞭解，掩藏在我們能夠直接意識到的「理性思考」之下的，有那麼多由「原慾」驅動的「原我」（Id）的力量在那裡騷動，以及同樣大半存在於意識之外的，由社會要求內化而成的「超我」（例如不可以隨地大小便；不可以有戀母弒父的感覺）相爭鬥，無時無刻需要「自我」（Ego）來仲裁。在這樣由十九世紀機械性的世界觀演泛出來的模式裡，心靈是個各種力量交集、不斷角力的戰場。安娜．佛洛伊德在《自我及自衛機轉》（*The Ego and the Mechanisms of Defenses*）一書裡，進一步釐清自我用以防衛「原我」與「超我」之「攻擊」的種種方法，有的比較成熟、有的相對原始，但是不論如何，重點始終是內心世界，鮮少論及個人成長與環境（尤其是社會、文化的環境）之間的關係。艾瑞克森雖然終生自許為忠誠的正統佛洛伊德派分析師，他對社會文化環境因素的看重則接近霍妮、佛洛姆、蘇利文等人的「新佛洛伊德學派」（Neo-Freudian School）。相較於佛洛伊德的「心－性」發展理論，他的「心理－社會」

（psychosocial）發展模式著重的毋寧是個人發展的社會背景，是人際與內心並重的。在他出名的人生八階段裡，前四期其實與佛洛伊德的發展理論幾乎完全一致。例如「心－性」理論的口慾期對艾瑞克森來說，其重要性其實遠超過單純的吸奶之口慾快感，而是嬰兒對他人（最早的自然是母體；也就是客體關係理論裡的「客體」）的信任感的建立。而到了佛洛伊德的「肛慾期」（大約十八個月到三歲），嬰兒所面對的課題則是自主及自我控制能力的建立。再下來的「性蕾期」則變成了孩童發展自動自發之能力的時候。經過這樣的重新「包裝」或詮釋，精神分析理論與日常生活掛上勾，成為人人能解的概念，艾瑞克森功不可沒。

然而艾瑞克森最可貴的貢獻之一，應該是把人格發展從孩童期延伸到青春期乃至中老年。「正統」精神分析學相信心理問題的病源深植於人心底層，而沉澱在那裡的，應該是幼兒時期的「心－性」衝突，尤其是「伊底帕斯情結」的處理。艾瑞克森雖然也對人生的前四期多所著墨，他最有貢獻的，則是青春期。在這青少年期，個人面對的課題是走出家庭，尋找自我認同。源於他自己那麼多年流離漂泊的經驗，他深信這個成長期對每個人來說都是波濤洶湧、危機四伏的。在這個階段裡個人必須努力去回答：「我到底是誰？我與身處的世界是什麼樣的關係？我如何去做我這樣一個人？」剝開神祕的面紗，這其實也就是中國古人常說的「安身立命」的課題。這徬徨的探索過程，固然不能無限制地拖延下去，但也的確是需要時間，催逼不得的。他因此主張，青少年界定自我的歷程，需要一個「寬貸期」（moratorium）。這寬貸期固然不一定要像他那樣拖延十年，卻總是需要一段時間的。

艾瑞克森一直十分擔心這些人生發展階段的概念被過分簡化，被一期一期完全地分割開來。其實雖然每一期面對的重點不同，並不意味一旦進入下一期，前一期的課題就可以完全拋諸腦後。例如（對人、對世界的）信任與不信任固然是第一期的重點，但這並不是說過了這個年齡，「信任」就不再是問題了。認同的問題尤其如此。一個人也許過了青少年期後對自己是什麼樣的人、人生要怎麼過有一個比較清楚的方向，但是他身處的環境一旦有了重大的改變，認同、身分、方向的混淆又會再出現，而這個人也就不得不重新去調整其自我認同、界定人生的方向。作為一個三十出頭才搬到美國的新移民，艾瑞克森對此自然是感同身受。處在這變動不居的現代世界，認同與人生方向的重整，隨時隨地都在發生，難怪艾瑞克森一提出「認同危機」這個概念，馬上就得到舉世的共鳴。

一九五〇年，艾瑞克森的《兒童與社會》（*Childhood and Society*）〔註七〕一書問世，總結了他將近二十年思考、觀察、研究的成果。他在此書裡運用他的臨床經驗、正常人性格發展的長期追蹤調查資料、對兩個不同的美國印地安部落的深入觀察，以及對兩位歷史名人，希特勒與高爾基（Maxin Gorky; 1868-1936）成長過程的分析，生動地闡述他的種種創見。此書深入淺出、罕用專業術語、想法貼切人心，逐漸引起學界乃至一般大眾的注意，被愈來愈多的大學指定為學生的基本讀物，銷售量年年增加，頻頻再版。一九六一年平裝本印行之後，它隨即成為暢銷書，幾乎人手一冊，洛陽為之紙貴。

生性害羞的艾瑞克森忽然變成了時時需要暴露在鎂光燈下的公眾人物，一時間還真的不知道要如何應付，時常不免手忙腳亂。還好他的好友文化人類學家米德時常給他打氣，有時還自告奮勇，幫他預習，做他的教練。漸漸地，艾瑞克森也就揣摩出他自己的風格。他身著藍襯衫和看似隨便但是質料極佳的粗呢外套，足登印地安式的軟便鞋，身材高大、臉色紅潤、一頭白髮。「當他用他那湛藍的眼睛靜靜地看著你時，你覺得他一瞬間就穿透了你的心」，有的聽眾居然是這麼說的。

夜，驟然降臨

然而，艾瑞克森在私底下卻並不見得常有這慈愛的樣子。他的女兒蘇・布羅蘭回憶她的童年時說他在家裡沉默寡言、心不在焉。即使在宴會場合他也常半途失蹤，多半是溜回他的書房，繼續去改寫他的文章。一家人一起外出旅行時，他也一樣地手不釋卷、一得空就埋頭工作。蘇說：「他很會跟兒童玩遊戲，很懂得兒童的心理，但是我們除外。」幸虧他有瓊這位極其能幹而且又賢慧的妻子。瓊是個很有個性、很有主見、獨立性很強的女人，艾瑞克森事事仰賴她、依靠她，而她對此幾乎從無怨言，也許她就正是有這種被他依賴的需要吧！她帶著三個小孩、包辦一切家

註七 Erik H. Erikson, *Childhood and Society*. New York, NY, W. W. Norton & Company, 1950.

務、與親友聯繫、組織社交活動、鋪造花園景觀，晚上還要替艾瑞克森逐字逐句修改文法，甚至文章的內容。他們兩人後來都說，艾瑞克森的許多創見，尤其是人生八階段的想法，其實都是兩人共同討論出來的。除此之外，瓊居然還有時間和精力繼續追求她自己在藝術方面的興趣，得空就跳舞、編織、做陶藝等等。

然而「天有不測風雲」，當他們的事業、家庭似乎都那麼地一帆風順，經濟情況也容許他們籌劃搬到柏克萊郊區佔地數畝的「深宅大院」的時候，暗夜悄然來襲。他們本來以為將近臨盆的第四胎也會像前面三個一樣地順利，然而沒想到這次分娩竟是意外地困難，最後不得不動用全身麻醉。嬰兒（後來取名尼爾〔Neal〕）一出生就被診斷為罹患唐氏症（Down's syndrome）。當時瓊仍然昏迷，艾瑞克森一時慌了手腳，急忙打電話四處求助。其時醫界對唐氏症的瞭解仍然有限，他們還不知道唐氏症孩童在有利的環境裡也可以長大成人，而且能過著歡樂的生活。艾瑞克森的朋友們，尤其是米德，認為既然嬰兒活不了多久，就應該儘量避免病嬰與母親接觸，最好趁瓊還未見到病嬰時就把他送走。

這件事在其後三十年一直悄悄地在傷害艾瑞克森家裡的每個人。瓊並沒有把尼爾完全忘掉，還是不時會去養護院看他。他們跟十三歲的老大凱（Kai）說實話，卻告訴十一歲的老二喬（Jon）和六歲的蘇（Sue）說尼爾一出生就死掉了！但是孩童是敏感的，他們可以感覺到父母親之間的緊張關係，也隱約猜測尼爾是被丟掉了！如果事情果真如此，那麼什麼時候會輪到他們被拋棄呢？蘇的家庭自傳裡對此怨言不絕。喬雖然不曾抱怨，但是從小口吃的問題日趨嚴重，成年後終生漂泊，始終無法有安定的生活。蘇說，成長在名人的陰影下，的確已經是那麼辛苦的了！而父母親的公共形象與他們私底下的行為之間的差距，則讓她更難以承受。更有甚者，尼爾二十一歲過世時，艾瑞克森與瓊正值在義大利靜修（sabbatical），竟然叫從未與尼爾謀面的蘇和喬去安排後事。他們夫婦是那麼無情的人嗎？也許更可能的是，由於他們自己童年的創傷，他們也有他們自己的軟弱與不知所措的時候吧！

前有古人

《兒童與社會》一書之後，艾瑞克森最出名的兩本書，就是《青年路德》〔註八〕與《甘地的真理》〔註九〕。這兩本書都是上下古今廣徵博引、擲地有聲的巨著。它們的出版，更加鞏固了艾瑞克森的學術地位，也讓他一躍而成為家喻戶曉的公眾人物，被反抗權威的年輕一代當成先知、心靈導師。馬丁．路德（Martin Luther; 1483-1546）與甘地（Mahatma Gandhi; 1896-1948）當然都是非常重要的歷史人物，他們的心路歷程的確都十分崎嶇複雜、高潮迭起。他們的豐功偉績，

註八　Erik H. Erikson, *Young Man Luther: A Study in Psychoanalysis and History*. New York, NY, W. W. Norton & Company, 1958.

註九　Erik H. Erikson, *Gandhi's Truth: On the Origin of Militant Nonviolence*. New York, NY, W. W. Norton & Company, 1969.

也足以讓他們成為那一代的年輕人渴望去模仿的榜樣。在這個意義上，艾瑞克森的確選對了人。但是這並不見得就是他之所以耗盡心血、「皓首窮經」，讓這兩個人能在現代人的心裡重新「復活」的主要因素。的確，如果我們回顧艾瑞克森的青少年時代，其實已經處處可以看到路德與甘地的痕跡。艾瑞克森之所以對他們一直這麼有興趣，應該是因為他在他們身上看到了自己。他們年輕時代長期的掙扎搜尋，對應著他自己當年的失落孤寂，而他們的終能走出困境，「發現自己」、「真誠」做人，對當年依然迷失的他，想必也曾是極大的鼓舞。

在艾瑞克森成長的環境裡，路德的確是無所不在的。天主教思定會（Augustinian）神父路德在自己即將「三十而立」的一五一七年萬聖節前夕，因反對教宗及當地主教濫發「贖罪券」（indulgences）而將他的「九十五條論綱」（ninety-five Theses）貼在他自己教堂的大門口。路德的本意，原來大半也只是為了要發發牢騷罷了！他自從決心「歸主」以來，已經十多年了，卻仍然時時刻刻需要與懷疑掙扎、與絕望奮鬥。他能相信贖罪券不是教會為了斂財而製造出的嗎？九十五條反反覆覆，講的就是這件事。他沒想到，在他那個時代，「大字報」已經不再只是大字報了。古騰堡（Johannes Gutenberg; 1398-1468）在半個世紀前「發明」的活字印刷術，這時已經普及到全歐洲。路德的大字報被大量印刷、四處傳播，不久就幾乎人手一冊。這大眾傳播方法的更新，再加上種種其他因素，諸如將知識份子從經院傳統裡解放出來的文藝復興運動、對教會的貪婪腐敗愈來愈不滿的城市中產階級的擴張，以及各地的王侯領主對教會田產財富的覬覦，遂使路德單純的抗議，演化成四處蔓延的野火。不出數年，整個北半部的歐洲，就已成了新教

（Protestants）的天下，路德也就成了新教兩大宗派之一的路德教會（Lutheranism；華語通稱信義會）〔註十〕之精神領袖。艾瑞克森的父祖「原鄉」丹麥，以及他童年成長的德國，正就是路德教派盛行的地方。在他那七年四處流浪的日子裡，艾瑞克森也自然就經常有機會與路德派的牧師接觸，而屢屢為其佈道所感動。

回溯路德的童年，艾瑞克森發現路德之所以反抗權威，並不是沒有來由的。路德的父親是個野心勃勃的礦工，一生迫切望子成龍，對從小聰慧的長子路德管教嚴厲，常常動不動就拳打腳踢。路德從小品學兼優，十八歲就順從其父之意，進入大學學習法律。有一天他在冒著狂風暴雨返校的途中，忽然自覺為雷電所擊，昏倒在地。醒來後他聲稱得到聖靈的指示，要他進入一向管教最嚴的思定會修道院去修習神學。他的這一招如此冠冕堂皇，完完全全打散了父親的如意算盤，但是神意如此，其父也只有徒呼奈何！

但是路德靈修的路程，卻是十分艱辛的。他一方面強求自己絕對相信、服從教理及教條，同時又無時無刻地為自己的不能夠「完全」相信、堅決服從而自責、沮喪，甚而絕望。用現代精神醫學的角度來看，他無疑罹患嚴重的強迫症，也經常身陷於極度憂鬱的狀態。他幸好遇到一位極

註十　路德教派在華語地區通常意譯為「信義會」，因其強調「因信稱義」，亦即人得到救贖的唯一途徑是經由對呈現於《新約聖經》裡「道成肉身」的耶穌的信仰而得到神的恩典，而不是基於行善、遵循教條或謹守儀式，更無需神職人員（如教宗）或聖母、聖徒為仲介。

其「開明」的修道院院長，珍惜他的才氣，不論自己如何繁忙，總是設法挪出時間，用心傾聽他那沒完沒了的疑惑與自責（艾瑞克森在書中多處把路德的這位恩人與成功的精神分析師相比擬）。但是無論如何，路德的心靈依舊躁動不安。他繼續苛求自己，當然也就繼續苛求他人。他反抗父親，到修道院尋找他理想的父親。但是在那裡他又失望了，他也只有繼續反抗。也幸虧有他的反抗，基督教世界才能再次反思其原始教義，由此而演化出那麼多活潑的新教派、新思潮，也間接激發了天主教的改革與活力。路德的內心衝突與認同危機，其貢獻大矣哉！

後有來者

艾瑞克森筆下的聖雄甘地，認同危機與自我追尋的時間就更長了！成長於印度上層家庭的甘地，十九歲獨自到倫敦修習法律。在那裡他一方面堅持素食、頭戴印度式纏巾，同時也努力學習成為一個道道地地的英國紳士。三年後學成歸國，他卻發現所學不符印度國情，處處碰壁。再兩年後他轉往南非，沒想到在火車上被趕下頭等艙，連行李一起被丟在「鳥不生蛋」的小車站。他從此體認他的被殖民身分，而逐漸變成一個愈來愈積極，也愈來愈成功的抗爭活動領導人。在一次又一次的抗議活動中，他的非暴力主張漸漸成形。然而他卻又在南非第二次波爾戰爭（1899-1902）期間及第一次世界大戰末期（1918）鼓勵印度人從軍，守護大英帝國。他的自我認同，的確並不是那麼簡單明瞭。

他一次次退隱，追求自我的鍛鍊：節食、禁慾、棄絕任何享樂、參與勞力活動、安步當車、衣著簡樸幾近裸體。隨著他的「苦行」的逐漸廣為人知，他在印度國內乃至國際上的名聲與地位也日益高升。在一次次的關鍵時刻裡，他適時出山領導抗爭，用出人意表的不合作、非暴力的方法，包括絕食和自願入獄等，來對抗暴政。其中最著名的一次是一九三〇年對食鹽公賣制的抗議之行。原來英國殖民政府為了稅收，嚴禁任何人製造或販賣食鹽。甘地親自率眾自德里出發，徒步四百公里到海邊撿拾海鹽，同時號召所有民眾用任何辦法破壞禁令，並主動投案。在法庭上他主動要求最重的六年刑期。不久全印度的監獄爆滿，引來全球的注目，終於迫使英國政府讓步。甘地不幸在印度擺脫殖民統治後被槍殺，但是他的精神與方法使後來美國的人權運動及南非的獨立運動得以成功。

但是甘地就是天生的聖人嗎？艾瑞克森寫他的傳記寫到一半的時候，竟然無法再繼續下去了。揭開甘地溫順謙讓的外衣，艾瑞克森看到他凶悍與不近情理的一面，禁不住放下傳記，寫了一篇長信給早已過世的甘地，質問他對待敵人那麼寬容，對自己的結髮之妻、子女，以及追隨者何以那麼地嚴厲，例如要求婆羅門出身的妻子親手替賤民（untouchables）清理大小便；剃光年輕女孩的頭髮以免她們引起男孩的遐思；因為細故就公然威脅要將兒子掃地出門等等。有趣的是，艾瑞克森發了這一大堆牢騷之後，文思又通暢了起來，終於把這長達將近五百頁的書寫完，翌年就由此而獲頒普立茲（Pulitzer）獎。

生生不息

艾瑞克森在一九七〇年自哈佛退休後體力漸衰，其後二十餘年他的著作乃至生活起居，愈來愈仰賴他的太太瓊。他們在那最後的歲月裡，最擔心的就是他們的理論——尤其是著名的人生八階段論——被僵化與曲解。的確，「階段」這個字詞本身就已容易給人分割的感覺。他們後來開始用「生命周期」（life cycle）一詞，以呈現各「階段」之間相互重疊，不能勉強切割的概念。但是對大多數人來說，分割總是比整合容易掌握的。於是階段說也就繼續與艾瑞克森糾纏不清了。基於同樣的理由，雖然艾瑞克森相信人格的發展同時是個人（內心）的也是社會（人際）的過程，那社會的層面還是不免經常被抹殺。艾瑞克森的「認同危機」一詞，對變動不居的現代世界實在太貼切、太重要了！它很快的就成為日常用語，讓人以為它自古以來就一直在那裡，忘掉了它是沒多久以前才被創造出來的。因此我們也可以說艾瑞克森太成功了！成功到讓我們幾乎忘了他的貢獻。

但是我們應該有時候還是會想到，這世界因為有艾瑞克森、路德、甘地（註一二）這樣的人，一生一世這樣的尋尋覓覓，而讓我們比較能清楚地找到方向、找到自己。這樣想的時候，一種感激的心情，應該就已是盡在不言之中了吧！

註一二　本文主標題「甘地自甘地，路德自路德」源於《寒山子詩集》「寒山自（或作住）寒山，拾得自拾得」。

催眠大師音容宛在——米爾頓．艾瑞克森的傳奇

這可以說是一個「朝聖」之旅。我們從舊金山「跋涉千哩」，一路開車到亞利桑那州的鳳凰城，來參加這數年一度的艾瑞克森催眠治療大會。這位艾瑞克森，全名為米爾頓．海藍．艾瑞克森（Milton Hyland Erickson; 1901-1980），與我們或許比較熟知的艾瑞克．艾瑞克森（Erik Erikson）全無關聯。後者的父親是一位丹麥人，在他未出生前即遺棄了他的猶太裔母親。艾瑞克成長於猶太家庭，多年後才知道自己的身世。他原為居無定所的畫家，流浪至維也納後開始結識精神分析圈裡的人，從而自安娜．佛洛伊德接受完整的精神分析訓練。如同許多那一代的精神分析師（以及科學家、哲學家），他在一九三三年納粹黨得勢後移居美國，從此開展其一生輝煌的學術生涯。我們目前習見的許多心理學概念，諸如「認同危機」（identity crisis）、八階段的人生成長過程，都是他首先提出的。他的傳世之作，還包括《青年路德》（*Young Man Luther*）與《甘地的真理》（*Gandhi's Truth-The Origin of Militant Nonviolence*）。

這篇要介紹的米爾頓．艾瑞克森則是一位土生土長的美國人。顧名思義，他的父親自然是北歐人的後裔（他自認是好勇鬥狠、敢於冒險犯難的維京人的後代）。他的母親則有美洲印地安人

的血統。他出生在內華達州東部一個現已荒棄的礦場臨時搭建的泥地小木屋（log cabin）裡（這小木屋依山壁而建，其實只有三面牆）。到了他五歲的時候，他的父親才終於告別掏金的夢想，舉家遷回威斯康辛州，在遠離城鎮的荒村野地經營一個小農場。鄉村學校師資不足、圖書匱乏，米爾頓從小色盲、五音不全（tone deaf）、缺乏韻律感，又有閱讀障礙（dyslexia），原本打算中學畢業就跟父親在農場工作，不料在十七歲時生了一場幾乎奪命的大病，從此改變了他的一生〔註一〕。

他患的是當時幾乎每年都會大流行的「小兒麻痺症」（poliomyelitis）。也許因為生長在鄉間，他童年時顯然未受感染。小兒麻痺症病毒雖然對孩童是嚴重的威脅，但感染者多數能夠康復而終生免疫。僅有少數（但已是可怕的少數）因侵及神經系統而導致殘廢或死亡。年紀愈大，「麻痹」乃至死亡的機率愈高。米爾頓病情險惡，最嚴重時全身上下只剩下眼球的肌肉還聽指揮。有一晚，三位醫師（兩位由芝加哥趕來）共同會診，一致同意，在米爾頓床前告訴他的父母，他不可能活過當晚。米爾頓憤怒可知，卻無從表達。他費盡九牛二虎之力，終於讓他母親明白，他要他們把衣櫃從床前移開。當時他們以為他已神智不清、胡言亂語，許久之後才知道，原來他決心至少要活到次日，看完最後一眼落日。

他的「小兒麻痹症」剝奪了他的肌肉功能，讓他無法以語言、表情或肢體溝通。他唯一能做的「消遣」，就只是「眼觀耳聞」。時日一久，他發現所有人都常不免言行不一致。他們未必有意欺騙隱瞞，而更常是不知道自己要的是什麼，或更有甚之者，可能根本不知道自己在「想」

什麼。

在漫長的復原過程中，他逐步「學習」如何運用每一條肌肉、執行每一個動作，這才發現，原來一向想都不想，「輕而易舉」的動作，「舉手投足」、「一顰一笑」，都是如此地複雜、如此地耗盡心力。這個經驗讓他深刻體會，比起意識思考層面，儲藏在潛意識的知識、能力、傾向、喜惡，是如何地豐富與不容忽視。

劫後餘生，艾瑞克森深切體會人生難得、分秒必爭。在剛可以下床，走路還搖搖晃晃的時候，他用他的積蓄買了一艘獨木舟，帶著剩下的幾塊錢，漂流千里。幾個月後倦遊歸來，他不但積蓄稍有增加，也已經可以扶著拐杖走路。但是他當然已經不再是農夫的材料了。既然這一生必需繼續與疾病及其後遺症奮鬥，那麼就去當醫生吧！他大概是懷著這樣的心情考上威斯康辛大學醫學院的。

艾瑞克森醫師如何變成催眠大師

艾瑞克森日後常會提到，他的這一場大病，乃至他其他如色盲等的「缺點」，都是「塞翁失

註1 Sidney Rosen, *My Voice Will Go with You: The Teaching Tales of Milton H. Erickson*. W. W. Norton & Company, 1991.

馬，焉知非福」（註二）。或許這中間難免也有酸葡萄或「打腫臉充胖子」的成分，但是他這場病的確引發了他對個人的行為、動機，以及人際溝通、互動的興趣。所以他一進大學就開始兼修心理學。無巧不巧，克拉克・侯爾（Clark Hull），那個時代研究催眠現象最有成就的心理學家，就在威斯康辛大學。艾瑞克森勤奮學習，不僅很快就掌握了催眠術的訣竅，而且深受老師科學家精神的影響，細心觀察、實事求是。一九二七年他從醫學院畢業後，輾轉任職於數家公立精神科療養院，後來又在維恩州立大學（Wayne State University）兼任教職，直到一九四八年以教授身分「退休」，舉家搬到氣候宜人的亞利桑那州鳳凰城。二十年間，他利用各種機會，將催眠術應用於各色各樣的無數病患（乃至親朋好友）身上，方法愈來愈得心應手，技巧愈來愈靈活成熟。但是因為醫學界、學術界一般對催眠治療的疑慮與排斥，他基本上保持低調，避免「樹大招風」。

艾瑞克森日後之所以成名，原初來自他與瑪格麗特・米德的關係。一九三九年，時已名震寰宇的人類學家米德，由峇里島帶回大批島人「神靈附身」、進入恍惚狀態（trance）的錄影片，風聞艾瑞克森在這方面學有專長，開始與之聯繫。合作計劃雖因二次世界大戰而中斷，艾瑞克森卻因而應邀參與國防部篩選新兵的工作，而與米德其時的丈夫葛雷果理・貝特生結識。戰後貝特生遷居加州史丹佛，與米德漸行漸遠，終至離異。貝特生其時事業漸至巔峰，研究病患人際關係，首創「兩難處境」（double bind）及「精神分裂症母親」（schizophrenogenic mother）等概念（後者後來被發現是倒因為果的錯誤理論）。為了瞭解心理治療的療效因素，他物色了一批野心勃勃也極為優秀的年輕學者及研究助理，長期觀察、記錄、分析全美最優秀的幾位心理治療師與病人的互動。而艾瑞克森正是他鎖定的其中一位。

這些年輕人很快就迷上艾瑞克森。與多數治療師不同，他犀利、明快、風趣，又常捉摸不定、不按牌理出牌。他們也深深佩服艾瑞克森儘管行動不便、不時為身體四處的病痛所糾纏，卻幾乎無時無刻那樣地精神飽滿、笑逐顏開。這些年輕人每個月在美西海岸與沙漠中的人造綠洲（鳳凰城）之間，往返數日，終年不疲。他們未必曾給貝特生的問題找出什麼特別的答案，卻一個個成了艾瑞克森的信徒。他們親眼見證艾瑞克森的魅力，但卻捉摸不到這魅力背後的原理。於是他們各自發展他們的詮釋，時或爭論不休，但更常相互印證。三十年間，他們將艾瑞克森的想法、做法加以系統化、合理化，但也常將之罩上神祕的光環。藉著三、五年一次的催眠治療大會及心理治療演化大會（Evolution of Psychotherapy Conferences），以及種種訓練課程，艾瑞克森式的心理治療與催眠治療逐漸廣為人知，蔚為風氣。而當年的學生，如今也多已成為成熟的治療師與能言善道的導師，在全美乃至全球各地傳播艾瑞克森的治療方式。艾瑞克森由是而聲名遠播，歷久不衰。

註二　Jay Haley, *Jay Haley on Milton H. Erickson*. Brunner/Mazel, 1993.

催眠現象與近代精神醫學的源起

然而艾瑞克森的影響，卻一直徘徊於精神醫學主流門牆之外。這當然有種種原因，但是最根本的，其實可以說是精神醫學與催眠術之間錯綜複雜的歷史淵源〔註三〕。近代精神醫學以及臨床心理學原初的發展，與催眠現象關係深厚。但是這些相關學科在力求「科學化」的過程中，卻常不得不試圖與催眠術劃清界線。流風所至，精神醫學家提到催眠術，常陷於「談虎色變」，其實也可以說是矯枉過正。

「催眠術」為近代醫學所注目，始於德裔醫師法蘭茲・麥斯莫（Franz Mesmer; 1734-1815）。其時西方學者正興起一陣研究電磁現象的熱潮（法蘭克林〔Benjamin Franklin〕，美國開國元勳之一，正是其中的翹楚）。麥斯莫「發現」磁鐵可以治癒種種疑難雜症，包括精神疾病。他由此發展出「動物磁場」（animal magnetism）的理論，主張人與其他動物體內都有循環不息的、「動物性」的電磁流。這電磁流的流動如果不順暢，就成為萬病之源。他隨後發現，他並不需依靠磁鐵。他發展出一套獨特的凝視與摸觸的方法，比磁鐵還有效。他由此名聲遠播，門庭若市，驚動了政要權貴。學界大老輪番調查之後，斷定他是江湖郎中，治療效果是病人的想像。他被奧地利及法國驅逐出境，潦倒餘生。但是他的動物磁場理論卻持續盛行，「麥斯莫現象」（mesmerism）一詞也沿用至今，成為英文中的常用語。

麥斯莫身後百餘年，天才橫溢的沙考，現代神經科學的奠基人之一，長年被日益增多的歇斯底里病患層出不窮的症狀逼得幾乎要發瘋，不得不權且試用類似麥斯莫的治療方法，居然發現百試百驗。不僅如此，他還可以隨時讓她們（多半是一些初到巴黎的鄉下姑娘）的症狀再現，甚或隨他的指令出現其他的症狀，昏倒、肌肉麻痺、眼瞎耳聾、疼痛感消失等等，不一而足。全世界的專家、學者蜂湧而至，競觀「奇蹟」。受到這麼多注意，村姑們愈來愈「收放自如、得心應手」。沙考的目的，原初或不在治療，而是要向學界證明歇斯底里不源於神經系統的缺損。但是觀眾之中，有人開始思考歇斯底里的心理機轉，其中之一，正是當時正在巴黎留學的佛洛伊德。「潛意識」的概念，也大約自此萌芽。稍早之前，佛洛伊德已知道他的恩師布魯爾也開始在使用類似的方法治療那些在禮教嚴謹、性生活極度壓抑的「維多利亞」時代中產階級環境裡長大的女孩。精神分析術臨床應用的第一個個案安娜・歐（Anna O.，真名柏沙・帕芃罕〔Bertha Pappenheim〕，後來成為美國知名的社會工作師及女性主義推手），原是布魯爾的病人。她多次接受催眠治療，正當這兩位醫師眼看她的症狀一一消除，認為她已完全痊癒的時候，她忽然宣稱她肚子裡懷著布魯爾的小孩。布魯爾震驚之餘，再也不敢碰催眠術與歇斯底里症病人。佛洛伊德反其道而行，把這個病例寫成一本結構嚴謹、文辭優雅的書，探討歇斯底里症病人症狀的潛意識背景，及催眠術背後的暗示作用。

註三 John C. Hughes, *The Illustrated History of Hypnotism*. National Guild of Hypnotists, 2008.

其後數年，佛洛伊德逐漸成為歇斯底里症的權威。他的病人在催眠狀態下異口同聲，描述她們童年時受性侵害的情境（罪魁通常是父親）。佛洛伊德原初相信這就是歇斯底里症的病因，後來發現並非人人如此時，轉而相信這類記憶都是「戀父情結」的表現，而正是催眠術的強烈暗示作用造成了這種誤導的記憶，他從而揚棄催眠術。流風所及，此後精神分析師及心理治療師多視催眠術為旁門左道，敬而遠之。精神醫學者在論及催眠現象時，大抵將之視為疾病（如歇斯底里、人格解離、多重人格）的誘因，鮮少提及其療效。

艾瑞克森的催眠治療術

與此相較，艾瑞克森對催眠現象的看法則是非常正面的。遠在「潛能開發」成為常見用語之前數十年，他就已堅信潛意識不是洪水猛獸，而可以、也應該是珍貴的寶藏。催眠現象有其普及性，而暗示作用則應是治療師乃至所有醫療人員必須妥為運用的利器。他也十分強調，病人之所以能改變，其主要源頭並非治療師，而是他本身已具有改變的潛能與意願。治療之目的與教育及子女的養育類似，在於幫助他人體會、開展他原有的良知良能。

學理依據之外，他所以會有這樣的信念，自然與他個人的人生經驗息息相關。他從不諱言他從小就常有類似催眠或恍惚狀態的體驗。他常與他的學生提到，從懂事以來他就常在沒有預料到的情況下，靈光一閃，「看到」多年一直困擾他的難題（例如閱讀障礙）的答案。而最鮮明的例子，則是在他十七歲瀕死的那一天，堅持要看最後一次日落。如願之後，他昏迷三天三夜，回魂時問他家人的第一個問題是院子裡的大樹和圍牆哪裡去了。這才發現，他在昏迷之前的最後一刻，魂牽夢繫的只是要看最後一眼日落，把其他的東西都抹殺得乾乾淨淨。他也常說自己看病人的時候，常會「出神」，進入恍惚狀態，而且相信就是在這樣的情況下，他才會是最有效的治療者。

但是催眠與心理治療師所在多有，艾瑞克森為何晚近這幾十年在美國特別走紅呢？最有可能的是，他是個土生土長的美國人。他的行事風格非常符合美國精神。與歐陸的催眠及心理治療學者不同，他看到的、注重的，是催眠與暗示現象的光明面，不是其黑暗面。他無可救藥地、也可能常是不切實際地樂觀。反映美國式的民主及對個人獨立的尊重，他的催眠與暗示，常是「間接」的、漸進的、若隱若現的。與傳統催眠師慣用的命令式語氣不同，他會說諸如「如果你願意，你可以閉上眼睛、你可以舒服地坐在椅子上、你可以放鬆、你可以很容易進入恍惚狀態」，而不是「你的眼皮愈來愈重了，你聽我從十數到一，你就進入催眠狀態了」。

但是間接與委婉，並不表示他沒有說服力、影響力。間接的暗示常是更有效、更「無孔不入」，也可能是更可怕的。因此傑．海利（Jay Haley），他的得意門生，會說類似這樣的話：幸好艾瑞克森是個絕對善良的人，不然他可能會比末代沙皇的妖僧格里哥利．拉斯普京（Grigori Rasputin: 1869-1916）更具破壞性。

除此之外，他的善用幽默、愛惡作劇、寧可說故事而不講教條的治療與教學方式，也在在反映出他身上的美國精神。因此有人稱他為精神醫學界的馬克・吐溫（Mark Twain; 1836- 1910）。他觀察細微，善用病人的語言，也常主動出擊、逆向操作，用出人意表、令人困惑的對話來引導、轉移病人意識上的注意力，從而讓病人的潛意識更不設防，更容易接受暗示。凡此種種，讓他獨樹一格、旗幟鮮明，也對晚近心理治療的理論及臨床應用有莫大的貢獻。

「催眠現象」的普世性

催眠與相關現象及其應用，是否如艾瑞克森所說的，是與生俱來、普遍存在的呢？證諸大量來自人類學、文化精神醫學的文獻，答案應該是很確定的。「催眠」這個名詞，其實並不確切，因為被催眠的人，並沒有睡著。催眠現象與睡眠無關，而是意識狀態變化（Altered State of Consciousness，簡稱ASC）的一種特殊形式。英國生物醫學先驅威廉・沙齎（William Sargant; 1907-1988）在其名作《心靈爭戰》（*Battle for the Mind*）〔註四〕裡，回憶他在非洲旁觀部落「狂歡」祭神時，聽著延綿不絕的鼓聲，看著族人一個一個「起乩」，差點就「忘了自己」，跳進舞圈，共享那「恍惚狀態」。在同一本書，他也詳述美以美（衛理）教派（Methodists）創始人約翰・衛斯理（John Wesley）「狂熱」的傳教方式（沙齎的父親正是一位美以美教會的牧師），以及專制政權的「洗腦」（brainwashing）技巧，指出他們之間的許多共同點。傑隆・法蘭克（Jerome Frank; 1910-2005）在其傳世之作《說服與療癒》（*Persuasion and Healing*）〔註五〕中更詳盡地比較洗腦、宗教療癒（如法國西南小鎮勞德〔Lourdes〕聖水的神奇效果）與心理治療的過程。臺灣的例子，自然就更常見了。幾乎每一個廟宇都會有一個以上的乩童。就如艾瑞克森，他們必須先經由傳統儀式進入恍惚狀態，「神明附身」，才真能為人治病。其他的例子，如：牽亡、碟仙、靜坐、冥想、氣功，也都是ASC的表現。如文榮光所說，ASC是人類中樞神經系統正常精神生理機能的一部分；自古以來人類運用與ASC有關的儀式來實現社會、宗教與醫療的目的〔註六〕。

如果說ASC的確是每個人的「良知良能」，那麼我們為什麼需要這樣的本能呢？或許這也是人類演化的結果。人類開始有清楚的「自我意識」，可能大約在十萬年前。能夠感覺自我的存在，不管這感覺是真是假，對當時才剛出現的「真智人」（Homo sapiens sapiens）是極為重要的。因為感覺「當下」的自己，我們才有可能想像未來、籌劃未來。而這神奇的稟賦，讓我們遠古的先人能在眾多「原人」（hominoids）中脫穎而出，終而成為這個地球的主宰。

但是這個「稟賦」不是沒有代價的。在想像未來的同時，我們同時也難逃被未來的不確定性

註四　William Sargant, *Battle for the Mind: A Physiology of Conversion and Brainwashing*. London: Heinemann, 1957.

註五　Jerome D. Frank and Julia B. Frank, *Persuasion and Healing: A Comparative Study of Psychotherapy*, 3rd edition. The Johns Hopkins University Press, 1993.

註六　文榮光，〈論靈異現象〉，二〇一一年十二月十八日檢索。http://www.ios.sinica.edu.tw/ios/seminar/religion/t2-1.htm。

所困擾。天災人禍，隨時有可能發生。當下的存在，包含了未來不再存在（死亡）的意涵。一時的恐懼變成無邊無際的憂慮。我們「無所逃於天地之間」。「自我意識」也帶來了無盡的疏離感。我們時時感覺自己與他人的分隔，不得不永遠不停地猜測周遭的人的動機。我們也不再自然地「與天地混同」。就象徵的意義而言，這其實就是亞當與夏娃的「失樂園」。

為了重返伊甸園，或回到「無生老母」身旁，我們需要時或脫離自我、拋開獨立存在的意識。自古以來，人們用種種方法來達到這個目的，沉浸於親情、沉迷於工作或嗜好、爭權奪位、累積財富，甚或以酒精及種種藥物來麻醉自己。但是最直接了當、也可能最具成效的，其實應該就是想方設法，使自己能時或進入這奇妙的ASC世界。在這個不同的世界裡，個人暫時放開自我，與天地、神明，或「可以依靠」的他人融合。這麼說來，雖然我們還不知道，在人類的演化過程中，這進入ASC的能力從何而來（就如我們對自我意識的演化淵源及神經系統機轉也所知有限），但是這種現象的重要性與普世性，則應是無庸置疑的。

艾瑞克森晚年，信徒日增。不幸他的「小兒麻痺後遺症」日益嚴重，終至寸步難行，不得不借重於輪椅。他雖然「誨人不倦，不知老之將至」，或許也會有他的極限吧！他愈來愈常對學生和病人說：「你就先去爬番婦山（Squaw Peak）吧！」許多人就真的花一、兩個小時爬到山頂。而在這過程中，他們忽然就「頓悟」了。這似乎頗具禪機的一句話，被他的徒子徒孫們反覆引用、反覆詮釋，似乎愈來愈玄了。但是這山峰究竟代表什麼意義，恐怕也只能由每個人去親身體會吧！

意識、情感與自由意志——美國心理學之父威廉・詹姆斯

約莫四十年前，筆者在西雅圖的一家舊書店偶然看到威廉・詹姆斯（William James; 1842-1910）的《宗教經驗之種種》〔註一〕，起初因為其封面鮮豔多彩，又有天使飄蕩空中，以為是一本旁門左道的邪書，但是細看其頁面介紹，才知道作者是哈佛大學（以及全美）的第一位心理學教授，被公認為「美國心理學之父」。他同時又因首倡實用主義（pragmatism）與「徹底經驗主義」（radical empiricism）而在哲學界與杜威（John Dewey; 1859-1952；胡適〔1891-1962〕及蔣夢麟〔1886-1964〕之師）齊名。這本書一路跟著我，從西雅圖、洛杉磯、臺灣到北加州，最近起意要把它找出來細讀時，卻找不到了。還好就在這個時候發現這書在臺灣已有完整的譯本

註一 William James, "The Varieties of Religious Experience: A Study in Human Nature." Being the Clifford Lectures on Natural Religion, London & Bombay, Longmans, Green, & Co, 1902.

〔註二〕，於是上網訂購，一睹為快。與此同時，在圖書館裡又找到多本威廉·詹姆斯〔註三〕及其家人的傳記，包括其弟小亨利（Henry James, Jr.; 1843-1916）〔註四〕、其父老亨利（Henry James, Sr.; 1811-1882）〔註五〕、其妹艾麗絲（Alice James; 1848-1892）〔註六〕；瀏覽之餘，才開始感覺對詹姆斯其人其事、他的貢獻以及他的時代背景，有比較整體的瞭解，略述於下。

三代恩怨

詹姆斯不尋常的家世與成長過程對他的一生有非常重大的影響。他的祖父「阿巴尼的威廉」（William of Albany; 1772-1832）出生於北愛爾蘭，十八歲時隻身來美，「赤手空拳」在北紐約州打出一片天下，躋身製鹽業、銀行界，成為全美屈指可數的首富之一，過世時留下三百萬（現值七、八千百萬）美元的遺產。作為一位虔誠的長老教徒，他律己、家教極嚴，拚命工作、節衣縮食，不知休閒娛樂為何物。

詹姆斯的父親老亨利是其祖父十一個子女中的老五，從小被認為是最讓人頭疼、最需要嚴加看管的一個小孩。老亨利則覺得親生父親以及教堂裡所說的「天父」的眼睛，無時無刻不在盯著他、監視他。他一意反抗，偷錢、喝酒，招來更多的管束，也促成他更多的反抗。

十三歲的時候老亨利在與一群玩伴玩放熱氣球時，著火的油罐不慎掉入馬欄的乾草堆上。老亨利忘了他自己的褲子上已灑到瀝青油，奮不顧身跳上去想要把火踩熄，卻嚴重燒傷了自己的右腳。數度的截肢手術後，他的右腿只剩下膝蓋之上的一小節，靠著義肢一瘸一瘸地行走。這場意外是老亨利一生的深創劇痛。但是這悲慘的經驗，對他的影響卻也不是完全負面的。因為生病，他才發現父親並不是百分之百的冷血動物，也因此才看到父親的悲愴，感受母親無微不至的照料，親身體會親情的溫暖。臥床將近四年也給他許多時間去博覽群書、深思人生的意義，把他從一個好玩、好動的小孩，轉變成一位思想敏銳、能言善辯、言辭不免尖酸刻薄的年輕人。在那四年裡，他苦思冥想，無能理解他何以會受到這莫須有的懲罰，而他無邊的憤怒與嫉妒，又使他深深陷入罪惡感的深淵。

重獲行動自由後的老亨利與其「有形」及「無形」的父親的爭鬥又「死灰復燃」、變本加厲。他順著父親的意思進神學院，卻在那裡放浪形骸，抽菸喝酒、聲色犬馬、豐衣美食，不久就債台高築。他在紐約州待不下去了，把債留給父親，自己溜到波士頓另起爐灶。後來他們雖然達到某一種程度的和解，父親卻再也不信任他，認定他揮霍無度，總有一天會被關進監牢。不久父

註二　威廉・詹姆斯著，蔡怡佳、劉宏信譯，《宗教經驗之種種》，臺北：立緒，二〇〇一。

註三　Robert D. Richardson, *William James: In the Maelstrom of American Modernism: A Biography*. Boston, Houghton Mifflin, 2006.

註四　Leon Edel, *Henry James, A Life*. New York, Harper & Row, c1985.

註五　Alfred Habegger, *The Father: A Life of Henry James, Sr*. New York, Farrar, Straus, and Giroux, 1994.

註六　Jean Strouse, *Alice James, A Biography*. Boston, Houghton Mifflin, 1980.

親過世，遺囑特別交代，只按月給他基本的生活費用，還指派好幾個監護人來監督他的開銷。老亨利一狀告上法庭，居然拿到了他「應得的一份」，從此成了終生不愁衣食的新英格蘭地區「有閒階級」的一份子。

老亨利結婚生子、生活順遂，卻還是沒有辦法擺脫已在天上，理應已與同樣嚴厲的「天父」同在的父親的眼神的凝視。他也沒有辦法忘掉他失去右腿的慘痛經驗，打心底揮不去這世上無所不在的「邪惡」的陰影。他再回去神學院，可是在那裡只能感覺到權威的壓迫。他惶惶不可終日，先在新英格蘭地區來回搜尋，後來又渡過大西洋，到英國、愛爾蘭，甚至歐陸各地，一路求師問道。他一度成了羅伯・桑德曼（Robert Sandeman; 1718-1771）及約翰・沃克（John Walker; 1768- 1833）的信徒，相信信仰是個人的事，不需牧師等神職人員指引，可是他連他們這種鬆散的組織也沒有辦法容忍，後來還是離開了，繼續踽踽獨行，追尋他個人的「真理」。在這期間，他飽覽群書，又因經常與人爭論，口才愈來愈犀利，同時也琢磨出一套引人注目、討人喜歡的應對進退之道。他又經常在報章雜誌投書撰文，所以倒也漸漸小有名氣；與朋友吵吵和和，雖然沒有什麼專職特長，在美國的上流社會裡卻佔了一席之地。

一八四二年，愛默生（Ralph Waldo Emerson; 1803-1881）〔註七〕第一次到紐約做一系列的演講，他的超驗主義（Transcendentalism），主張個人有能力直接與上帝交流、體現神性。個人需要掙脫社會組織，包括傳統教會的束縛，發現、回歸「真我」，來成為自己的主宰，從而與「同道」一起建造理想的世界。因為他，超驗主義一時蔚為風潮，他的演講感動許多人，老亨利正是其中之一。聽完第一晚的演講之後，他馬上寫信邀請愛默生來訪，可是第二天一大早等不及回信，他就直赴愛默生下榻的旅館，盡情暢談。他們自此書信不斷，形同至交，愛默生也因此成了老亨利那時剛出生的大兒子威廉．詹姆斯的教父。

但是老亨利的熱情與執著也讓愛默生有點難以招架。老亨利著迷於愛默生的論述，竭盡心思揣測其推理步驟，還是無法瞭解其邏輯背景。他根本不相信「真知灼見」可以源於直覺、「不證自明」，開始懷疑愛默生刻意隱瞞，怨懟之情，隱隱浮現。一八四三年老二小亨利出世後不久，他寫信給愛默生說他原本打算舉家到歐洲住幾年，不過現在開始覺得搬到鄉間（愛默生住在離波士頓二十英里的康科特〔Concord〕鄉間）住會更好。愛默生拖了兩個月才回信，絕口不提鄉間的事，只為他們不久就會因為隔著大西洋不能常聚會而惋惜。愛默生也為老亨利寫了幾封介紹信，讓他得以認識歐洲的一些碩學大儒。老亨利的失望之情，可想而知，此後多年，他拒絕再與愛默生通信。

老亨利帶著一家人在英法各地四處打轉，尋找一個理想的棲身之地。一八四四年春，他們終於在溫莎城堡（Windsor Castle）旁找到他們的「世外桃源」，一棟四周為公園與皇家林園圍

註七　愛默生是美國十九世紀最知名也最有影響力的思想家、詩人。他原為牧師，後脫離教會，主張個人經由與大自然的直接體驗，可以得到更大的解脫與喜樂。他的演說廣受歡迎，風靡全球，前來康科特求教的人絡繹不絕，他的鄉間小居，一時成了朝聖之地。

繞，寬敞舒適、隱蔽寧靜的高級別墅。老亨利在那裡讀書寫作，理應怡然自得，卻無端患起鄉愁，滿腦子揮之不去的是十幾歲時纏綿病榻，日日與腐臭的腿肉相處的日子。到了五月底一個晚間，晚飯後家人都已散去，他獨自坐在餐廳裡，滿足地看著壁爐裡隱約的火花，忽然感覺房間裡有一個看不見的身影，散發著足以致人於死的惡臭。這個感覺前後不過十秒鐘，可是老亨利就此完全崩潰了。

他被診斷為「腦力過勞」，當時最先進的治療方法就是水療法（hydrotherapy）。正好就在那時，約瑟夫．衛思（Joseph Weiss）醫師，一位世界知名的水療專家，從奧地利搬到英國，在倫敦西郊數哩外一處佔地數百畝的莊園開設了全英國最先進的水療中心。老亨利每天數小時被人用濕床單重重包綑，浸泡於熱水中，然後丟入冰涼的冷水池裡。這「三溫暖」搞得他七葷八素，病情則一無好轉。自視甚高的他，對那些整天討論飲食、氣象的其他病患，更是無法忍受。幸好「醫院」就在一個極為幽美的大公園旁，他得以常去那裡散步。大概就在那裡，他遇到了一位思想先進的貴婦人蘇菲亞．奇切斯特（Sophia Chichester），第一次聽到瑞典哲人艾曼紐．斯威登堡（Emanuel Swedenborg; 1688-1772）〔註八〕關於「幻滅－重生」（vastation）的理論。他急忙衝到書店搜購斯威登堡所有的著作，詳加研讀，不久就成了斯威登堡的信徒。到了秋天的時候，他的病情已經好轉到讓他帶著一家人再橫渡大西洋，安然返回紐約。

崎嶇成長路

事後回想，一八五八年詹姆斯全家回美後在羅德島新港（Newport）定居的一年多，可能是詹姆斯最快樂的一年。新港氣候溫和、景色宜人，又是全美帆船比賽的聖地。詹姆斯五兄妹在詹姆斯的帶頭下，白天忙著種種水上活動，晚上則全家團聚、海闊天空、高談闊論、打諢插科、喧鬧不已。新港也是個藝術家聚集的地方，又適逢好幾位名畫家剛從歐洲學成歸來，頗有藝術天分的詹姆斯，在畫室裡結交了幾位頗有才氣的同好，一時興致勃勃，以為繪畫就是他終生的寄託。沒想到老亨利卻有完全不同的盤算，藉著種種理由（例如美國社會會汙染青少年的心靈），把全家又連根拔起，帶回歐洲。老亨利的如意算盤，是要詹姆斯勤習科學方法，用來幫他證明他特別的宗教信仰。詹姆斯在日內瓦度過極端憤怒的一年（他那時的畫充滿了血腥、殘暴的鏡頭），與父親爭論不休。老亨利不堪其擾，終於讓步。全家又回到了新港，詹姆斯卻找不回他對繪畫的熱情（他的弟弟小說家小亨利多年後回憶這件事時說，要學藝術何必回新港？日內瓦、巴黎不更好

註八　斯威登堡原為成功的工程師，五十三歲起開始從夢境與異相（Visions）裡接受神的指示，宣稱自己是基督的新使者。此後二十八年，他著作頗豐，詳述他與許多神靈溝通及其星際旅行的經驗。他的作品及思想影響廣泛，包括愛默生、布萊克（William Blake; 1757-1827）、榮格、葉慈（William Butler Yeats; 1865-1939）等。目前世界各處仍有以他為名的教堂。

嗎？），順著父親的意思進入附屬於哈佛大學的勞倫斯理學院（Lawrence Scientific School）。為了支持這個決定，老亨利乾脆把新港的房子賣了，全家搬到波士頓。

正在這個時候，達爾文（Charles Darwin; 1809-1882）的《物種起源》（*On the Origin of Species*）出版，詹姆斯細讀其書，驚服之餘，決定師踵其後，學習比較解剖學，成為自然學家，但是又擔心以此不足以糊口，而進了醫學院。其時全世界最負盛名的博物學兼地質學家路易斯·阿卡薩茲（Louis Agassiz; 1807-1873）正在哈佛。阿卡薩茲雖然反對演化論，但他對淡水魚類的收集與分析精細深入、令人嘆服。一八六四年他得到美國許多巨商富豪的贊助，組團遠赴巴西亞馬遜河去全面瞭解其無數支流的魚種。懷著冒險的情懷，詹姆斯興奮地加入這個團隊。不幸他一出海就暈船，從紐約一路直吐到里約，一上岸又染上輕型天花（variola minor），直接被送入醫院。好不容易病癒出院，他這才發現自然學家的工作就是日以繼夜的翻箱倒櫃、分類包裝，同樣的事反覆地做，無聊透頂。他原本只為「探險」而來，打心底看不起反對達爾文的阿卡薩茲，但是漸漸熟識之後，他才發現阿卡薩茲觀察精微、推論細緻，不由得人不敬佩。一起在廣闊如海的亞馬遜河口及其縱橫數千里的支流來回闖蕩幾個月後，黝黑健壯的詹姆斯雖然還是達爾文的信徒，卻由衷佩服阿卡薩茲踏實的學者風範。但是他還是不相信自己有那樣的耐心去做阿卡薩茲第二。

做不了自然學家又不情願做醫師的醫學生詹姆斯失去了方向，就這樣從失眠、視力退化、消化不良到背痛，身體症狀一一浮現，最後終於陷入了極度的憂鬱。不幸一向作為他的靠山的家這時也整個亂成一團。他的三弟與四弟從美國內戰戰場歸來，身心創傷難以撫平，老三躲到佛羅里達州作賭博式的地產投資，每次總是賠得精光；老四成了無所事事的酒徒。老二小亨利總是躲在一旁，靜靜地觀察，寫他的散文、小說。最糟糕的是，他最親近的小妹艾麗絲剛年滿十八歲，卻忽然崩潰了，不得不去紐約接受六個月的住院治療。在這樣的情況下，詹姆斯的父母親自然不能給他多少安慰。他忽然對一切十分厭煩，就這樣獨自逃離了波士頓，在歐洲四處遊蕩了整整一年半。在這期間他的心情起起落落，不時自擬於少年維特與哈姆雷特，徘徊於自殺的邊緣。

一八六八年底詹姆斯回到波士頓，翌年夏天他勉強從醫學院畢業，同時得到開業的執照，卻對行醫一無興趣。他繼續為身心病痛所困，到了一八七〇年春，因為私心鍾愛的表妹蜜妮・坦波（Minnie Temple）肺病過世，他的情緒更加惡化，一直到了一八七三年才漸漸好轉。從事後的觀點來說，我們也許可以把這漫長艱苦的過程看成成長的一部分，就如後來的心理分析大師艾瑞克森所說的「代償期」（moratorium），因為在這期間他的確也一直在努力思索，廣讀群書，尋找出路。因為有時間，他也才能夠回頭細讀他父親所自費出版的書籍，他忽然恍然大悟，老亨利滿心只關心靈魂，將肉體完全忽略掉了。其實不講腦、忽視身體的存在、忽視活生生的具體的感覺的話，心理、靈魂的理論就很容易成為空談。這樣說來，他當前的要務，就是要去探討、建立一個以生理學為基礎的心理學。可以說老亨利這時在詹姆斯尋找人生方向的過程裡，扮演了一個很重要的反面角色。

另外一位在這期間對詹姆斯有重大影響的人則是法國哲學家查理・雷諾維（Charles

Renouvier; 1815-1903）。雷諾維盛讚實證主義（positivism）對促進現代科學發展的重大貢獻，同時也強調它所帶來的一個難題：實證主義所倚賴的是決定論（determinism），可是決定論推廣到極端，就不容許有自由意志的存在。但是人如果沒有自由意志，他的行為就沒有真正的選擇，他就形同一個機器，也無需為自己負責。這個矛盾如何解套？雷諾維說，其實答案就在對「人心的自由」這個體認的本身。「這個體認本身就是個經由自由意志所決定的行動，而一個人一旦採取這樣的行動，也就已經肯定了自由的存在。」詹姆斯在他的日記上如此記載：「……雖然我還可以有其他的想法，可是我卻就選擇這樣想，這就是雷諾維對自由意志的定義。這樣的定義不見得虛幻。不論如何，我就設想這定義並不虛幻吧。我的自由意志的第一個行動，其實就是去相信自由意志的存在。」詹姆斯於是如此對自己喊口號：「自覺的思考就是行動，這些行動的累積就是救贖的根源。」

此後兩年，詹姆斯還是不得不繼續與他的憂鬱及種種身心症狀掙扎，但是他的生活漸漸有了一個清楚的目標：他要專注於生理學這個學門。這個人生方向是怎麼決定的呢？詹姆斯後來不只一次這麼說：「你每天就在你選定的範圍裡做這麼一點，也並沒有特別想要得到什麼特定的結果。日積月累，有一天早晨一覺醒來，竟發現自己已經是某一行業的專家，擁有你的判斷、想法、直覺，捉摸得到它的精髓。你甚至無需知道這你的洞識源自何方。你得到的就是能讓你寬慰的自信。」

這樣的自信，讓他在波士頓安頓下來，也讓他積極去參與當地的重要學術活動，成為「形而上學學社」（Metaphysical Club）的主要成員，結交不少當時美國學術界的菁英（有的是童年就認識的朋友），如小奧利佛・文戴爾・荷姆斯（Oliver Wendell Holmes, Jr.; 1841-1935）、錢尼・萊特（Chauncy Wright; 1830-1875）及查理・皮爾斯（Charles Peirce; 1839-1914）等，對他後來的思想及事業發展有很大的幫助。

「立業」原來也是點滴的累積

詹姆斯大學時代的化學教授查爾斯・艾略特（Charles W. Eliot; 1834-1926）在一八六九年當上哈佛大學校長，隨即大刀闊斧地改革，廣集資金、大興土木、延攬菁英，在位四十年間將哈佛從一個名不見經傳的鄉野學店改造成國際知名的一流研究大學。他早期經費依然短缺時招兵買馬的一個妙方就是以低薪雇用臨時性的非全職教員。上任不久，比較解剖學與生理學教授退休，詹姆斯經醫學院的友人荷姆斯介紹而被雇試用。他沒想到他一下子愛上了教學，幹勁十足，做得有模有樣，津津有味。他照顧學生，學生仰慕他的博學，他愈做愈有勁，有一天忽然發現，他竟把他長年的病痛都拋諸腦後了。

艾略特賞識他教學的才幹，翌年就主動請他轉為專任，詹姆斯儘管早已決心要改頭換面，做一個明快爽利之人，卻還是本性難移，猶疑再三，最後還要求離職一年，艾略特爽快答應（反正也不花他的錢）。詹姆斯又一次去遊蕩歐洲，同時也四處求學問道，回美後他對教學又更有自信了。年復一年，他漸漸地把他授課的內容從生理、解剖學轉移到心理學、哲學，發現自己居然游刃有餘，還有愈來愈多的時間與精力去寫書評與專業的評論，也開始慢慢地把他精心準備的上課講義改寫成文章，每篇討論不同的主題，如「知覺」、「意志」、「習慣」、「意識」、「情感」等。這些文章後來集結成書，在一八九〇年初版，是為《心理學原理》（*Principles of Psychology*）。此書雖然篇幅浩繁，兩巨冊總共超過兩千頁長（一八九二年出版的簡本*Psychology: A Briefer Course*，也還是有五百多頁），還是廣受歡迎，多次再版，即使到了這一百多年後的二十一世紀，書中許多資料早已老舊過時，其基本立論與構想仍然引人注目，未被遺忘。

詹姆斯作為一位教育家，最成功之處，應該是他深入淺出、因材施教、「因地制宜」的能力。他一方面能在大學裡深入探討複雜的哲理問題，同時又常在公眾場合以老嫗能解的語言討論社會上多數人關心的議題。他的許多簡潔的警句，後來被廣為引用，成了日常的格言。

「成家」其實就是幸福的堆築

一八七六年春，老亨利有一天忽然跟詹姆斯說，他在「激進俱樂部」（Radical Club）看到一個很可愛的女孩，名叫愛麗斯．吉本斯（Alice Gibbens; 1849-1922），是個小學老師，也許與詹姆斯很相配。詹姆斯由此認識了他的終生伴侶。老亨利雖然在很多方面極不切實際，在這件重要的事情上倒是看得真準。愛麗斯是家中的老大，父親是個嗜酒、不切實際、從來不曾開業的醫師。愛麗斯童年時他們一家人遠赴加州開農場，不久卻因產權不清，鎩羽而歸。一九六五年愛麗斯十六歲時，父親在內戰結束後，在自紐奧良北歸的路上自殺，全家經濟陷入困難，流離歐美各地，全賴愛麗斯上下打點。老亨利大概看上她的能幹、可靠，在許多方面與詹姆斯的母親極為類似。他相信她既然小小年紀就能坦然面對喪父之痛，還帶著一家大小度過重重難關，要照料急需母愛的詹姆斯應該沒有問題。

得到父親鼓勵的詹姆斯不久發現自己「瘋狂」地愛上愛麗斯，這愛情卻開始變成一種折磨。他失眠七個星期後，終於鼓起勇氣寫信陳述他的愛慕之情。但他的求愛信長篇大論，正反兩面反覆辯駁，幾乎像是一本哲學專著。他在狂喜與絕望之間來回擺盪，身體的病痛一一回籠。健康狀況於是又成了他撤退或猶疑不前的藉口。她於是說，既然我讓你那麼痛苦，你就走吧，他卻沒辦法離開。愛麗斯只好自己遠離到加拿大，臨行還給他一個羅盤，作為臨別贈品，祝他找到方向。又過了整整一年之後，詹姆斯才終於痛下決心，成功求婚。詹姆斯形容他的婚姻，猶如重獲信仰，得到新的生命。「以前的我，病入膏肓；而今的我，因你而如此健康。」

但是代價是，他的小妹艾麗絲病了。詹姆斯一向親近、疼愛的小妹艾麗絲，因為生病無法參加他的婚禮。此後半年，她幾乎天天盤算著要自殺，後來連老亨利都準備放棄了，她卻因為摯友凱薩琳・琵芭蒂・蘿琳（Katherine Peabody Loring; 1849-1943）的細心照料而好轉，幾年後還在海邊置產，漸能獨立自主。一八八二年父母相繼過世之後，她與蘿琳一起搬到英國與小亨利住。

十年後艾麗絲不幸乳癌過世，蘿琳未經其家人同意，私自出版她的日記，也因此我們今天才得見這一位終生與疾病纏鬥的才女的另一面，以及她與蘿琳之間如同夫妻的關係。

綿綿不絕的「意識」，就這麼奇妙地存在著

詹姆斯的學說裡最突出的一面，是他對「意識」這愚夫愚婦皆能知，而千古哲人不能解的議題的獨特見解。他不同意「我思故我在」的說法，認為「思者」與「所思」無可區分，「思者」無影無形，「意識」不應是實體，而是功能。但卻是個與「人之所以為人」息息相關的功能。人處於這世上，「外在」（自然環境與人際關係）與「內在」（例如身體的感覺、病痛症狀）訊息如恆河沙數，不經過濾，無從理解、反應。「意識」的作用，在於決定「何所思」（注意力要放在哪裡）。作為一個堅信達爾文理論的人，詹姆斯相信人的「意識」功能，也是經過千萬年的演化發展出來的。而演化則有賴於個體與族群的多元，因此意識的運作方式也就人人有別。再者，意識的內涵雖然瞬息萬變，卻總是給人一個連續性的感覺。意識像一條河流，連綿不斷，無可切割。他因此首創「意識流」（stream of consciousness）一詞。這個概念雖然在心理學界影響不大，在文學、藝術界卻蔚為風潮，對整個二十世紀的文化發展影響至鉅。

有趣的是，詹姆斯後來雖然在催眠研究方面有深入的研究，又與沙考及皮耶・賈內（Pierre Janet; 1859-1947）〔註十〕等研究歇斯底里症的大師們相熟，也相信「潛意識」的存在，他注意力

的重心，卻一直只放在「意識」層面上，他注重的是可以直接觀察、描述的現象，是與人的「存在」直接相關的議題。在這個方面，他可以說是二十世紀「現象學」與存在主義哲學的先驅。他刻意與佛洛伊德學派保持距離，自有他學術上的理由（心智結構理論把人心割分成三大塊，就正是逢其所惡）。但是終其一生，聰明睿智如他，從來不曾想像過糾纏他一生的種種身心症狀的潛意識機轉，也不能不讓人懷疑他是否打潛意識裡就不願意面對這樣的聯結。

「情感」是「體驗」，身體會說話

詹姆斯另外一個時常引發爭議的觀點是關於情感的論述。他主張人並不是先感覺到某種情緒，才再有身體的反應。與一般常識相反，他認為人需要先有了身體上具體的變化，然後才會感覺到情緒的波動。他的一個著名的例子是，當一個人遇到一隻熊的時候，他的第一個反應是發抖，他由是「體會」到他的害怕，然後他才會決定要跑。同理，當一個人悲傷的時候，他首先感覺到的常是要哭的感覺，甚或哭出來以後才知道自己的悲哀。人也常常緊張而不自覺，直到忽然

註十　皮耶·賈內是沙考的得意門生，Nancy School的中堅，一生致力於催眠現象、心理創傷、心理治療等之研究，卓然有成，與詹姆斯、威廉·馮特（Wilhelm Wundt; 1832-1920）同被譽為現代心理學之父。

發現自己喘不過氣，或腰痠背痛，才知道自己全身原來如此緊繃。他甚至說：「我們並不是因為快樂而開懷大笑，我們是因為笑了才感覺到快樂。」

這樣的講法雖然會讓許多現代的人覺得匪夷所思，但是我們在試圖描述自己的情緒時，常不自覺地就會用到身體的語言，例如「就像肚子上被打了一拳」、「胸裡空蕩蕩的」、「好像掉入了深淵」等等。在面對壓力時，我們多半不自覺自己受影響的程度，但是「身體會說話」，有時候測量肌肉緊張的程度，或血中皮質醇（cortisol）濃度，反而更準確。同理，行為療法用於治療緊張或恐懼症，十分重要的一部分，就正是用訓練逐步鬆弛肌肉的方法來對抗心裡的緊張與害怕。不管運動是否真的會增加腦內啡（endorphins）的分泌，運動及其他活動的抗鬱功效則已是「有口皆碑」。更有趣的是，最近的研究顯示，迷走神經刺激（Vagus nerve stimulation）居然也有抗憂鬱的效果〔註一一〕，這是不是暗示心情的確頗受內臟的控制呢？

但是反對這個所謂的詹姆斯－藍吉理論（James-Lange Theory）〔註一二〕的人也一直是所在多有。以專研心理壓力，首創戰鬥或逃跑反應（Fight-or-flight response）一詞而聞名的生理學家華特・布萊德福・加農（Walter Bradford Cannon; 1871-1945）醫師，就是其中的佼佼者。他首先指出有一些病人雖然腦與脊髓及自主神經已完全失去聯繫，也還是可以有種種的情緒反應。他也指出同樣的生理現象常有許多不同的原因，比如心跳加速可以是因為害怕、憤怒、高興，也可以是因為發燒。

不論如何，一個看似單純（甚或被認為可笑）的理論，百多年後還為人所爭論不休，實在也已經是很了不起了。

陰魂不散的老亨利

一八八二年一月詹姆斯的母親過世，繼之走了他素所景仰的達爾文及他的教父愛默生。那個春季他本人的健康急速惡化，覺得又需要躲到歐洲去了。正好這時他在哈佛年資已夠，可以輪休，他又有寫書的壓力，於是在九月把太太與兩個小孩（包括剛出生的老二）放在娘家，一個人出遊。到了是年冬天，老亨利忽然生病，起初雖然似乎沒有特別的大礙，他自己卻決定不要活了，自此情況急速惡化。詹姆斯的太太日夜陪侍在側，感覺來日無多，急忙通知遠在歐洲的詹姆斯與小亨利兄弟倆。但是她同時也清楚交代，她們需要的是小亨利，以詹姆斯那時的健康狀況來看，他的在場於事無補。老亨利過世那天，小亨利剛好趕到，安排葬禮、處理遺產、照顧小妹；詹姆斯則繼續滯留歐洲，直到翌年三月才回到波士頓。

註一一　http://www.fda.gov/ohrms/dockets/ac/04/briefing/4047b1_02_Summary%20of%20Safety%20and%20Effectiveness.pdf。2013年8月16日檢索。

註一二　卡爾・蘭吉（Carl Lange; 1834-1900）是一位丹麥醫師，同時獨立發表類似理論。

但是詹姆斯自有其哀悼的方式。他默默地整理老亨利的遺著，書前加上了他一百多頁的「導讀」。他說他的父親是個不被人所瞭解的「先知」，心裡急切地要傳達他覺得是生死交關的訊息，可是不論怎麼寫也總是不能把心裡真正的感受完全呈現出來，於是他一寫再寫，勇往直前，至死方休。他所要說的，其實就是所有宗教所最關心的兩大議題：其一是，人的生命裡，充滿缺憾；其二是，一定有什麼辦法，可以補救這缺憾。詹姆斯深深地被他父親的掙扎、吶喊所感動。他說太多像他父親這樣的人不是被遺忘，就是太早被定位為先知、聖徒，沒有機會清楚表達他們內心的荒涼與渴望。他們被僵化了，失去了活力。

他出版的這套書，讓他的弟妹們讚嘆不已，也不再責備他當年沒有回去奔喪。但是除了家人之外，這套書總共只賣了五本。不過從另一方面來說，這套書的出版意義深遠。它其實可以說是詹姆斯將近三十年後數十萬字的鉅著《宗教經驗之種種》的原始藍本。從實用主義的角度出發，詹姆斯用細膩的筆法，以及數不勝數的例子，勾勒出種種宗教經驗的輪廓。他把宗教經驗大略分成兩類，分別名之為「一度降生」（once born）與「二度降生」（twice born）。前者天生就能體會宇宙有其秩序，而自己不期然地就不時會油然產生出與宇宙合一的喜樂之感。而後者則需要經歷長期的懷疑、恐懼、絕望，似乎無盡的劫難，直到有一天卻竟然峰迴路轉，得到了「救贖」，或達到了「頓悟」。他說，不管是前者或後者（尤其是後者），都不是邏輯推論所能界定的，而是「如人飲水，冷暖自知」。不管合不合邏輯，不管對外人來說，這些經驗有多荒誕，從實用主義的角度來看，它們都是實在的，因為它們常就是生命的活水，救命仙丹。

用實用主義的眼光來看，詹姆斯其實從來也沒有排除過心靈能量及通靈的可能（註一三）。因為老亨利及愛默生的影響，他從小就常接觸諸如降神會（seance）之類的活動。一八八二年「心靈現象研究協會」（Society for Psychic Research）在英國成立時，他就已是其創會會員，後來他還一度成為其美國分會的會長。但是直到一八八五年夏天，他一直都還只是觀察者與研究者。那一年他與愛麗斯才一歲的第三個兒子忽然死於百日咳，他們全家悲慟不已。兩個月後他的岳母與小姨聽說里歐諾拉．派琵爾（Leonora Piper; 1857-1950）通靈能力超凡，前去探究，隨即成了她的信徒。詹姆斯前此已經看穿許多靈媒的把戲，所以只帶著懷疑的態度與愛麗斯一起去試試，沒想到居然在那裡透過派琵爾與兒子對談了起來。他們從此經常去找派琵爾，愛麗斯還一度以為自己也擁有通靈的能力。部分因為詹姆斯夫婦的讚揚，派琵爾名聲愈來愈響亮，成為許多其他心靈現象研究協會會員研究與請教的對象。終其一生，詹姆斯發表了五十多篇與心靈現象有關的文章。一九〇九年，他過世的前一年，詹姆斯還在《美國雜誌》（*American Magazine*）為文討論他這一方面的經驗。他坦承相信靈魂的存在，也相信有人會有通靈的能力。不過他也說大部分的時候，他的觀察、研究結果都令他失望，因為有太多騙子。派琵爾對他來說，可能就是那極少數的一個例外。

註一三　Deborah Blum, *Ghost Hunters: William James and the Search for Scientific Proof of Life after Death*. New York, Penguin Press, 2006.

威廉與亨利的美國世紀

在二十世紀初，威廉與亨利．詹姆斯兩兄弟可以說是美國思想界、文藝界最活躍的兩個人。本文的重點在大哥威廉身上，對小他一歲的小亨利較少著墨。不過百年之後，對一般大眾來說，小亨利可能是更為家喻戶曉的名字。他一生出版了二十三本十分暢銷的長篇小說以及無數的短篇小說、散文、遊記、評論，許多到如今都還是大學生的建議讀物，其中至少有十本小說已被改編成電影。難得的是，他們兩兄弟雖然領域不同，卻一生相親相愛，互相鼓勵、扶持，也一直互相影響。也許正因為這樣，小亨利的小說，才會對人的心理的描述，能夠那麼地細膩，而威廉的科學論文與專著，也才會那麼地流暢，有時讀起來竟像是在讀文學作品。

延伸閱讀

- 《人及其象徵：榮格思想精華》（2013），卡爾·榮格（Carl G. Jung）（編），立緒。
- 《危險療程：心理學大師榮格、佛洛伊德，與她的故事》（2013），約翰·克爾（John Kerr），商周出版。
- 《不尋常的治療：催眠大師米爾頓·艾瑞克森的策略療法》（2012），傑·海利（Jay Haley），心靈工坊。
- 《超越佛洛伊德：精神分析的歷史》（2011），史帝芬·米契爾、瑪格麗特·布萊克（Stephen A. Mitchell、Margaret J. Black），心靈工坊。
- 《榮格心理治療》（2011），瑪麗－路薏絲·馮·法蘭茲（Marie-Louise von Franz），心靈工坊。
- 《拉岡與李維史陀：1951－1957回歸佛洛伊德》（2009），馬可·薩非洛普洛斯（Markos Zafiropoulos），心靈工坊。
- 《愛、罪疚與修復》（2009），梅蘭妮·克萊恩（Melanie Klein），心靈工坊。
- 《榮格學派的歷史》（2007），湯瑪士·克許（Thomas B. Kirsch），心靈工坊。

- 《朵拉：歇斯底里案例分析的片斷》（2004），佛洛伊德（Sigmund Freud），心靈工坊。
- 《跟大師學催眠：米爾頓・艾瑞克森治療實錄》（2004），傑弗瑞・薩德（Jeffrey K. Zeig, Ph.D），心靈工坊。
- 《艾瑞克森：天生的催眠大師》（2004），傑弗瑞・薩德（Jeffrey K. Zeig, Ph.D），心靈工坊。

支持性心理治療入門

作者－阿諾・溫斯頓、李察・羅森莎、亨利・品斯克
譯者－周立修、蔡東杰等
審閱－周立修、蔡東杰　定價－240元

支持性心理治療是當今最廣泛使用的個別心理治療模式。本書完整詳述此治療法的基本架構，包括適應症、治療之分期、如何開始及結束治療、專業的界限，也探討了移情、反移情等治療關係議題。

嫉羨和感恩

作者－梅蘭妮・克萊恩
譯者－呂煦宗、劉慧卿　定價－550元

偏執－類分裂心理位置及憂鬱心理位置是克萊恩所創的最重要概念，本書收集了她在此創新概念下的著作。書中論文有些是關於分析技術的，有些則探討較廣泛性的精神分析主題。

長期精神動力取向心理治療【基本入門】

作者－葛林・嘉寶
譯者－陳登義　定價－350元

本書介紹長期精神動力取向心理治療的基本原理，聚焦在與成人進行的個別治療工作上，涵蓋了基本精神動力原理、病人的評估、開始到結束治療、處遇、目標及治療作用、阻抗、反移情，以及幻想／夢等課題。

史瑞伯【妄想症案例的精神分析】

作者－佛洛伊德
譯者－宋卓琦　審閱－宋卓琦　定價－180元

佛洛伊德超越史瑞伯的妄想內容表象，深入心性發展的核心過程，為妄想症的形成機轉提出極具創見的論述，並啟發日後的性別認同、女性情結、生殖、生死及存在等議題之研究。

鼠人【強迫官能症案例之摘錄】

作者－佛洛伊德
譯者－林怡青、許欣偉　定價－260元

佛洛伊德透過本案例曲折精采的分析過程，闡明了父子之間的愛恨糾葛如何在愛情、移情和反移情當中盤錯交織，堪稱伊底帕斯情結在二十世紀初再現的精妙範例。

狼人【孩童期精神官能症案例的病史】

作者－佛洛伊德
譯者－陳嘉新　審閱、導讀－蔡榮裕　定價－220元

狼人的焦慮之夢，迂迴地解開了他精神官能症的迷團，當中有錯綜複雜的閹割恐懼、性別認同、性誘惑等議題。其幼時的原初場景是微不足道的平凡事件，還是心性發展的關鍵時分？

兒童分析的故事

作者－梅蘭妮・克萊恩
譯者－丘羽先　審閱－樊雪梅　定價－750元

本作品詳述一名十歲男孩長達四個月的分析歷程，並精闢地詮釋其畫作、遊戲和夢境。讀者可藉由本書觀察治療過程的逐日變化與延續性，更是探究兒童精神分析技巧的必備書籍。

小漢斯【畏懼症案例的分析】

作者－佛洛伊德　譯者－簡意玲
審閱、導讀－林玉華　定價－240元

小漢斯三歲半時開始出現把玩陰莖的行為，接著逐漸演變出對動物的畏懼症。透過漢斯的父親為中介，佛洛伊德開始為這名五歲男童進行分析。此案例報告所蘊含的具體臨床經驗，印證了佛洛伊德在《性學三論》中所勾勒的許多結論。

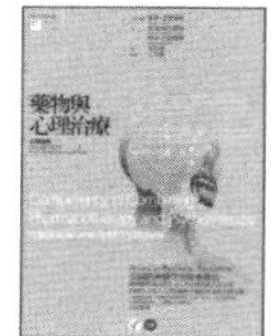

藥物與心理治療

作者－蜜雪・瑞芭、李查・巴隆
譯者－周佑達　定價－260元

合併藥物與心理治療的治療模式，在許多方面已證實比單純的藥物治療有更好的療效。本書針對整合式治療與分離式治療當中不同階段所需要的基本能力，以漸進而全面的方式，介紹其原則。

動力取向精神醫學【臨床應用與實務［第四版］】

作者－葛林・嘉寶
譯者－李宇宙等　審閱－張書森　定價－1,200元

本書說明何謂精神動力學、以及其對現代精神醫學有何貢獻的基本架構，並將生物精神醫學的發現，融入對人類心智的臨床理論當中。精神分析師、心理師、諮商師及臨床人員必讀經典著作。

文化精神醫學的贈物【從台灣到日本】

作者－林憲　譯者－王珮瑩
審閱－劉絮愷　定價－260元

林憲教授是台灣文化精神醫學研究的先驅。他將過去六十年來台大醫院精神部所進行的社會文化精神醫學研究結果，進行簡明扼要的總整理，同時陳述了許多台日文化比較的成果，點出本書「泛文化精神醫學」的主題。

榮格學派的歷史

作者－湯瑪士・克許　譯者－古麗丹、何琴等
審閱、導讀－申荷永　定價－450元

本書為世人描繪了一株分析心理學家族樹，以榮格為根，蘇黎世的國際分析心理學協會為主幹，各國的榮格學會為大小分枝，榮格門生及傑出分析師、學者們，則化身成片片綠葉高掛枝頭，在豐富的歷史回憶中，不斷添增屬於它的生命力、創意、深度和廣度。

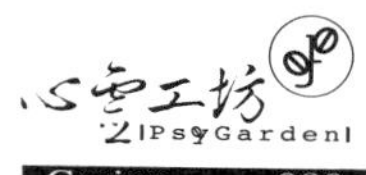

Caring 080

受傷的醫者：心理治療開拓者的生命故事

The Wounded Healers

作者—林克明

出版者—心靈工坊文化事業股份有限公司
發行人—王浩威　總編輯—徐嘉俊
執行編輯—陳乃賢　特約編輯－周寧靜　內頁排版－李宜芝
通訊地址—106台北市大安區信義路四段53巷8號2樓
郵政劃撥—19546215　戶名—心靈工坊文化事業股份有限公司
電話—02）2702-9186　傳真—02）2702-9286
Email—service@psygarden.com.tw　網址—www.psygarden.com.tw

製版．印刷—中茂分色製版印刷事業股份有限公司
總經銷—大和書報圖書股份有限公司
電話—02）8990-2588　傳真—02）2290-1658
通訊地址—248新北市新莊區五工五路2號（五股工業區）
初版一刷—2014年4月　初版三刷—2024年7月
ISBN—978-986-357-001-1　定價—320元

國家圖書館出版品預行編目資料

受傷的醫者 / 林克明著. -- 初版. -- 臺北市 : 心靈工坊文化, 2014.04
面；　公分

ISBN 978-986-357-001-1(平裝)

1.心理學 2.傳記

170.99

103004484

心靈工坊 PsyGarden 書香家族 讀友卡

感謝您購買心靈工坊的叢書，爲了加強對您的服務，請您詳填本卡，
直接投入郵筒（免貼郵票）或傳眞，我們會珍視您的意見，
並提供您最新的活動訊息，共同以書會友，追求身心靈的創意與成長。

書系編號－CA080　　書名－受傷的醫者

姓名　　是否已加入書香家族？ □是 □現在加入

電話（公司）　（住家）　手機

E-mail　生日　年　月　日

地址 □□□

服務機構／就讀學校　職稱

您的性別—□1.女 □2.男 □3.其他

婚姻狀況—□1.未婚 □2.已婚 □3.離婚 □4.不婚 □5.同志 □6.喪偶 □7.分居

請問您如何得知這本書？
□1.書店 □2.報章雜誌 □3.廣播電視 □4.親友推介 □5.心靈工坊書訊
□6.廣告DM □7.心靈工坊網站 □8.其他網路媒體 □9.其他

您購買本書的方式？
□1.書店 □2.劃撥郵購 □3.團體訂購 □4.網路訂購 □5.其他

您對本書的意見？

封面設計	□ 1.須再改進	□ 2.尚可	□ 3.滿意	□ 4.非常滿意
版面編排	□ 1.須再改進	□ 2.尚可	□ 3.滿意	□ 4.非常滿意
內容	□ 1.須再改進	□ 2.尚可	□ 3.滿意	□ 4.非常滿意
文筆／翻譯	□ 1.須再改進	□ 2.尚可	□ 3.滿意	□ 4.非常滿意
價格	□ 1.須再改進	□ 2.尚可	□ 3.滿意	□ 4.非常滿意

您對我們有何建議？

□ 本人＿＿＿＿＿＿（請簽名）同意提供真實姓名/E-mail/地址/電話/年齡/等資料，以作為心靈工坊聯絡/寄貨/加入會員/行銷/會員折扣/等用途，詳細內容請參閱：http://shop.psygarden.com.tw/member_register.asp。

台北市106信義路四段53巷8號2樓

讀者服務組　收

免　貼　郵　票

（對折線）

加入心靈工坊書香家族會員
共享知識的盛宴，成長的喜悅

請寄回這張回函卡（免貼郵票），
您就成爲心靈工坊的書香家族會員，您將可以——

⊙隨時收到新書出版和活動訊息

⊙獲得各項回饋和優惠方案